本书系2016年度河南省高等学校哲学社会科学应用研究重大项目
“河南省民间融资规制对策”（编号：2016-YYZD-09）的研究成果，
2021年河南省哲学社会科学项目“生态犯罪治理理念及其制度研究”（编号：2021BFX019）阶段性成果，
河南警察学院一流团队“数据法治与合规研究”的阶段性成果。
本书出版得到国家社科规划办、河南省百优人才工程、河南警务战略研究中心的大力支持，特此致谢。

民间融资犯罪刑法规制对策研究

——以法律经济学为分析视角

王利宾　著

WUHAN UNIVERSITY PRESS
武汉大学出版社

图书在版编目(CIP)数据

民间融资犯罪刑法规制对策研究:以法律经济学为分析视角/王利宾著.—武汉:武汉大学出版社,2021.12
ISBN 978-7-307-22532-9

Ⅰ.民… Ⅱ.王… Ⅲ.融资—金融犯罪—研究—中国 Ⅳ.D924.334

中国版本图书馆 CIP 数据核字(2021)第 169883 号

责任编辑:田红恩　　责任校对:汪欣怡　　版式设计:马　佳

出版发行:**武汉大学出版社**　(430072　武昌　珞珈山)
(电子邮箱:cbs22@whu.edu.cn　网址:www.wdp.com.cn)
印刷:武汉邮科印务有限公司
开本:720×1000　1/16　印张:16　字数:258 千字　插页:1
版次:2021 年 12 月第 1 版　2021 年 12 月第 1 次印刷
ISBN 978-7-307-22532-9　定价:58.00 元

目　录

绪　论

第一节　选题缘起与研究意义

一、选题缘起

一般认为，“民间融资是相对于国家依法批准设立的金融机构融资而言的，泛指非金融机构的自然人、企业及其他经济主体（财政除外）之间以货币资金为标的的价值转移及本息支付”。① 从其概念中不难发现，民间融资是相对于国家依法批准设立的银行等特定金融主体的正规金融活动而言的。作为配置金融资源的特定方式，民间融资是正规金融的一种有益补充，其在弥补资金短缺、实现经济社会发展方面发挥着不可代替的作用。但民间融资的非正规性、隐蔽性、缺乏有效监管性也给其健康发展带来了这样那样的问题。特别是，受思维认知上的限制，民间融资总是被某些人有意无意地与资本主义私有制归结在一起，其越轨行为更是被肆意认定为违法行为乃至犯罪行为，所以，有必要借助于学科交叉的视角对民间融资的犯罪化问题进行全面研究，从理论上得到正确的研究结论，恢复民间融资的本来面目，实现对民间融资中的犯罪现象的规范调整。具体而言，笔者之所以选择以《民间融资犯罪的刑法规制对策研究——以法律经济学为视角》进行专门研究，主要缘起于以下两个方面：

---

① 肖中华：《民间融资的法律风险及防范路径探析》，载《企业经济》2017 年第 7 期，第 187 页。

（一）民间融资的过度犯罪化阻碍了民营经济的健康发展

众所周知，改革开放以来，民营经济得到了迅速发展，其对国民经济的促进、对税收和就业的贡献有目共睹。也正是基于民营经济对国家和社会的巨大贡献，党和国家对民营经济充分肯定，并从制度层面进一步明确了民营经济的法律地位。如，我国《宪法》第十一条规定，在法律规定范围内的个体经济、私营经济等非公有制经济，是社会主义市场经济的重要组成部分。国家保护个体经济、私营经济等非公有制经济的合法的权利和利益。国家鼓励、支持和引导非公有制经济的发展，并对非公有制经济依法实行监督和管理。2018 年 11 月 1 日，习近平总书记专门主持召开民营企业座谈会，强调毫不动摇鼓励支持引导非公有制经济发展，支持民营企业发展并走向更加广阔的舞台。这些都充分表明了党和国家对待民营经济的态度。但即便如此，民营经济的权利保障仍然存在着这样那样的问题。这其中，就包括民营经济的融资仍然相当困难。这种融资困难主要表现为其无法像国有企业那样获得正规金融机构的大量资金支持，其生产和发展的重要资金只能通过民间融资的形式来实现。所以，如何强化对民间融资的研究应该提上日程。这正如习近平总书记所言，经济是肌体，金融是血脉，两者共生共荣。民间融资为民营经济提供了大部分资金支持，民间融资的发展速度和发展质量直接制约着民营经济的发展，从历史的角度看，凡是民间融资得到持续发展的时候，也必然是民营经济长足进步的时候。凡是民间融资得到压制，民营经济也必然会遭受波折。也就是说，从正面的角度看，必须对民间融资的概念准确界定、对其地位予以明确，通过制度化的形式对其大力扶持以维持其对民营经济的促进作用。

同时，从消极的方面讲，民营经济借助于民间融资来维持生存和发展也面临着极大的风险，这主要表现为：首先，对民间融资过度犯罪化的问题非常突出，且由于政策性司法、主观化司法，司法认定缺乏统一、明确的标准等原因，极易使民间融资活动被随意认定成违法乃至犯罪行为。再加上民间融资基本上脱落了金融监管部门的监管，从金融监管部门的角度看，其行为往往缺乏形式上的合法性，所以更增加了其构成行政违法和行政犯罪的概率。还有，民间融资的融资数额、融资规模非常庞大，一旦资金链断裂，往往会造成大量的经济损失，这些损失很容易被评价成经济犯罪中的经济损失，这就使得民间融资越轨行为更容易被犯罪化。其次，从现实情况看，对民间融资如何规范调整仍然存在许多问题需要解决。第一，将民间融资与其社会影响直接绑定认定存在着问题。也就是说，只要民间融资产生了社会震荡，引起群众上访和不满就将民营经济的民间融资行为进行犯罪化的情况非常普遍，这意味着没有将犯罪评价与民意影响的关系科学处理。第二，对违法犯罪的界限和行为过渡缺乏深刻认识。不重视经济犯罪的规律，没有注意到经济犯罪的法定犯性质，在行政违法没有被认定、没有进行前期处罚的情况下径直对民间融资中的越轨行为进行犯罪化有违社会通念。第三，将民间融资的犯罪化与领导人的意志直接关联，按照党委政府领导人的意志转移来决定行为的犯罪化。一方面，在行为不构成犯罪而领导人认为是犯罪的情况下直接进行犯罪化。另一方面，即便行为已经构成犯罪且造成了严重的社会危害，但领导人出于政绩等多方面考量，人为压制行为的犯罪化。在此情况下，司法机关不得不屈从其意志，对犯罪行为人为放纵。

总之，要实现民营经济又好又快的发展，就必须高度重视对民间融资活动犯罪化问题的研究。理论是行动的先导，其目的是服务于实践发展和立法司法进步。所以，如何从理论的角度对民间融资活动中的严重越轨行为进行准确的犯罪化就显得非常必要和迫切，也正是从此角度出发，笔者决定投身于民间融资犯罪化的专项研究，希望通过自己的努力，能为立法司法和社会发展作出些许贡献。

（二）学科孤立影响了刑法学使命的实现

"古今中外既有的各种规范犯罪化的原理、学说和原则，均从人类中心主义出发，以人类的价值取向为根据，且把刑法视为静态的孤立存在，忽视刑法内部及刑法与环境的动态关系。因此，既有的各种犯罪化学说或原理，均在走向实践的途中知行背离。"① 事实上，任何社会行为都有其依存的社会背景。要透视这种社会行为，必须从系统论的角度检视行为所依存的背景和发生环境，并对行为之间的互动进行研究分析。所以，对任何社会现象进行研究，都应当具备开阔的视野、多学科的视角，以缺乏理论研究的客观性、全面性、准确性、辩证性。具

① 姜敏：《系统论视角下刑法修正案犯罪化限制及其根据》，载《比较法研究》2017 年第 3 期，第 71 页。

体而言，民间融资更多的是一种经济现象，其违法犯罪更多的也是经济越轨的展现形式，所以，对民间融资及其犯罪化问题的研究离不开经济学视野和经济学的研究方法，只有借助于经济学方法，才能使研究结论更加深刻、更加具有可操作性。但从实际情况看，对民间融资的违法犯罪行为进行经济绩效方面的审视极为缺乏，这直接影响了刑法科学适用。很显然，只对民间融资犯罪做刑法学意义上的静态的、孤立的、片面的研究，无法收到令人满意的效果。如何从经济效率的角度对民间融资犯罪进行审视和研究显得必要而迫切。

二、研究意义

（一）理论意义

引进法律经济学的视角能够提升理论分析的科学性、全面性。因为，多年来，我国的刑法学主要是注释刑法学，主要是对刑法条文进行解释，或者用条文来解释刑法现象。很少在刑法现象中引入其他学科知识。研究工具的单一造成刑法解释力度贫乏，解释的科学性也大打折扣。所以，如何在刑法学之外引入其他学科知识来对刑法现象进行解释应当成为学界的重要使命。具体而言，在民间融资的刑法处遇问题上引入法律经济学视角必须提上日程。因为，法律经济学是运用经济学原理考量、评估法律制度、法律现象的学科、方法和理论体系，其不但关注经济现象这一研究内容，更关注法律现象这一研究内容；其不但关注制度的效率，也关注制度的公平。特别是，将法律经济学引入分析作为经济现象的民间融资的刑法处遇问题极具理论价值。第一，经济学是研究人类行为选择的学问，只要涉及人的行为选择的问题，都有引入经济学进行分析研究的可能。法律经济学是运用经济学理论方法分析法律现象的学科。而民间融资违法犯罪也都是法律现象，所以，能够运用法律经济学对民间融资犯罪进行专项研究。第二，与其他种类的犯罪不同，民间融资犯罪是典型的经济犯罪，而经济犯罪属于典型的经济越轨现象，作为经济现象的一部分，运用经济学知识对其进行透视更具针对性。总而言之，无论是从丰富刑法学理论视野的角度看，还是从增加规制制度的科学性的角度讲，都有必要增加法律经济学的视角。

当然，引进法律经济学对民间融资犯罪进行研究丝毫不意味着贬低刑法学的作用，而只是强调发挥刑法学和法律经济学的合力，以确保理论研究更具科学性。当前，我国学界在研究民间融资犯罪刑法规制上存在着一些问题，这些都需要通过改进刑法学理论方法来解决。首先是理念上仍然存在强烈的二元主义对待问题。也就是说，在思想观念上不能将民营经济作为社会主义市场经济的重要组成部分来看待，仍然将民间融资作为与公有制对立的经济现象来看待和处理。由于理念认知上存在问题，在理论研究和司法认定时就会主观化地肆意扩大民间融资犯罪化的范围。其次是无法保证理论研究的政治性。刑法是阶级属性非常明显的一个法律部门，从事刑法学研究也必然带有一定的价值判断。这就要求我们理论研究工作者从服务党和国家的大局出发来看待和处理刑法问题，从而确保价值立场、价值判断的政治性。如果我们理论研究工作者心中对民间融资没有正确的信念和判断标准，就会在民间融资犯罪化问题上蒙蔽双眼，给民间融资的健康发展带来不必要的损害。总之，无论是从增加民间融资的活力的角度看，还是从增强犯罪化规制的合法化、合理化的角度看，都有必要对民间融资犯罪刑法规制问题强化研究，这也是项目研究的理论意义所在。

（二）实践价值

在我国，民间融资的法律地位不断变化，其总体趋势是随着民营经济的地位变迁而不断变迁。从整体上看，国家对民间融资持逐步肯定的态度。特别是，2018 年 11 月 1 日，习近平主持召开民营企业座谈会，强调毫不动摇鼓励支持引导非公有制经济发展，支持民营企业发展并走向更加广阔的舞台。这进一步表明了党中央、国务院对民营经济和民间融资的态度，应当成为包括刑法在内的所有法律制度的基本遵循。虽然如此，但对民间融资过度违法化和犯罪化的情况仍然大量存在，这极大地伤害了融资双方的积极性，制约了民间融资的健康发展。所以，理论工作者必须着眼于研究的实践性，从服务于国民经济发展的大局出发来看待问题，从自己的专业视角提供有利于党的政策实施的建议和主张，从而提升学科的品位和应用性。

时代已经发生了巨大变化，它要求刑法理论工作者拓宽视野，勇于学习新的知识。以更加专业的精神、更加宽广的视角、更加丰富的学术素养为我们的时代保驾护航。第一，要对民间融资和民间融资中的违法犯罪行为进行区分。这种区分的目的在于正视民间融资的存在的价值，明确其法律地位，以最大化地实现其经济绩效。同时，要对违法犯罪行为进行清理，找出其有别于一般民间融资的特征，尽最大可能预防、减少这些越轨行为的发生。第二，要对民间融资犯罪现象进行专项研究，找到刑法中与之对应的罪名，并对司法认定过程中的问题予以检讨，化消极为积极，确保民间融资沿着正确的道路发展。第三，要通过对民间融资中的违法犯罪现象的清理和归纳，找到民间融资规制体系上的缺失，通过对规制制度缺失的检讨，进一步完善民间融资犯罪的前置法调整。毕竟，民间融资犯罪本质上是二次违法，其鲜明的法定犯属性就决定了只有强化前置法建设，只有在最大程度上避免行政违法的出现，民间融资犯罪防治才能收到理想效果。

另外，作为研究方法的法律经济学，其应用性也无比巨大。从法律经济学的发展史上看，在创立之初，国外也只是把它作为一门理论性的交叉学科来看待，很少考虑其实践应用性。后来，随着学科的成熟，随着法律经济学与其他学科更加深入的融合，运用法律经济学理论方法进行应用性、实证性研究并在此基础上提供更具绩效的制度设计已经成了重要趋势。美国著名法律经济学家、诺贝尔经济学奖获得者加里·贝克尔认为："如果法经济学总是讨论理论家提出的问题，而不去试图解决外部世界提出的问题，那么，这个研究领域就可能变得贫瘠。"①正是在以其为首的一大批学者的大力推动下，法律经济学的研究成果对反垄断法、产业管制、金融管制、刑法、劳动工作法的制度变革都产生了重要影响。

与国外不同，我国法律经济学主要通过知识引入而非本土原创的方式存在着。所以，我们的法律经济学发展缓慢且主要集中于私法领域，其对公法尤其是刑法现象关注得非常少。因此，有必要强化对公法现象特别是刑法现象的经济分析，通过这一分析，发现刑法调整中的问题，找到改进刑法调整的途径，以增加刑法的整体功能。特别是，交叉运用法律经济学、刑法学知识对民间融资犯罪的刑法规制问题进行专项研究更具实践性，这主要表现为：第一，从学科分类的角度看，法律经济学本质上是运用经济学方法对法律的效率进行审视、判断的学问或学科，如何提升法律制度的效率是其当仁不让的责任。刑法学本质上属于应用法学，所以其基本任务是要解决实践中的刑法问题。所以，交叉运用法律经济

① ［美］尼古拉斯·麦考罗、斯蒂文·G. 曼德姆：《经济学与法律——从波斯纳到后现代主义》，朱慧、吴晓露、潘晓松译，史晋川审校，法律出版社2005年版，第18页。

学、刑法学对民间融资犯罪的刑法处遇进行审视、评估和改造就显得非常自然和合理。第二，从研究对象看，无论是民间融资犯罪还是对其进行的刑法规制也都是非常现实的社会问题而非抽象的理论问题，这也决定了研究的基本逻辑必然是从实践中来，到实践中去。

第二节　研究现状述评与研究内容

一、研究现状述评

在民间融资犯罪治理问题上，学者们主要从刑法学本体视角出发进行研究，从法律经济学视角审视民间融资刑法治理的少之又少。

（一）民间融资犯罪刑法规制研究综述

在国外，学界一般将民间融资及其越轨治理作为经济现象研究（如，美国经济学家麦金农和爱德华·S. 肖揭示了民间融资在发展中国家大量存在的体制性根源，Hoff 和 Stiglitz 从信息不对称的角度对民间融资之规制进行了制度设计），少有学者将民间融资与刑法直接对接和勾连。即便涉及民间融资犯罪的刑法治理，其研究思路也是：先提纯民间融资越轨行为的犯罪构成内容，再求得其在刑法中的耦合和对应。整体上看，国外事涉民间融资犯罪的刑法特征是：规定分散、领域较广、罪名细致、刑罚轻缓。学者秉持的基本立场是：从谦抑性出发主张刑法谨慎介入；对其犯罪应采轻刑化；罪犯的责任形式应是财产刑、资格刑或非刑罚措施。其关注的重点是：合会犯罪的形式（Robert Dekle 等，2000）；洗钱罪的发生规律（玛丽-克里斯蒂娜·迪皮伊-达侬，2006）；非法集资类犯罪的认定及规制（E. P. Ellinger，2009）；证券化融资犯罪的表现（滕昭君，2012）。

在我国，对民间融资法律治理的研究过去多由经济法学者从事，刑法学界鲜有关注。近年来，王炜（2005）、彭冰（2009）、袁爱华（2010）、李怀胜（2011）、张正新（2012）、刘雪樵（2013）、张东平（2014）、范淼（2015）等学者开始对涉及民间融资犯罪的典型罪名及追究进行论述，但整体而言，仍少有学者针对民间融资犯罪进行系统研究。例如，笔者以“民间融资”为“主题”、以“刑法”为科目、以北大核心和CSSCI为搜索范围，在中国知网上检索1911—2019年的人文社科期刊论文，共检索到22篇文章。而即便是这几篇文章，也主要是根据刑法规定对民间融资中的典型犯罪进行论理解释，少有文章从民间融资运作实践出发对整体犯罪及其规制体系进行系统论证。又如，笔者在中国知网上以“民间融资犯罪”为“主题”对1980年至2019年间的博士论文、硕士论文进行匹配，共检索到与法律相关的博士论文两篇，一篇是刘鑫博士的《论民间融资的刑法规制》，一篇是范淼博士的《非诈骗型非法集资犯罪范围研究——以集资行为风险为视角》。前者虽然论及了民间融资刑法调整的一些共性问题，但主要是围绕与民间融资对应的非法吸收公众存款罪、集资诈骗罪等少数罪名的立法矫治、司法认定问题进行研究，没有结合民间融资的发生土壤和发生背景从经济和刑法互动的视角进行更深层次的分析。后者主要研究的是非法吸收公众存款等非诈骗型非法集资的犯罪范围确定问题，并未对民间融资犯罪的共性和个性问题进行普遍性研究。检索到与民间融资刑法规制相关的硕士论文26篇，但这些论文主要涉及民间融资罪与非罪认定、洗钱罪和非法经营罪等个罪完善问题，分析的视角和研究内容都显得非常单一和单薄。

总之，在民间融资刑法规制问题上刑法学本体性研究现状有待改善。一方面，其研究广度有待扩展，其研究深度有待开掘。另一方面，刑法学研究视角过于自我封闭，其不足体现在：忽视犯罪发生的经济背景和综合性防控实践，人为切割民间融资与经济体系的整体联系，仅将民间融资犯罪做简单化的部门法抽象。这种倾向不利于对民间融资犯罪的科学治理。毕竟，民间融资中的犯罪基本上都是经济犯罪，其生发特征与经济现实密切相连。为保证民间融资的健康发展，为确保民间融资犯罪治理的科学性、针对性，有必要结合社会经济情势对民间融资刑法规制进行经济分析。

（二）刑法经济分析述评

法律经济学首先是一门学科知识，其作为经济学与法理学的交叉，主要研究法律和法律现象的效率、效益。法律经济学也是一门重要的理论分析工具，作为工具意义上的法律经济学也可被称作法律的经济分析，它本质上是一种运用经济学理论分析法律效益、效率、效度的研究方法，其目的是在确保公正的前提下，提出能够使法律产生最大经济效益、最大社会效益的行为选择方案。从方法论的角度看，刑法的经济分析就是借助于经济学理论方法对刑法现象进行分析研究，以产生最优的与刑法精神、刑法原则相匹配的公正与效率相统一的制度方案的研究方法。

刑法的经济分析历史悠久。这种思想萌芽和发展可以从贝卡利亚、威廉·配第、边沁、亚当·斯密等人的论述里找得到。如，早在1764年，西方近代刑法学之父贝卡利亚就在其《论犯罪与刑罚》中构建了刑罚的阶梯表，这一阶梯表根据经济学原理对罪刑相适应作出了非常科学的阐释。威廉·配第在其《赋税论》中就认为，刑罚不应该停留在报应的意义上，还应该有利于促进社会的福利，实现有效率的惩罚（William Petty，1776）。威廉·配第的论述非常强烈地表述了刑罚的效率思想。边沁作为功利主义的创始人也特别重视对刑罚进行经济分析。他指出：一个人仅在他从犯罪中能够得到的预期快乐超过预期痛苦时才会犯罪（Bentham，1789）。这就体现了经济学的投入-产出理论。斯密在《关于法律、警察、岁入及军备的演讲》中，也对经济发展和犯罪调控的关系进行过深入论述（Adam Smith，1896），他认为，对他人经济的依赖易于堕落、犯罪，而商业和制造业有助于增进人们的自立能力，故建立商业和制造业是防止犯罪的最好政策。

进一步将经济学和法律结合起来进行研究的是19世纪末20世纪初的制度经济学派，该学派尤其重视利用经济方法分析非经济问题，制度经济学的这种立场一直延续到现在。1960年，现代法律经济学的创始人罗纳德·科斯发表了《社会成本问题》一文。该文被视为现代法律经济学的奠基之作。但科斯本人以及后来的许多法律经济学家如阿曼·阿尔钦、吉多·卡拉布雷西等人多是对财产法、侵权法等私法进行专项研究，很少涉及刑法等公法问题。在刑法的经济分析方面，需要重视的是加里·贝克尔和理查德·波斯纳。1968年，加里·贝克尔在《犯罪与刑罚：一种经济学进路》的论文中提出了一个影响深远的观点：经济分析是一种统一的方法，适用于解释全部人类行为，包括犯罪行为。理查德·波斯纳在其经典大作《法律的经济分析》中，系统分析了为什么国家应对某些犯罪适用不同的刑罚，以及适用这些刑罚所必需的实质性原则。自此以后，借助于经济学知识来探讨刑法现象的论著才得以迅速涌现。如，1988 年，罗伯特 · D. 考特和托马斯 · S. 尤伦在他们所著的《法和经济学》中，对刑罚的威慑效率、死刑制度、理想的刑罚作出了详细的经济分析；A. 米切尔 · 波林斯基在其著作《法和经济学导论》中集中讨论了用监禁刑执法的问题。

对我国来说，法律经济学属于舶来品。改革开放后，法律经济学开始在中国起步，一批经济学家开始把国外的法律经济学研究成果引入中国。在这一阶段，学者主要从事西方法律经济学著作的翻译和学术推介，运用这些理论研究、分析中国问题的很少。到了近些年，一批从事法律研究的学者开始运用法律经济学对各个部门法中的法律现象进行研究，比如周林彬、钱弘道、张建伟、冯玉军、柯华庆等人，在这些方面都有不俗的表现。但需要指出的是，这些学者的研究领域仍然是以私法为主。除了陈正云的《刑法的经济分析》、刘仁文的《刑事一体化下的经济分析》、沈海平的《寻求有效率的惩罚——对犯罪刑罚问题的经济分析》这三本著作对刑法现象进行了较为系统的经济分析外，其他研究成果无论是从数量还是从质量上都不令人满意（如，笔者分别用“刑法经济分析”“犯罪经济分析”“刑罚经济分析”这三个“主题”、以北大核心和 CSSCI 为搜索范围，在中国知网上检索 1911—2019 年的人文社科期刊论文，分别检索到 8 篇、15 篇、4 篇学术论文，这些论文几乎都不涉及民间融资犯罪问题。在中国知网上输入“刑法经济分析”对硕博论文进行检索，只检索到 6 篇相关的述评性的硕士论文；输入“民间融资经济分析”竟然检索不到 1 篇硕博论文）。但，即便是这三本著作，也有改进、提升的余地。首先，这些研究带有一定的“拿来主义”痕迹。一方面，从理论预设、原理运用到图表设计、解读方法，基本上都来自西方的理论和经典著作，缺乏对西方经济分析方法、基本理论的鉴别和选择。另一方面，这些研究缺乏对中国经济现实的关注，仍然试图用刑法学本体理论发现和解决问题，致使论证过程和结论缺乏足够的现实应有性。其次，缺乏对刑法现象的系统研究。对具体罪名研究多，对整体犯罪生成机理和类型性犯罪分析少；对具体刑种研究多，对整体的刑罚体系分析少；对个罪的刑罚规制研究多，对整体犯罪的系统性规制研究少。再次，既缺乏对经济犯罪刑法规制的系统性研究，也缺乏对民间融资领域经济犯罪生发特征的关注。事实上，与其他犯罪类型相比，经济犯罪与经济现象具有更密切的联系。法律经济学不但能够解说整体刑法，更能很好地为经济犯罪防控提供理论指导和对策建议。

总之，结合刑法学、法律经济学知识对民间融资刑法规制问题进行更系统、更深入地分析研究具有重大的理论意义和实践价值。随着经济发展和法律进步，时代和国情都要求我们深化对民间融资的认识，要求我们在深刻理解和准确把握刑法运作状况和法律经济学知识的基础上，总结他国经验，吸取过去教训，进一步构建有利于民间融资规范运作的刑法调控机制，在刑法与经济双向互动的条件下实现两者的“双赢”。

二、研究内容

（一）研究目标

本项目旨在以法律经济学视角阐明民间融资犯罪刑法规制的一般理论及罪刑特征，并在此基础上改善刑法管控体系，更新追究制度。具体而言，就是要充分描述和分析研究民间融资现象与刑法现象内在的经济联结，从法律经济学的角度探寻刑法与民间融资的对应性解释，寻求刑法在民间融资犯罪防控方面可以进一步开掘的空间，弥补刑罚在“同质对应性”方面的缺失，促进更有效率的复合型刑事责任体系在刑法中的确立，增进刑罚适用的效率性、规范性、针对性、应用性和对现实的解释力。

（二）研究内容

笔者的基本研究思路是：明确法律经济学的基本理论；总结民间融资犯罪的基本问题；形成规制民间融资犯罪的刑事政策；检视民间融资犯罪的问题，找到提升的途径；检视民间融资犯罪的刑事责任问题，形成完善之策；最后，从系统论的角度对民间融资犯罪的综合治理体系进行建构。具体包括：

1. 刑法经济分析的理论基础

首先，归纳法律经济学的基本知识，重点是明确法律经济学的概念、总结其理论组成和理论内容，找到研究问题的工具。其次，从经济学视角审视刑法现象，阐明刑法经济分析的意义和对民间融资犯罪进行经济分析的价值。

笔者强调，要突破传统经济学和法学各自为战的领域束缚，将经济分析的认识触角延伸到非市场领域中的犯罪行为和刑法市场。因为，法学和经济学关注的都是理性人的社会选择行为，彼此间在理论预设、前提假定、研究对象等方面存在着共通性，且借助于经济分析方法能够进一步增进对刑法公正和效率的理解，有助于刑法质量提高和制度完善。所以，对刑法现象进行经济分析既有必要性又有可行性。在此基础上，笔者认为，刑法尤有必要借助于经济分析方法增进其制度的科学性并开掘其适用空间。因为，第一，我国多年的刑法和刑法学研究过于封闭，缺乏必要的开放性，这在很大程度上妨碍了刑法和刑法学研究的科学发展。通过引入法律的经济分析，能够从规范和实证两个方面检视和反思我国民间融资犯罪生成和刑法应对的状况，在此基础上方能保证刑法的理性发展。再者，我国当前的刑法学研究以注释刑法学为主，而注释刑法学过于重视对刑法规范本体的解读而忽视刑法和社会经济互动研究的意义，这种“就事论事”样的研究方式由于缺乏足够的解决现实问题的技术手段，以致在一定意义上扩大了刑法和现实的距离。第二，法律经济学即是理论性的科学，也是方法论的科学。运用法律经济学的原理能够更深刻地解读财产或经济犯罪，运用法律经济学的方法分析刑法问题能够使刑法更具开放性和效率性。第三，由于刑法的非自足性，对刑法（犯罪和刑罚）进行经济分析一方面可以促使规制犯罪的手段更具效率性和科学性；另一方面，刑法制度完善对保障和促进经济的发展也具有极大的作用。

2. 民间融资犯罪的基本问题

本部分旨在明确民间融资犯罪的概念体系、发生原因、演变规律、生发特点和社会危害。重点在于：首先，界定民间融资及民间融资犯罪的概念，明确民间融资犯罪与经济犯罪等邻近范畴的关系。其次，对民间融资的犯罪生成进行解构，为后面反思、提升刑法规制措施做好铺垫、打好基础。在其犯罪生成的解构上，主要从行为定性、生成过程两个方面进行论证：

（1）在民间融资犯罪行为定性上，认为该犯罪主要是理性罪犯基于成本收益权衡实行的对正常社会秩序具有负外部性的、无效率的资源配置行为。

（2）在犯罪生成过程上，主要从微观经济学和宏观经济学的不同原理出发进行综合性解读。第一，从微观经济学的角度考量时主要关注的是经济学的方法论意义。在此背景下，犯罪生成的过程是：在资源稀缺和信息不对称的前提下，具有稳定偏好的理性行为人出于追求效用最大化的目的，在经过成本收益核算后从事了无效率的对资源的再次配置。第二，从宏观经济学的角度考察时主要关注的是经济本身变动对犯罪的决定或影响。在此背景下，犯罪生成的过程是：在主体缺位、制度缺失的条件下，由于经济类型、经济结构、经济水平、经济形势的变化，促成了理性人经济占有地位、占有程度、占有水平的反差，这种反差决定或促使行为人通过纯经济性或非经济性的具有严重社会危害性的活动来追求自身利益的平衡。这些活动就是经济所促生的犯罪。

3. 规制民间融资犯罪的刑事政策

首先，通过中文对比形成可以借鉴的治理经验。然后，形成民间融资犯罪化和刑罚化的基本立场。重点强调，民间融资犯罪本质上是经济犯罪的一种表现形式，要遵循经济犯罪的基本规制规律，并在此基础上结合其个性特征有针对性地配置民间融资犯罪的刑事政策。特别是，民间融资犯罪的刑事责任体系配置必须以与犯罪的“同质对应性”为基本原则进行重组和改革。

4. 民间融资犯罪解构及制度改革

本部分旨在对民间融资犯罪化的理念、立法、司法问题进行检视、反思，并在此基础上对制度改革进行建言。首先，以法理、经济情势为依据，确立民间融资犯罪的“应然”性理论。其次，对事涉民间融资犯罪行为的刑法总则、分则中规定进行整理归纳、分析检视，以总结有益经验，发现其中的不足，并就罪名体系、犯罪构成、犯罪形态的法律完善提供建议。再次，立足刑法规定和案例样本，从实证的角度展现我国民间融资犯罪的现实状况，对民间融资犯罪的运作现状进行分析，通过对比，发现刑法调整存在的问题及障碍，并明确制度改进的切入视角和着力方向。本部分的重点工作是：

（1）以刑法总则为依据，对犯罪的类罪构成、犯罪类型、犯罪形态进行专项研究。

（2）以刑法分则为依据，对民间融资中具体犯罪（如，集资诈骗罪、非法吸收公众存款罪、高利转贷罪、非法经营罪、擅自发行股票、公司、企业债券罪、擅自设立金融机构罪、洗钱罪、贪污罪、挪用公款罪、玩忽职守罪等）的个性内容及其表现形式进行详细介绍、展示和区分。

（3）对犯罪行为判定的原则、重点、方法、技巧进行技术性总结、提示和阐述。其主要关注点是：定罪时如何才能实现伦理性、谦抑性和社会相当性的结合；在民间融资犯罪认定问题上，如何贯彻结果无价值理论，入罪的标准和条件又有哪些；如何对刑法第13条“但书”中“不认为是犯罪”的规定正确理解和贯彻执行；在民间融资犯罪特殊形态问题上，如何贯彻事关“一罪与数罪、共犯形式、犯罪未完成形态”的法律规定，如何确立上述各形态叠加后的处理规则；在罪名上，如何对民间融资犯罪的上下游犯罪扩展和认定。

5. 民间融资犯罪刑事责任解构及制度完善

结合经济犯罪的一般调整规律，把民间融资犯罪的刑罚配置情况放在罪刑互动的过程中进行说明，并根据民间融资犯罪生成特点和犯罪的不同生成模式对刑事责任的不同影响进行综合研究。重点是：第一，根据刑罚配置原理及具体标准，结合刑法分则规定的类型性犯罪，对我国目前规制民间融资犯罪的刑罚体系、结构、有机组成要素进行检视，以发现不符合效率增进的有缺陷的刑罚制度，实现对刑罚体系的整体性反思。然后，进一步探讨效率增进背景下的刑罚体系改进理念和具体选择路径。具体而言，就是要在上述各部分分析论证的基础上，基于民间融资犯罪生成的客观状况，结合刑罚规制面临的现实挑战，按照“罪刑相适应”原则和“同质对应性”要求，运用法律经济学理论方法对民间融资犯罪刑罚规制体系的完善进行系统建言。

第二，对刑罚的单一化缺陷进行检讨，对以往被忽视的刑事责任的其他承担方式进行全面研究。特别强调，要充分发挥刑事规制手段的协同作用，要积极引入保安处分制度，充实完善民事、行政等其他犯罪规制形式。

6. 民间融资犯罪综合治理体系的建构

在全面描绘民间融资犯罪发生原因的基础上，借助于历史考察和横向比较，察知民间融资犯罪综合治理的经验及启示，以民间融资犯罪的发生规律为基本依据，从经济犯罪的基本特性出发，分别从软法治理、环境改造、相关法律强化等角度系统性地对民间融资犯罪的辅助防控系统进行建构和设计。其中，最为主要的是，从其他规制手段的协同和刑罚体系运作环境的改良两个方面予以分析、建言。

第三节 研究方法与创新之处

一、研究方法与方案设计

（一）研究方法

1. 系统研究法

将民间融资作为一个系统看待，通过对其整体运作状况和影响因素的描画，展现民间融资犯罪的发生规律和对其规制、追究需要着力的方向。

2. 比较研究法

通过对中外民间融资犯罪状况和政策实践的比较，归纳、提炼有利于我国犯罪治理经验和方法。

3. 分类研究方法

在对民间融资犯罪的共性特征做整体研究的基础上，对其具体犯罪进行分类界定，分别研究其犯罪状况、规制经验和追究规律。

（二）方案设计

本项目研究的技术路线与工作步骤：（1）全面搜集、充分总结国内外对民间融资法律规制进行经济分析的研究成果和理论方法，特别是注意搜集和整理有关对民间融资刑法规制进行经济分析的一切理论成果，并由此而构建一套能被广泛接受的理论分析框架和研究方法体系。（2）将理论和实践对接，结合法律经济学的理论、方法对刑法的现实运作状况进行分析评价。审视、总结、反思、完善刑法治理制度，并在系统论指导下构建起更具科学性的犯罪防控体系。

二、创新之处

1. 选题的创新

将当下大案频发却甚少学者关注的民间融资领域经济犯罪的防控作为研究对象，以刑法学、经济学学科融合的视野提出问题、分析问题、研究问题。立足于刑事法又超脱刑事法，拓宽了思路，开阔了视野，实现了研究领域的重大转变。

2. 方法的创新

法律经济学既是一种理论体系，又是一种研究方法体系。我国占主导地位的注释刑法学倾向于封闭的、自洽的本体性解释，这种解释方法容易忽视制度的实质价值和运作效率。笔者以经济分析为核心研究方法，交叉运用刑法学、犯罪心理学等学科知识，重视比较分析和现实考察，全方位、多维度、立体性、动态地描述、展示民间融资领域罪刑互动关系，并兼及社会制度、经济环境、伦理道德、社会意识、关联主体对罪刑的经济影响。文献检索的结果表明：很少有人在这方面作深入的系统性研究。笔者相信，这些综合性的研究方法，能够丰富已有的研究成果并使政策建言更具科学性、针对性、效率性。

3. 视角的创新

以公正和效率辩证统一为着眼点和着力点，全方位、多视角、立体性、动态地展示了民间融资犯罪刑法规制经验和规律。

4. 内容的创新

将民间融资犯罪及其规制放在经济社会和刑法文本下进行研究，重视项目的刑法学、犯罪学、犯罪心理学、经济学、社会学意境和互动勾连，通过理论研究考察犯罪的基本知识，透过系统性的知识更新和制度再造完善其治理经验。重要的内容创新是：对经济现象和刑法现象的互动关系进行了全新阐释。分析经济对法律的影响向来被视为是法理学的当然任务，在刑法学界，鲜有人关注刑法经济分析的意义，也很少有人对“犯罪和刑罚的经济对应性”“经济如何影响犯罪生成和刑罚体系、犯罪生成和刑罚体系又如何影响经济”这些专门性问题进行深入考察和研究。笔者希望：一方面，用经济学的眼光透视民间融资犯罪深层的发生机理，反思、完善现有的刑罚运作机制，并使之更具效率性；另一方面努力尝试、探寻和发现能够更加直接给民间融资以实质性影响的犯罪规制机理，以增进刑法的经济感应性和刺激性。

第一章 刑法经济分析的理论基础

第一节 法律经济学概述

一、法律经济学的概念

在法律经济学的称谓问题上，学者间的认识并不统一。如，“法和经济学”“法的经济学”“经济分析法学”“经济法哲学”“法律经济学”“法律的经济分析”“法律的经济方法”等名称，都曾被学界使用过。虽然有各种各样的称谓，但学者们基本都认为法律经济学的内涵本质上都没有太大的不同，只是侧重点或视角不同罢了。第一类学者主要从学科的角度来界定法律经济学，他们将法律经济学界定为一种学科或学术流派。史晋川教授就认为：“法经济学，亦称法律的经济分析，是 20 世纪 50—60 年代发展起来的一门经济学与法学交叉的边缘学科，也是当代西方经济学和当代法学中的一个非常重要的学术流派。”① 第二类学者比较重视概念的工具性价值，认为从分析方法的角度看，法律经济学应该是运用经济学的相关理论对法律现象进行检视、评估、反思、提升的知识集合。如，周林彬认为：“经济学的本质是研究方法，因此法律经济学的本质也是研究方法……正是在这个意义上，将方法论意义的法律经济学，谓之‘法律的经济分析’。”② 第三类学者则更强调法律经济学的研究对象，如，罗宾·保罗·麦乐怡就认为：“法律经济学注重的是经济哲学、政治哲学与法律哲学的相互关系，分

---

① ［美］尼古拉斯·麦考罗、史蒂文·G. 曼德姆：《经济学与法律——从波斯纳到后现代主义》，朱慧、吴晓露、潘晓松译，法律出版社 2005 年版，第 1 页。

② 周林彬：《法律经济学：中国的理论与实践》，北京大学出版社 2008 年版，第 19~21 页。

析和评估可供选择的多种社会模式，研究和探索各种不同社会模式的法律制度与经济关系的结果。”① 虽然在法律经济学概念界定方面学者们各有侧重，但需要强调的是，这些认识并不矛盾，反而是互为补充、彼此促进的关系。也正是这种多样化的研究状态，在推动着法律经济学朝着正确的道路上不断迈进。当然，出于对研究主题针对性问题的考虑，笔者不可能对法律经济学面面俱到。所以，笔者更倾向于将法律经济学界定为一种能够对刑法现象进行针对性分析的理论和方法体系。所以，在本文语境中，从严谨的角度讲，法律经济学更应当被称为“法律的经济分析”，“法律的经济分析以当下法学理论和法治实践中存在的问题为出发点，主要运用现代经济学（特别是传统微观经济学、新制度经济学、福利经济学、公共选择理论等）的基本原理和实证分析方法分析、检验法律的形成、结构、运作过程、绩效及未来发展”。②

可以看出，法律经济学的主要任务是考量制度的效率，但法律经济学从不以牺牲公平、正义为代价。也就是说，法律经济学视野中的效率是一种具有前提性预设的效率，这种前提恰恰是公平、正义。“法律具有两重功能：分配与效率。可以说法律经济学涵盖了传统法学的范围，法律经济学中仅仅强调法律实现效率的一面无疑是对其的误读。”③ 换句话说，在法律经济学者看来，效率并不与公平、正义针锋相对、互相对立，某种意义上，提升制度的效率恰恰是为了更好地实现制度的公平和效率。我们之所以认为“迟到的正义非正义”，某种意义上就是因为司法追究的不及时或追究错误极大地侵夺、侵蚀了相关主体的人身、财产利益，甚至给其造成了无可挽回的生命损失，这些损失不但意味着司法制度的效率提升上存在问题，也意味着社会的公平、正义无法在合适的时空内得到实现。

二、法律经济学的理论渊源

（一）西方主流经济学理论

法律经济学的许多理论预设和观点都来自西方主流经济学。西方主流经济学

① ［美］罗宾·保罗·麦乐怡：《法与经济学》，孙潮译，浙江人民出版社1999年版，第11页。

② 冯玉军：《法经济学范式》，清华大学出版社2009年版，第14页。

③ ［美］斯蒂文·萨维尔：《法律的经济分析》（代译序），柯华庆译，中国政法大学出版社2009年版，第13页。

的开创者主要是亚当·斯密。从亚当·斯密开始，经过大卫·李嘉图、西斯蒙第、约翰·穆勒、萨伊等经济学家的不断努力，西方古典经济学形成了体系化的内容。此后，特别是经过20世纪，西方主流经济学通过“张伯伦革命”“凯恩斯革命”“预期革命”等，基本形成了以微观经济学和宏观经济学为基本内容的新古典经济学理论框架。法律经济学中的基本概念，如稀缺、权衡、选择等，以及成本—收益分析、价格理论、偏好稳定等理论知识基本上都是来源于西方主流经济学，特别是西方主流经济学中的微观经济学理论。

（二）制度经济学理论

法律经济学的另一个重要来源是制度经济学，也正是在此意义上，学者们有时直接把制度经济学作为法律经济学的代名词来使用。在制度经济学看来，制度的概念非常广泛，它不仅包含法律，还包括规制人们行为的所有规则和其运行机制。制度经济学把制度作为研究的重点，其侧重研究制度对经济行为乃至其他社会行为的影响以及社会行为和制度的互动。在西方经济学中，制度经济学是一个重要的流派，虽然学界一般把其划入非主流经济学中。制度经济学之所以能够对西方经济学产生重大影响，一方面是其思想具有独特之处，另一方面则是因为其研究方法非常新颖，从而让人耳目一新。

从历史的角度看，制度经济学的思想可追溯到19世纪40年代以F. 李斯特为先驱的德国历史学派。历史学派的贡献在于其超越了英国古典经济学派的抽象、演绎的自然主义方法，而主张运用具体的实证的历史主义方法，而主张从历史的脉络中来把握经济发展的民族独特性。也就是说，德国的历史学派更强调经济发展的时代性和国民性特征。到了19世纪末20世纪初，对德国历史学派形成继承和发展的主要是以T. 凡勃伦、J. R. 康芒斯、W. C. 米切尔等为代表的美国的老制度经济学派。老制度经济学派比较一致的观点是非常重视对制度、历史、伦理等非经济因素的研究，认为这些非经济因素对社会经济发展具有很大的影响乃至能够产生决定性作用。他们这种关注制度，重视制度的经济意义的思想非常新颖。老制度经济学派在方法论上的重要突破在于，他们看到了纯粹的经济指标的局限性，力图立足于社会个体之间的互动来理解经济运行的规律。在他们看来，经济研究的起点在于人与人之间的社会关系，而不是人与物的关系。只有关注到活生生的、具体的人和人的行为，才能逐渐进入真实的经济世界。老制度经济学派具有很强的社会批判的色彩。美国的、早期的制度经济学家多以批判资本主义制度为己任，但这种批判并非对资本主义伤筋动骨，只是强调在正视制度缺陷的基础上进行内部改良，通过改良来理顺资本主义的经济关系。但即便如此，美国早期的老制度经济学派和其代表人物凡勃伦和康芒斯等，仍然被视为是一种异端。之所以如此，主是因为其对古典经济学产生了相当的冲击，它打破了资本主义自由市场制度完美无瑕的神话。

进入20世纪40年代后，在美国的芝加哥大学产生了一批新制度经济学家。新制度经济学派区别于老制度经济学派的地方并非是研究视角，而是研究态度。也就是说，这种差异主要体现在其对待主流经济学的态度上。“新制度经济学的根本性转变体现在对古典和新古典经济理论从‘否决主义’转变为‘修正主义’。具体来说，新制度经济学一反凡勃伦、康芒斯等制度经济学者对传统经济理论的敌视观、否决观，将制度分析引入新古典经济学范畴、修正新古典经济学的缺陷，而不是像老制度经济学学者那样力图建立一个替代古典和新古典经济理论的理论体系。简言之，新制度经济学借助制度分析来拓宽主流经济学的适用范围，同时借助主流经济学的各种经济理论、经济分析方法研究法律制度问题，深化和创新了法律制度的研究内容和研究方法。”①

从总体上看，继承了德国历史学派研究方法和思想传统的美国新老制度经济学派，实践上都反对西方主流经济学所采用的抽象演绎的方法和愈来愈形式化的数量分析，他们都非常重视社会分析或者说结构分析的经济研究方法。制度经济学派强调指出，只有把社会结构放在重要位置上来展开研究，才能深刻体察资本主义经济运行的弊病，才能更加清楚地弄明白资本主义社会演进的脉络和走向。制度经济学者普遍反对主流经济学把人抽象成单个、不具个性特征的“经济人”，然后再进行量化组合的研究方法。他们认为，资本主义的经济的变动实际上遵循“自然性”规律；个人应当被作为“社会人”而不是“经济人”来看待；作为社会性的存在，物质性、经济性利益并非人的唯一追求，对安全、情感、社会地位的需求都应当被纳入考量范围之内。在制度经济学家看来，人的行为抉择并不绝对以自己的内在效用函数为基础，他必须要顾及自身所在的环境，他要在个人社

① 周林彬：《法律经济学：中国的理论与实践》，北京大学出版社2008年版，第46页。

会经验、不断的互相学习的基础上来建立自己的选择模型。所以，制度经济学派更重视人和环境的互动，更重视从制度的组织形式和组织结构中、从文化传承中来探寻人的经济行为。也正是从环境、文化差异的角度考虑，制度经济学普遍采纳了历史归纳、历史比较的研究方法，从而得出了经济制度运行具有民族性、历史性特点的结论。对此进一步推演的结果就是，西方主流经济学靠逻辑抽象所阐明的经济的统一性、规律性并不具有普遍性意义。

（三）公共选择理论

20 世纪 60 年代，公共选择理论开始在美国出现，到了 20 世纪 80 年代左右，公共选择已经成为西方经济学中的一个不容小觑的流派。在公共选择学派的代表人物詹姆斯·布坎南看来，公共选择理论主要是借助于经济学的研究方法研究政治中的主体选择行为。公共选择理论仍然把“经济人”作为对人的行为展开分析的基础和前提，它仍然以市场的自由交易原则来考量公众的政治选择和政府的管理行为。公共选择理论的基本观点是：政治是市场的另一个体现，但其仍然是经济学上的市场，在这个市场上政府是公共产品和公共服务的提供方，公众则是这些产品或服务的购买方；政治中的行为单位仍然是独立的、单个的个体，政治中的人和经济中的人并无本质性差异，他们都是具有自利性、利己性的人，这些人若是在经济中自私自利，那么，他在政治中未必会大公无私。可以看出，与西方主流经济学不同，公共选择学派是把政府作为一个利益实体来看待的，这实际上推翻了西方政治学对政治人的假设。这种假设剔除了西方政治中的阶级性，认为，政府和政治家都是为了纯粹的公众利益服务的，其能够自我纠错和改造自己的行为。也正是在此基点上，公共选择理论把关注点放在了对政府效率的考量上，他试图构建能够促使政府更具工作效率的制约体系。公共选择理论认为，就像经济市场一样，政治市场也有失效、低效的情况出现，这些都需要政府进行干预、调整。但这种政府干预也未必能够收到理想效果，因为政治家也是“经济人”。主体的自我缺陷和对利益的追逐容易使其行为与预定目标产生偏差。所以，必须设计出一套能够足以约束政府和政治家行为的制度和规则。这些规则运行的结果不是要把政治家塑造成为公共利益而忘我奋斗的代理人，而只是使其行为的效率保持应有的水平。

从历史发展的角度看，古典经济学一直是把经济学和政治学结合在一起进行综合研究的，这从亚当·斯密、大卫·李嘉图、托马斯·马尔萨斯、约翰·穆勒的著作或者论述中都可以发现。但19世纪70年代开始的“边际革命”开始将经济学纯粹化，其关注的是既定制度约束下的有限资源的配置问题。很明显，社会制度是作为不必约束的既定前提存在的，一直以来的政治经济学成了纯而又纯的经济学，不但传统的研究主题、研究内容、研究范围被大大压缩，其研究的社会性、科学性也开始大打折扣。因为，从此，西方主流经济学家基本上不再研究政治制度对经济运行的影响了，也缺乏足够的兴趣来探讨两者间的互动，但非常明显的事实是，经济学研究是不能脱离政治性制度安排的。公共选择理论一反过去的传统，重新将政治和经济结合起来进行研究，并试图恢复古典政治经济学的优良传统，重建新政治经济学的体系。所以，公共选择理论一经出现，就令人耳目一新。从本质上看，公共选择学派采用的分析方法是一种新的革命，这种革命的意义之所以如此重大，就在于：公共选择学报重新将经济行为和政治行为连接在了一起，并以“经济人”为逻辑起点借助于微观经济学逐步推演，其不但实现了政治学研究方法的突破，也扩展了经济学的研究领域，并使经济分析更具科学性；公共选择学派也使得经济理论变得更具应用性，它使理论研究与现实的经济运转、政治运作更加紧密地结合在了一起；更为重要的是，它把政治、制度等社会性因素作为经济运行的内生变量对待，克服了传统理论将其作为外生性因素简单排斥的立场。

同样需要肯定的是公共选择理论对政治学研究和整体性行为分析的价值。公共选择理论借助于经济学理论来分析政治问题，这种视角扩充了政治分析的内涵，揭开了笼罩在政治决策上的“神秘的面纱”，将政治学研究带入了一个全新的境界。第一，“经济人”假设的引入将政治学研究建立在现实的基础之上。在公共选择理论之前，经过“边际革命”洗礼的西方经济学基本上把政治市场与经济市场完全割裂。政治学家对政治学和经济学家对经济学在行为分析的预设方面，往往是两种不同的立场和标准。在经济领域，人被设定为是自利的；在政治领域，人却被预设为是慈善、博爱的。不论这些预设本身是否正确，对人理性预设上的区分对待都难以面对现实的拷问。公共选择理论以预设的统一性展开论证，这既打破了笼罩在西方政治家头顶上的神圣光环，也给有关政治活动的研究增加了现实性。第二，“经济人”假设至少为我们进行的制度分析提供了一致的基础。它将制度分析中的人界定成自利的动物，至少从人的生物性上解释了制度存在的必要性。毕竟，如果人人都是纯粹的利他主义者，就没有必要来进行制度比较、制度选择了。从另一个角度看，也正是人人都有自利性，才有必要对制度不断完善，从而最大限度地压制人的自私，确保人从自利的角度来提升、改善利他的效果。第三，公共选择理论将经济学理论引入政治领域也为我们进行刑法的经济分析创造了条件、提供了可能。经济学既然可以进入政治学，又为何不能进入法学和其他社会学科呢？这不但是法律经济学可以扩展作用领域的理由，也是我们能够对所有公法现象进行经济分析的原因。

（四）行为经济学理论

行为经济学的产生和发展是对西方主流经济学的又一大促进和补充。在行为经济学眼中，所有有关经济行为的研究都必须建立在对现实的人的心理体察之上，经济研究绝不能建立在抽象的、统一的行为假设基础之上；主流经济学中有关人的经济理性的预设具有相对性、条件性，实践中的人的理性认知受制于信息不对称、认知局限、框定效应多多重因素，不可过分高估人的理性认识和判断；人的行为决策方面的偏好并不绝对受制于外生因素，从本质上讲，人的行为选择基本上来源于行为人的内心因素和决策过程；事实上，经济主体的行为决策具有很强的可塑性，这就很好地解释了人既有偏好，也有选择上的逆转；行为经济学并不像主流经济学那样过于强调自利因素，它认为现实中不能排除人的利他的行为动机，这种意识和行为在现实中广泛存在。

可以看出，行为经济学某种意义上是经济学和心理学的联姻，它努力尝试着借助于心理学知识来弥补、发展西方主流经济学。由于它对西方主流经济学的行为预设、稳定偏好等理论知识作出了很好的解释和补充，使得西方主流经济学对现实世界的解释力变得愈加强大。

（五）博弈论

“新古典经济学揭示了理性人的行为决策的机理在于成本—收益的衡量，目的在于追求利益（或效用）的最大化，但是它并未进一步揭示理性人是如何进行行为决策的。"① 对这一决策过程的研究，很大程度上是由博弈论来完成的。博弈论源于20世纪约翰·冯·诺依曼依据数学对扑克游戏进行的研究。20世纪40年代，其与他人合著完成的《博弈论与经济行为》一书的出版，标志着现代博弈论的正式创立。在20世纪的50年代，美国数学家纳什提出了纳什均衡，使博弈论研究进入了新时代。此后，对博弈论的研究逐步深化。如，20世纪60时代，泽尔腾在纳什成果的基础上提出"精炼纳什均衡"，海萨尼把不完全信息引入了博弈论研究。值得一提的是，诺贝尔经济学奖对博弈论研究者相当钟爱。纳什、泽尔腾、海萨尼在1994年依靠他们对博弈论研究的贡献共同获得诺贝尔经济学奖，此后，又有多位学者因此获奖。

应当说，博弈论是近年来微观经济学研究方面的极富创新性的成果。他主要考察相互作用的经济个体之间如何进行均衡性的策略选择。博弈论与传统经济学中的决策论的重大区别在于："在传统理论中，经济主体作决策时并不考虑自己的决策对别人的影响，也不考虑别人的选择对自己的影响。例如，在传统经济学那里，任何消费者的选择都是在给定商品价格和自己收入约束条件下最大化自己的效用，任何厂商的决策都是在给定生产技术和成本约束条件下最大化自己的利润。消费者效用函数和生产者利润函数只依赖于自己的选择，不依赖于他人的选择。博弈论本质上也是研究理性的经济主体的最大化行为的，但比传统经济学更进一步，认为自己的效用函数不仅依赖于自己的决策，也依赖于他人的决策。"② 事实上，博弈论的影响范围已经不限于经济学，其理论知识在包括法学研究在内的许多学科中都在应用。它为我们理解和把握法律控制下的人的行为选择提供了重要的分析工具，对人的行为引导和法律制度的改进也在发挥着巨大作用。

三、法律经济学的基本内容

（一）基本假设

法律经济学的逻辑内容是借助于经济概念来逐步展开的。"诸如最大化、均

① 沈海平：《寻求有效率的惩罚——对犯罪刑罚问题的经济分析》，中国人民公安大学出版社2009年版，第190页。

② 尹伯成：《西方经济学简明教程（第八版）》，格致出版社、上海人民出版社2013年版，第119页。

衡和效率之类的经济概念是解释社会，尤其是解释理性的人们对法律规则的反应行为的基本范畴。”① 从服务于刑法经济分析的角度看，我们需要论证的主要概念或者基本假设有：理性人、效用最大化、市场均衡、稳定性偏好。

1. 理性人

在早期的古典经济学家的眼中，理性人假设意味着纳入经济学考量的人都是具有完全理性的人。很明显，这种认知与实践存在着很大的偏差。所以，当美国经济学家赫伯特·西蒙提出有限理性的概念对古典经济学的理性人理论提出修正后，更具完美意义、更为我们所知的相对理性、相对理性人理论得以确立。当下的理性人理论认为，首先，人是有理性的。也就是说，人对其行为和结果具有辨认和控制能力。事实上，刑法对犯罪和刑罚的所有文本规定都是建立在“行为人具有理性”这一判断基础之上。从刑法的角度看罪犯和犯罪，我们就对其具备了刑事谴责的基础和前提。事实上，我们之所以要将罪犯绳之以法，不仅是因为单纯的客观行为给外界的社会造成了严重的危害，更重要的问题在于，罪犯是一个对犯罪行为和犯罪结果都具有确定性或或然性认识的人，其行为的社会危害性从其故意或过失的主观罪过上也能够得到解释。从刑法的角度看刑罚也是如此。刑法中有关刑罚的规定也都是建立在“人是理性的人”这一判断之上。正是假定社会上的人和罪犯都是理性的人，所以，国家希望通过借助于刑罚功能的发挥来实现预防犯罪的目的。刑罚不仅是为了惩戒罪犯，其具有更为强烈的目的性，那就是警示所有的人不再以身试法，而这种目的实现的基本前提是所有的人都能明辨犯罪的恶害和刑罚对罪犯的惩罚。

其次，人的理性并不完美。也就是说，人的理性具有相对性、历史性，人的理性受制于自身认知能力、环境等多重因素，也正是在此意义上，我们将人的理性称为有限理性。“经济学的整个范畴，是以局限下的‘自由’选择来解释人的行为。从那所谓自由社会到暴君专政，人的行为一律是局限下的选择结果。”② 人的理性的相对性有助于解释相较于中世纪及以前的历史时期，近代以来的死刑制度发生的巨大变化。与近代以来的死刑制度相比，过去的死刑适用范围很大、

① ［美］罗伯特·D. 考特、托马斯·S. 尤伦：《法和经济学》，张军等译，上海三联书店1991年版，第13页。

② ［美］杰克·赫舒拉发、阿米亥·格雷泽、大卫·赫舒拉发：《价格理论及其应用：决策、市场与信息》，李俊慧、周燕译，机械工业出版社2009年版，版权页。

适用方式多样、残酷程度更甚。之所以会出现这些情况，是因为：第一，在农耕文明和冷兵器时代，生产力相对低下，国家没有足够的经济资源来维持足够多的犯人的生活，即便让罪犯永不停歇地劳作，也不能像现在这样生产出足够数量的产品来大量增加社会财富，所以，国家在考量死刑适用对象时往往会扩大化。第二，奴隶社会和封建社会的法律制度主要是刑法制度，这些时期的生产力水平也无法催生发达的民事关系和行政关系，国家治理社会的手段非常单一，在此情况下，国家的统治者更多的希望借助于威吓的方式来实现对犯罪的压制。所以，增加死刑执行方式、增加罪犯的痛苦程度顺理成章。第三，进入资本主义社会后，随着大工业时代的到来，人们对人的经济价值开始重新评估，人作为人的存在得到了基本尊重，所以，如何限制和减少死刑的适用，如何使死刑更加文明、如何寻找死刑的替代措施成了国家考量的重要内容。这不仅是生产力发展的要求，更是人的理性发展的时代性的具体体现。

再次，有限理性不但意味着人的行为选择受制于所处时代，也意味着人的选择也受制于自己的认知能力。也就是说，即便是身处同样时代背景下的人，他们对社会的认知都具有很强的个体性特征，这种特征既表现为个人认识能力的差异，也表现为行动能力上的区别。第一，从经济学的角度看，信息不对称理论是指在市场经济活动中，各类人员对有关信息的了解是有差异的；掌握信息比较充分的人员，往往处于比较有利的地位，而信息贫乏的人员，则处于比较不利的地位。信息不对称影响着人的认识和行动能力，也影响着国家和社会对交易主体的行为判断。因为，国家处罚罪犯的前提是认为其对犯罪的过程和结果都有明确的认知，在人对信息缺乏足够整合、判断水平的情况下，其辨认和控制能力势必会受影响。信息不对称理论能够很好地解释在犯罪市场上，国家为什么要对作为未成年人的罪犯做从轻处理。在种类繁多的犯罪市场上，国家和罪犯可以被视为或者被拟制为一对交易主体。罪犯的犯罪给国家和社会造成了损害，罪犯在享受犯罪的“成果”的同时，必须支付成本特别是要遭受刑罚惩罚的代价。刑法意义上的国家是所有合法利益的代表，罪犯给社会或个体造成的损失都可以归结到国家利益的损失上。一旦犯罪发生，就可视为国家利益的减少。所以，从利益恢复的角度，国家就必然要对罪犯进行打击。由于未成年人的刑事责任能力低于刑法的一般性预设，所以，国家必然从犯罪市场交易平等性、公平性的角度来减轻其刑事责任。第二，人的行为往往会陷入路径依赖的尴尬地位，这是解释人的认知能力差异的另外一个理论视角。美国诺贝尔经济学家获得者道格拉斯·诺斯使“路径依赖”理论声名远播，他用“路径依赖”理论成功地阐释了经济制度的演进。路径依赖的基本观点是，人们一旦选择了某个体制，由于规模经济、学习效应、协调效应、适应性预期以及既得利益约束等因素的存在，会导致该体制沿着既定的方向不断得以自我强化。一旦人们做了某种选择，就好比走上了一条不归之路，惯性的力量会使这一选择不断自我强化，并让你轻易走不出去。很明显，路径依赖容易使行为现状与理想状态形成张力。要缩小这种现实与理想的距离，就必须增加信息能力、扩大社会认知、重新进行行为评估，才能逐渐走出路径依赖和锁定的低谷，当然，这些工作都面临不小的困难，既涉及自我改造，也设计社会性改革。如，刑法虽然明确规定了累犯从重，但实践中对累犯的预防和控制仍然面临着很大问题。之所以会出现此种情况，并非累犯不了解刑法有关累犯从重处罚的规定，本人也并非想一直为恶，现实的情况往往是：在犯罪标签的明示作用下，累犯走出监狱后面临着社会化的困难，这些困难对累犯而言往往难以克服。在其重返社会面临重重困难的情况下，对以往犯罪经验的依赖往往会产生锚定作用①，从而使其积重难返、万劫不复。

最后，理性人理性认为人具有自利的心理，但并不排斥人的利他的动机和行为取向。亚当·斯密在对经济生活中“看不见的手”进行论述时，就表明：人虽出于自利动机却可在无形之中实现利他效果。他认为：“在这场合，像在其他许多场合一样，他受着一只看不见的手的指导，去尽力达到一个并非他本意想要达到的目的。也并不因为事非出于本意，就对社会有害。他追求自己的利益，往往使他能比在真正出于本意的情况下更有效地促进社会利益。”② 波斯纳也言：“自利不能和自私相混淆；他人的快乐（痛苦）也可能是自我满足的一部分。”③ 哈耶克在谈及行为自利性的时候也说：“市场的道德规则使我们惠及他人，不是因

① 锚定或称锚，是行为经济学范畴术语，指人们趋向于把对将来的估计和过去已有的估计相联系。

② ［英］亚当·斯密：《国民财富的性质和原因的研究》（下卷），郭大力、王亚南译，商务印书馆 1974 年版，第 27 页。

③ ［美］理查德·波斯纳：《法律的经济分析》，蒋兆康译，中国大百科全书出版社 1997 年版，第 4 页。

为我们愿意这样做，而是因为它让我们按照正好可以造成这种结果的方式采取行动。扩展秩序以一种单凭良好的愿望无法做到的方式，弥补了个人的无知，因而确实使我们的努力产生了利他主义的结果。”① 很明显，在西方主流经济学中，利他一直都是以利己的附属品、伴生物的形式出现的。笔者认为，虽然西方主流经济学家认为利己与利他可以并存、两者也并不绝对矛盾的立场值得肯定，但笼统地一概将利己与利他放在不平等地位的做法仍然值得反思。笔者认为，在法律的范围内，利己应以利他为存在的前提，当利己突破自己存在的前提时，利己必须要承受自身行为带来的消极后果，这种后果可能表现为道德谴责，但更多的是法律责任。所以，至少在法律的框架内，利他具有基础性地位，利己只能在利他的基础上才能发生。在刑法现象中，大义灭亲虽然构成了故意杀人罪，但法院一般要从主观罪错这一酌定量刑情节的角度进行从轻、减轻处罚。之所以要做此种处理，就是因为罪犯往往将利他作为自己犯罪的动机，这种主观良善的利他动机超出了因亲情而起的利己性。大义灭亲及其案件处理至少昭示了两个道理：利他往往是利己的前提；因利他而起的犯罪行为的选择会面临更小的刑事处罚乃至免除刑事责任。

总体而言，与过去的理论相比，更趋成熟的西方主流经济学将人的理性预设为有限理性显得更加合理而务实。这种进步表现为：第一，它避免了经济学中的逻辑上的矛盾和冲突，使其理论更容易自洽。试想，如果从事行为选择的人都是完全理性的，他又怎么可能偏离理想的状态从而损害公平，危及行为效率呢？第二，从理论对比的角度看，有限理性更具实践性和启发意义。其一，有限理性将人的行为视为是一种可以无限改进的行为，这就意味着无论是社会行为还是各项制度都有提升的必要、改进的空间。这项理论预设的重大贡献在于破除了行为和制度的至上性，为行为选择的多样性提供了可能，埋下了伏笔。这就为我们进一步研究人类的行为选择和制度改造提供了方向和不竭的动力。其二，经济学中的有限理性、信息不对称、路径依赖、行为锁定等理论使我们能够以新颖的视角审视犯罪决策的过程和刑法需要勇于面对的制度改造。因为，罪犯在从事犯罪时往往对犯罪的成本收益缺乏全面、明确的认识和对比，这种利益对比的非科学性往

① ［英］哈耶克：《致命的自负》，冯克利、胡晋华等译，中国社会科学出版社 2000 年版，第 91 页。

往使得罪犯认为从事犯罪有利可图，所以，规制犯罪的要害一方面在于使罪犯对行为及其后果有着正确的考量，从而趋利避害、预防犯罪；另一方面，在于创设制度、提升制度的效率来增加犯罪惩罚的效度，从而使罪犯和其他人都产生警诫心理。

2. 效用最大化

在经济学中，效用最大化一般指在收入约束下消费者之消费行为所产生的收益的最大化。可以看出，效用最大化的前提是存在着收入等资源方面的约束或限定，也就是说，效用最大化总是在具体的条件下展开讨论的。另外，效用最大化具有一定的主观性，他并非绝对的物质资源的丰沛达到了无法企及的高度，而是指效用主体的个体性感觉已经达到了无法提高的程度。由于经济学本质上是行为选择的学问，所以，经济学的绝大多数概念和理论都能够在其他学科中进行应用。也正是在此意义上，我们可以将经济学中的市场的概念做进一步扩展。具体来说，我们可以将经济市场扩展到刑法调整的社会关系中从而形成犯罪市场和刑法市场，并在此基础上分析相关主体的效用最大化问题。

宋浩波教授认为，“犯罪市场是指国家不允许存在的地下非法市场”。① 在犯罪市场中，罪犯以犯罪需求者的名义出现，被害人因其具备被侵害条件从而成为犯罪的被动供给方。对故意犯罪而言，罪犯之所以倾向于实行犯罪，是因为其主观上认为通过犯罪能够实现最大限度的自我满足；对过失犯罪而言，罪犯虽然不存在对刑法意义上的危害结果的追求，但其对作为义务的疏忽、懈怠和无视，实质上代表了他对其他利益的过分关注和热爱。犯罪市场上的被害人在刑法意义上是需要保护的对象，但这不代表被害人对犯罪没有任何促发作用。在许多犯罪中，往往都有被害人过错、防范条件缺失等发生前提，这种被害人过错和自我防护条件的缺失能够理解为对犯罪的供给。毕竟，在被害人有义务、有能力对其抗制犯罪的条件进行改善的情况下，其放弃这种努力的客观情况表明了其对个人效用最大化的个体性理解。也正是在此背景下，我们强调在治理犯罪市场时，既要通过种种努力压制罪犯对犯罪的追求，更要重视对被害人这一犯罪促发者的研究。因为，不但许多原发性犯罪以被害人过错为导火索，而且，许多二次犯罪都是因被害人过错而产生。所以，在我国，有必要将被害人学提高到应有地位，确

① 宋浩波：《犯罪市场研究》，载《中国人民公安大学学报》2004 年第 2 期，第 84 页。

保减少犯罪供给，发挥其在犯罪预防方面的重要作用。

在刑法市场中，罪犯也是以消费者的名义出现，其由于犯罪从而接受刑法的制裁。国家则是以社会、个体意义的人的利益的代表而出现，其代表整体社会通过制定、实施刑法来进行制度供给。首先，罪犯效用的最大化具体表现为其希望通过犯罪来实现最大限度的个体效用的满足，对通过犯罪来实现效用最大化掺杂了主观性理解，受限于罪犯实施犯罪时的约束条件。所以，我们很容易在存在替代性措施的情况下，罪犯仍然要铤而走险、以身试法。这种犯罪约束可以表现为罪犯没有充分的经济成本和时间成本来寻求犯罪的替代性解决措施，也可以表现为罪犯认为从事犯罪的机会成本较低从而不屑于采用替代性措施。其次，对作为法律制度的制定者和实施者的国家而言，效用最大化的实现就是在既定的刑事司法资源下，尽可能地提升刑法文本的质量以及尽最大可能实现公平与效率的统一。

如何最大程度地压制犯罪冲动一直是国家与罪犯博弈的重点，也是缩小刑法运作张力的必要内容。对此问题可以通过帕累托最优理论来说明。在福利经济学中，帕累托最优指这样一种现象：如果资源配置达到了一种不损人就不能利己的状态，那就是帕累托最优。后来，经济学家们对帕累托最优做了更为具体的解读，形成了卡尔多—希克斯效率标准，这项标准认为，如果制度变革既使某些人受益，也使某些人受损，但只要得利者的好处超过了受损者的损失，那么这项制度变革仍然值得肯定。可以发现，卡尔多—希克斯效率标准与帕累托最优的最大不同之处在于其更加贴近社会生活，能够正视即便是个体遭受了损失同样能够获得整体性社会福利取得改善。因为，帕累托所言的对社会整体福利做绝对的个体性均分过于理想化，其因受制于制度运作成本而无法在现实中实现。我国刑事司法从“疑罪从有”向“疑罪从无”的转变，基本上能够代表国家对制度效用最大化的追求。这种转变的积极作用在于：第一，它进一步降低了犯罪追究成本。在“疑罪从有”的情况下，国家不但要支出大量的刑事司法资源来从事司法追究，更重要的是产生了高昂的机会成本。这种机会成本既表现为许多案件因司法资源的挤占而无法得到有效处理；也表现为因“疑罪从有”产生错案损害了司法公正和国家权威，这种损害是短期难以修补的损失；更表现为司法人员因错案受到党纪国法的处理，甚至承担严重的刑事责任。一旦法律制度切换为“疑罪从无”，基本上就可避免以上消极后果的发生。第二，虽然“疑罪从无”也会因罪犯无法得到查证而使被害人的权利保护受到损害，这种损害甚至表现为生命权的丧失。但从提升社会整体福利的角度看，这种制度选择仍然是相对有益的。其一，国家和社会可以通过制度创建的形式来明确被害人补偿制度，从而最大限度地弥补犯罪给被害人的损失。其二，按照卡尔多—希克斯效率标准，因“疑罪从无”而获释的犯罪嫌疑人和整体社会都会因这项制度变革而获利，这些利益要远远超过被害人自身的损失。因为，这些利益不仅直接表现为犯罪嫌疑人具体的、个体性的利益，还表现为社会的司法文明和人道精神得到了更为全面的弘扬。其三，“疑罪从有”不应成为被害人权利保护的借口，“疑罪从无”也不能为犯罪分子逃避处罚提供依据。从“疑罪从有”向“疑罪从无”的转化，代表了国家宁纵毋枉的鲜明态度。这种态度清楚地表明了国家对正义的理解已经提升到了一个新的高度。

3. 市场均衡

在西方经济学中，市场均衡一般指这样一种现象：市场中有购买意愿和购买能力的消费者所购商品的数量和价格正好与厂商生产、出售的商品和价格相等。经济学上的市场均衡一般指特定时期内有购买意愿和购买能力的消费者所购买商品的数量和价格完全等于生产者生产、出售的数量和价格。也就是说，“供给和需求的力量会相互作用，产生均衡的价格和均衡的数量，即市场均衡。市场均衡发生在供给和需求力量达到平衡的价格和数量点上。在该点，买者所愿意购买的数量正好等于卖者所愿意出售的数量”。① 将市场均衡的概念引入刑法，就意味着刑法的运作正好能够实现制度供给与制度消费的理想状态。意味着国家制定、实行的刑法达到了理想境界，正好能够满足社会的需要，能够获得守法者的高度认同，并能够将犯罪控制在合理的范围内。首先，无论是经济市场的均衡还是刑法市场的均衡，都存在一般均衡和局部均衡的区分。一般均衡是一种理想的、能够无限靠近的状态，是我们追求的目标；局部均衡则是能够在短期内、在局部区域、局部问题上达到和解决的现实状态。所以，在刑法市场上，如何最优地实现犯罪预防一直是一般均衡的目标；为实现这种目标，刑事立法工作者、司法工作

① ［美］保罗·萨缪尔森、威廉·诺德豪斯：《微观经济学》，人民邮电出版社 2006 年版，第 70 页。

者、执法工作者一直在自己的岗位上默默工作，通过局部的成功向理想的状态逐步迈进。其次，刑法制度过剩或不足都会影响犯罪预防目标的实现。第一，刑法过剩意味着刑法不当扩展了调整范围，有违刑法的补充性、最后性。刑法的扩展也意味着其他法律制度没有充分发挥作用，这明显有违效率原则。事实上，刑法制度的过剩更多的是侵犯了公民和社会的应有权益，使国家背上威权主义的名声，这对公平正义和法律的权威都会形成巨大的挑战和威胁。第二，刑法制度供给不足首先表现为刑法文本对具备严重社会危害性的违法行为缺乏规范，这意味着刑法不当地限缩了犯罪成立的范围，从而无法承载自身的使命。这种制度供给不足也体现为在犯罪化后，罪犯的刑事责任问题没有很好地得到解决，从而使罪责刑相适应这一基本原则无法得到贯彻落实。再次，均衡的刑法市场能够实现消费者剩余。在经济学中，消费者剩余指消费者为某一商品愿意支付的数额与实际支付的数额之间的差额。如，某商品售价 3 元，消费者愿意支付的价格是 5 元，差价 2 元就是消费者剩余。刑法市场的均衡不但意味着刑法供给和刑法需求实现了一致，也意味着消费者在刑法制度下实现了超过预期的“收入”。第一，对从事犯罪的罪犯而言，理想的刑法必然能够体现出罪责刑相适应的基本原则，从而使罪犯对自己遭受的报应刑、目的刑能够心悦诚服地接受。而且，在服刑的过程中，能够使其保持正常的心态，一心一意为复归社会做出努力。在其走出牢狱之后，能够成为一个被社会接受的正常的人。第二，对罪犯之外的其他人而言，刑法能够产生正面的引导。使蠢蠢欲动的人不致铤而走险，使守法的公民能够因其对刑法的尊重而得到社会的肯定、赞扬和奖赏。

当然，实现刑法市场的均衡需要具备各方面条件，在前进的路途上也必然会出现这样那样的坎坷，所以，我们要正视其中的困难和障碍，不断地为刑法的完善作出自己的努力。要实现这种目标，就必须注意以下几方面的问题：首先，要对刑法的性质、作用范围有着正确的认识。与其他法律相比，虽然刑法调整的社会关系最为广泛，但不意味着刑法对所有的社会关系都要调整。在法律资源既定的情况下，任何部门法都有其发挥作用的范围，这是由客观的、不同的社会关系和法律部门的不同性质综合决定的。刑法的最后性和最为严厉性都表明，刑法应当是所有法律的最后保障法，只有在其他法律无法发挥作用时，刑法才能承载其对社会关系调整、规范的重要使命。所以，刑法要全面贯彻谦抑主义，对其自身使命保持清醒认识，对其他法律部门的性质恰当评价，在对社会生活介入时保持应有的谨慎。其次，刑法要以效率的视角看待犯罪现象。尤其在对待经济犯罪问题上，国家一定要以经济学的视野认真审视和评估。特别是，要高度重视法律文本和现实经济生活的对应关系，切忌以历史的、静态的眼光看待经济犯罪中的犯罪数额问题。因为，在犯罪数额对定罪量刑形成极大制约的情况下，一定要全面评估当前的通货膨胀情况和纸币的现实购买力，从而对其社会危害性进行科学测定。再次，像任何行为规范都有其作用范围和作用局限一样，刑法也不是万能的。所以，切忌将刑法的功能无限夸大，从而陷入刑法万能论的尴尬境地。毕竟，“刑法（虽）是处理犯罪的有力手段，但不是决定手段。为了消灭犯罪，必须除去犯罪原因，而除去犯罪原因是社会政策的任务”。① “每一个国家客观上都存在促使犯罪产生和变化的这三类因素（指犯罪的人类学因素、社会因素、自然因素），但是这三类因素又是不断变化的，这些因素的变化将引起犯罪现象的变化。因此，每一个社会都有其应有的犯罪……其质和量是与每一个社会集体的发展相适应的。艾米特莉特的古老格言是可以坚信的：‘犯罪也有年终平衡，其增多与减少比国民经济的收支还带有规律性。’”②

4. 偏好稳定

西方主流经济学认为人是相对理性的人。相对性表明人总是受个体认知水平、生活环境、知识结构等多方面因素的影响，所以每个人的理性认识都有差异。但人又都有可以通约的基本认识，这些认识形成了共同的伦理和文化意识，这些通识构成了人类交往的基础和前提。正是人都有共性，所以统一适用的制度能够对人们的行为进行规范。又由于人都有一定的个性化差异，所以，他们在行为选择和制度感知方面必然有着这样那样的区别。这些差异化认知和行动能力经过不断的固化，会形成稳定性偏好，这些偏好表现为很强的路径依赖和行为锁定。西方经济学中的偏好稳定主要指下列几项内容：首先，作为社会化的动物，人类在基本理性的基础上呈现出强烈的行为偏好。“效用代表的就是个人或组织

① 赵秉志：《外国刑法原理（大陆法系）》，中国人民大学出版社2004年版，第7页。

② ［意］恩里科·菲利：《犯罪社会学》，郭建安译，中国人民公安大学出版社2004年版，第42~43页。

对于自己偏好的满足程度。"① 对效用的追求就体现了人的行动偏好。如，严格遵守刑法是社会形成的通念和共识。但这种共识却未必为全部个体所接受。对罪犯而言，通过犯罪来收获利益可能更具效率，所以，其很可能会无视刑法的规定而以身试法。这种对刑法的无视和侵犯可能出于各种原因，但在这些原因中必然有能够强化其行为倾向的重要因素。其次，人的偏好是稳定的。这种稳定能够理论自洽，也有足够的事实来加以验证。也就是说，偏好稳定既是理论性的，也是实践性的。偏好稳定的理论性在于：第一，只要人是理性的，其必然具有趋利避害的本能，具有利益对比的理性，所以其必然遵循正当行为的一般规律。第二，即便呈现个性化特征的犯罪行为，也有其稳定的行为倾向和演进规律。正是一般规律和个性化特征的对比和区别对待，使得我们能够确保绝大多数人遵纪守法。偏好稳定的实践性在于：第一，建立在这种理论预设基础上的行为规范更具公平性、合理性。从历史的角度看，成文法之所以远胜"法不可知，则威不可测"的不成文法，很大程度上是因为前者以明确的形式体现出了国家对资源分配的鲜明态度，从而使国家行为可期、人民行为可期，从而强化了偏好稳定的正面引导。第二，近些年来，之所以有组织犯罪呈现出专业化特征，很大程度上是因为经济行为呈现出越来越细密、越来越专业化的特征，行业性的分工逐步强化了有组织犯罪偏好的稳定性。

偏好稳定具有很强的刑法学意义，这种积极作用主要表现在以下几个方面：首先，这个概念使我们非常清楚地认识到有必要对社会中的严重越轨行为进行类型化分析。因为，严重越轨行为即便都是背离正常伦理的违法行为。但这种违法仍然有性质和程度上的差异。也就是说，由于这些违法行为既有一般的民事违法、行政违法，也有严重的犯罪；在构成犯罪的违法行为中，既有危害国家安全的犯罪，也有危害公共安全的犯罪，更有侵犯公民人身权利和财产权利的犯罪。对这些违法犯罪行为人的不同行为偏好要重点研究，根据其不同的行为特征和心理状态进行针对性预防和矫治。其次，偏好稳定意味着犯罪是可控的。犯罪的稳定性偏好往往表现为很强的路径依赖和行为锁定，但这种依赖和锁定并非不能突破。只要我们对行为的演进规律和行为人的生活经历、心理特征进行全面解构，

① 沈海平：《寻求有效率的惩罚——对犯罪刑罚问题的经济分析》，中国人民公安大学出版社2009年版，第33页。

就能发现和归纳出影响其行为取向的类型化因素。在对影响因素进行改造和矫正之后，就能够突破罪犯的路径依赖。最后，偏好稳定也意味着犯罪很难根治。第一，虽然克服路径依赖和行为锁定就能对稳定性偏好进行改造。但路径依赖的突围绝非易事。一方面，国家在规定刑法文本时存在行动上的博弈。也就是说，出于利益考量的不同或者囿于有限理性，参与立法的人最后形成的意见未必是切合犯罪矫治的理想途径。一旦这些意见在刑法文本中得到固定，再次修改将面临很大的交易成本和时间成本，这些都会直接影响犯罪规制的效果。第二，影响犯罪的原因众多且复杂，不但对其难以全面把握，而且即便当下能够把握住，也未必会受到好的效果。因为这些因素都具有流变性，这些流变性决定了本来具有稳定性的偏好也会随着时间的变化而变化。所以，只要引入历史和系统的视角，对犯罪规律和矫治经验深度把握都会愈加困难。

（二）基本理论

法律经济学涵括的内容很多，受篇幅所限，笔者只选玖了相对更为重要的理论进行介绍、说明，对于其他的法律经济学知识，将会在后续章节具体问题的论证时再详细提及。

1. 成本—收益理论

“是否是从成本—收益比较的角度对法律进行分析，是区别法律的经济分析和其他如社会学、心理学分析的一个根本标志。”① 在经济学中，成本—收益理论强调，包含经济行为、法律行为在内的社会行为都是为了寻找超出成本的收益；只有收益超过成本的情况下，社会性行为才具备存在的合理性。用经济学视角审视刑法现象，可以发现，刑法中的罪刑配置基本上都是围绕成本—收益理论展开的。

（1）犯罪是罪犯在成本—收益对比基础上的“理性”判断和行为外化

首先是犯罪的成本问题。波斯纳将犯罪成本分为：各种不同的现金支出（购买枪支、盗窃工具、面罩等）；罪犯时间的机会成本；刑事处罚的预期成本②。

---

① 魏建：《法经济学：效率对正义的替代及其批评》，载《甘肃社会科学》2002 年第 1 期，第 71 页。

② ［美］理查德 · A. 波斯纳：《法律的经济分析》，中国大百科全书出版社 1997 年版，第 292 页。

陈正云认为，犯罪成本可从国家、社会、罪犯这三个不同的方面来考察。从国家的角度看，犯罪成本包括对公民自由的限制；不必要的代价；司法成本。从社会的角度看，犯罪成本有被害人的实际损害；潜在受害人普遍防卫心理产生的代价；国家、社会、潜在受害人制止、预防犯罪的支出。从罪犯角度看，犯罪成本有：为准备犯罪、完成犯罪所付出的代价；（现实）机会成本；刑罚惩罚及损失①。笔者认为，考量罪犯成本—收益分析的初衷和目的是再现罪犯的心理过程和行为危害，发现刑法规制重点和刑罚问题所在，以更加有效地规制犯罪。所以，从研究的实践性和针对性出发，在犯罪成本考量上，应侧重于对罪犯本人进行个性化分析。从此角度出发，将犯罪成本局限于犯罪的直接成本、犯罪时间的机会成本、预期的刑罚成本、预期的机会成本比较合适。

其次是犯罪的收益问题。成本—收益核算语境下的犯罪收益是犯罪发生前的罪犯的主观性的、预期的利益，而非现实的收益。也就是说，首先，往往会发生犯罪后得不偿失、事与愿违的情况。毕竟，受制于个体能力和环境等多方面因素，犯罪是否能够成功具有很强的或然性。其次，对收益的个体性评价是一种动态的过程。一旦罪犯认为从事犯罪违背其变化中的预期，其也会对犯罪行为随时进行修正或停止。从实际情况看，犯罪时出现停止形态、共同犯罪、数罪等，都代表着犯罪成本特别是犯罪收益的巨大变化。

再次是罪犯从事犯罪的成本—收益核算。从刑法学的角度看，犯罪作为是具有严重社会危害性的、触犯刑律、应受刑罚处罚的行为。通过对犯罪行为成本—收益的解构，可以将犯罪界定为：罪犯基于个体“理性”，在成本—收益核算基础上进行的、反社会的、具有严重负外部性的行为。笔者之所以将“理性”以双引号的形式特别强调，是因为罪犯的这种理性判断只是个性化的、反社会的、不合法的理性判断。罪犯的这种实质性的反社会行为具有巨大的负外部性，其不仅破坏了正常的交易秩序，也降低了社会整体福利。因为，“犯罪人利用自己所拥有的暴力、信息优势或客观环境赋予的或通过学习掌握的某种身份、技术优势，谋取了超出普通市场活动利润的利益；犯罪人获得这种收益的过程仅仅是简单的财富或利益的再分配，它并不创造任何财富，而且犯罪人为寻求市场外的非法利益投入的资源与潜在被害人为保护自己的合法利益投入的资源引起了社会福利的

① 陈正云：《刑法的经济分析》，中国法制出版社1997年版，第264~268页。

巨大损失”。①

（2）要通过对犯罪成本—收益的核算，有意识地改进刑法制度

如上所述，在犯罪成本—收益核算上，最具实践性的成本是犯罪的预期刑罚成本、犯罪的现实性机会成本、犯罪的预期性机会成本。笔者之所以将直接成本排除在外，是因为，虽然有些犯罪的直接成本很大，但此类犯罪与预期收益相比便显得微不足道，而且，直接成本主要是物质性、经济性的成本，与预期刑罚成本中的剥夺生命、预期机会成本中的遭受社会隔离和歧视等难以再社会化等情况相比，其地位高下立现，所以，有必要将犯罪的直接成本视作微小变量不予考虑，然后再综合犯罪成本—收益中的诸因素，来对犯罪预防和矫治进行全面分析。

①“由于加里·贝克尔的贡献，现在对非法行为的诱因取决于成本—收益分析，同时犯罪收益成本又部分取决于定罪概率和惩罚强度，这一点人们已经基本没有异议了。”② 所以，要对犯罪的预期刑罚成本和收益多加关注，进一步加大犯罪的预期刑罚成本，尽可能压缩犯罪的可期收益。预期刑罚成本就是罪犯因犯罪可能需要承担的刑罚，从数学模型上看，它是刑罚严厉性、确定性、及时性的函数。这就意味着，要从刑罚本身来强化对罪犯的威慑，就必须增加刑罚惩罚的严厉性、确定性和及时性。

首先，要从罪责刑相适应原则出发来审视刑罚的严厉性，在此基础上对罪刑设置进行审视和完善。第一，罪责刑相适应之所以能够被确定为刑法的基本原则并为世界各国所承认，最重要的是该原则实现了公正和效率的统一，在犯罪规制上能够实现收益的最大化。之所以这样说，是因为当下的罪责刑相适应原则将报应主义和功利主义完美地结合在一起，通过行为本身来考察犯罪的社会危害性，通过行为人来考察罪犯的主观恶性和人身危险性，既确保了“罪刑”的均衡，也确保了“责刑”的适应。之所以说，该原则在犯罪规制上能够实现收益最大化，是因为其符合帕累托最优或者卡尔多—希克斯效率标准，截至目前，我们无法找到一种更为有效的原则或规定来代替它。第二，要适当划定犯罪圈，将犯罪控制

① 沈海平：《寻求有效率的惩罚——对犯罪刑罚问题的经济分析》，中国人民公安大学出版社 2009 年版，第 6 页。

② 史晋川：《法经济学》，北京大学出版社 2007 年版，第 19 页。

在合理的范围内。也就是说，要审视刑法分则体系，以经济的眼光审视罪名体系存在的问题，对罪名及时废改立，确保刑法中的罪名必须是其他法律无法有效调整、刑法能够有效发挥作用的、最具社会危害性的行为。如，笔者就主张废除刑法第二百五十八条的重婚罪。笔者之所以在重婚罪的存废问题上有此非常鲜明的立场，是因为：其一，重婚罪的最高法定刑是 2 年，其性质上属于轻罪，而且在司法实践中极少被刑事追究。从制度比较和制度适用的角度看，这意味着该罪的罪刑设置缺乏比较优势。也就是说，该项制度并不具备经济性，可以将这项犯罪的立法资源运用到更具效率的刑事立法上。其二，之所以会存在立法上的闲置和司法上的弃而不要，最主要的是存在更为有效的规制此类行为的规范体系，使得无需刑法就能防治此类行为。这些规范体系中既有党规党纪，也有民事责任和行政责任，依靠这些措施足可解决问题。而且，即便是罪犯被定罪并被判处缓刑，最后也是要落实到这些前刑法规范上。这也就意味着，在前刑法规范能够有效解决问题的情况下，仍然运用刑法进行调整已经违背了刑法谦抑的思想。第三，要对刑事责任体系进行反思，通过刑罚制度的组合来增加制度的严厉性。特别是，要高度重视从刑和主刑的合并适用、刑罚和非刑罚责任形式的合并适用，从而增加刑事责任的威慑力。我国刑罚适用中需要检讨的第一个问题是重视主刑，轻视从刑；重视主刑独立适用，轻视主刑、从刑的合并适用。这种适用思路的弊端在于：主刑大多与行为的报应相适应，从刑往往与行为人的人格矫治相适应。缺乏对行为人人格的矫治，就无法确保其正常的社会复归，也无法隔绝其对社会的再次危害。所以，在对罪犯进行自由罚的同时进行一定程度的身份地位、从业资格的限制或剥夺，可能对社会、对罪犯本人都是一种有益的尝试。对罪犯同时给予民事制裁、行政制裁、保安处分事实上也是出于同样的考虑。毕竟，“先刑后民”的追责原则很容易使民事追究、行政追究在事实上无法执行。要保证罪犯对所有的违法行为都承担法律责任，在刑事处遇环节就有必要将其他法律责任形式充实进来，这既是制度经济性的表现，也是确保刑法威慑力的必要措施。

其次，要增加刑罚的确定性就必须提高定罪的概率。贝卡利亚认为：“即使刑罚并不严酷而是有节制的，只要它能确定不移地成为犯罪的后果，就足以达到遏制犯罪的目的。因为对人们来说，即便是最小的惩罚或称为恶果，只要无可避免地落到身上，总会让人害怕。相反，即使刑罚十分严酷，但只要给人留下一线能够逃脱的希望，就可能造成鼓励人们出于侥幸心理冒险实施犯罪行为的恶劣效果。（这种）希望常常在人们的心中取代一切。”① 贝氏的论述充分表明了提高定罪概率的意义所在。因为人都有侥幸的心理和幻想的心态，所以，要使罪犯对犯罪和刑法心存畏惧，就必须通过制度化建设打破其对刑罚追究不确定的幻想，增加其对行为成本的预期。但需要强调指出的是，第一，受司法资源、行动成本、技术和事实因素的影响，将实际发生的犯罪都绳之以法是难以全部做到的，所以，我们可能对犯罪无法实现百分之百的追究。但这与提高定罪概率并不矛盾，因为，既然是提高定罪概率，就隐含着无法对全部犯罪全部定罪的前提。虽然如此，我们仍然有必要在提高办案人员素质、优化办案程序、更新技术水平上下大工夫，这些措施意味着追究效率的提升和突破。

最后，要增加犯罪的预期刑罚成本，就必须强化刑事追究的及时性。贝卡利亚对确保刑罚及时实现有过深刻论述，他说：“犯罪与刑罚之间的时间隔得越短，在人们心中，犯罪与刑罚这两个概念的联系就越突出、越持续，因而，人们就很自然地把犯罪看作起因，把刑罚看作不可缺少的必然结果……只有使犯罪和刑罚衔接紧凑，才能指望相联的刑罚概念使那些粗俗的头脑从诱惑他们的、有利可图的犯罪图景中立即猛醒过来。推迟刑罚只会产生使这两个概念分离开来的结果。推迟刑罚尽管也给人以惩罚犯罪的印象，然而，它造成的印象不像是惩罚，倒像是表演。”② 刑罚是否及时性主要看已发案件预期刑罚能否实现以及能够在多长时间内实现。在犯罪市场上，罪犯被视为消费者，其通过承担刑罚这一对价来获取其犯罪后的利益。在将刑罚视为犯罪价格的情况下，为保证供需均衡，国家就必须在科学确定刑种、刑度的同时，按照法定的期限让其承担应用的刑罚。如果国家无法在法定期限内对犯罪依法追究，就意味着罪犯并未支付对价或者没有进行足额支付。罪犯完全逃避刑事责任就无法使其产生畏惧心理，罪犯没有及时承担刑事责任意味着犯罪的实际价格在逐渐贬值，这两种情况都意味着犯罪成本大幅降低，从而强化其再次犯罪的意识。一旦出现这些情况，对社会也会产生不利影响。因为，既然通过犯罪都可以低成本地获取最大利益，谁还会遵纪守法，进一步规范自己的行为选择呢？

---

① 马克昌：《近代西方刑法学说史略》，中国检察出版社 2004 年版，第 56 页。

② ［意］贝卡利亚：《论犯罪与刑罚》，黄风译，中国法制出版社 2002 年版，第 66 页。

②由于罪犯的决策还受制于犯罪现实性机会成本，所以，要有效规制犯罪，就必须在犯罪替代品上大做文章。犯罪现实性机会成本指罪犯将犯罪时间、精力、物质资源用于其他活动时所能获取的最大收益。“给定一个人特殊的机会成本结构，当从事某项犯罪活动的经济利润（犯罪的私人收益减去机会成本）大于预期刑罚成本时，在不考虑道德制约因素的情况下，此人就会选择实施犯罪。”①罪犯也是理性的行为计算者，当犯罪的现实性机会成本足够大时，其不会贸然犯罪，因为，他能从其他活动中足以获得自己的利益而不至受刑罚打击。这就能解释为什么有人会大错不犯、小错不断，也能够解释为什么从事白领犯罪的罪犯不屑于盗窃、抢劫等轻微的财产犯罪。因为，对白领犯罪而言，时间的财富含量极高，其在短时间内能够获取远超传统犯罪的利润。又如，在国边境地区，种毒、制毒、贩毒、运毒的情况非常猖獗，很长的时期内，我们对此类问题都缺乏有效的治理对策。事实上，许多生活在该地区的人也知道此类犯罪的严重危害，也深知自己极有可能被判处死刑，但他们却仍然从事此类犯罪。这其中的问题是，他们从事此类犯罪并非为了奢侈的生活，很多都是为了维持自己和家人的基本生存，因为利益分配已经形成链条，他们基本上处于利益链的末端，为了生存仍然不得已而为之。所以，要有效规制此类犯罪，就有必要按照国家的政策规定，尽最大可能推行毒品的替代性种植，通过补贴、支持农民种植性价比高的合法产品提高他们的收入和生活水平。推而广之，要提高犯罪的现实性机会成本，就要通过经济建设和社会建设，提升社会整体福利，降低罪犯从事犯罪的动力。德国刑法学家李斯特曾言：最好的社会政策是最好的刑事政策。由于刑法只能以报应主义为基础对实然犯罪进行惩罚，其不能解决犯罪原因，也无法消解产生犯罪的本源性条件，所以，要正视犯罪产生的根源，通过经济政策、社会政策的提升调整来增加犯罪的系统治理经验。“仓廪实而知礼节，衣食足而知荣辱。”由于贫穷是滋生犯罪的土壤，所以，要铲除犯罪的土壤，必须彻底解决贫困问题。当前，要充分发挥精准扶贫的经济政策，切实解决好基本的民生问题，并在此基础上实现全国的全面脱贫。同时，还要在政治建设和社会建设上做好文章、做足文章。尤其是，要进一步转变国家治理、社会治理的思路，加大社会主义精神文明建设，

① 沈海平：《寻求有效率的惩罚——对犯罪刑罚问题的经济分析》，中国人民公安大学出版社2009年版，第152页。

大力倡导社会主义核心价值观，改良社会风气，深化法治和理想信念教育。

③对大部分犯罪而言，其是否犯罪也源于其对犯罪后未来复归社会的预期，这就涉及犯罪的预期性机会成本。犯罪预期性机会成本指如果不犯罪，罪犯未来所能获取的最大收益。事实上，罪犯不但对自己的犯罪行为本身有着理性预期，其对犯罪的终身影响同样有着理性认识和预期。一旦犯罪，就必然影响罪犯的生活和未来走向，这些影响既是有形的，也是无形的。犯罪的预期性机会成本本质上就是指罪犯如果无瑕其未来的生活质量、水平。提出犯罪预期性机会成本并强化相关的制度建构意义非常重大，因为：第一，只要罪犯被司法追究，其必然会贴上犯罪的标签。这种标记即便不再像古代刺配那样醒目，但仍然以各种各样的方式留存着。这意味着，至少在一定范围内，罪犯犯罪的事实为人所知，所以，在当代中国并不缺乏足够劳动力的情况下，罪犯谋取生活的能力必然大受影响。因为，在存在足够多的替代性选择时，企业没有必要冒各种风险自找麻烦。第二，前科报告制度、犯罪档案纪律、社区矫正、禁止令等，都使得对罪犯的监控无处不在。在罪犯复归社会后，资格禁止对其个人和家庭的生活都有非常深刻的影响。如，在父母构成犯罪的情况下，子女难以报考公务员，也无法进入军警队伍。对这些身份资格剥夺的强化实质上压制了不稳定分子进行犯罪的冲动。所以，刑事立法者要进一步充实完善刑法中的前科报告、身份剥夺、保安处分等制度，努力削弱再犯的可能性。毕竟，预防是刑罚的目的，如何通过制度再造使罪犯向善，并确保不稳定分子不牺牲犯罪的预期性机会成本铤而走险应当成为刑法为之努力的方向。

2. 供给—需求理论

“供给和需求分析是经济学所提供的最有用的工具之一。它和瑞士的军刀一样几乎可以完成任何简单的任务。”① 经济学认为，传统市场理论是建立在供求均衡基础之上，也正是在供求相对均衡的背景下，形成了供给方和需求方都能够接受的交易价格。用法律经济学的视野审视刑法现象，会发现供给—需求理论同样影响刑法市场。首先，在刑法市场中，制度供给方只能是国家。因为，刑法是供整个社会共同享用的公共物品，对其消费不具有排他性，国家对其的供给也不

① ［美］保罗·A. 萨缪尔森、威廉·D. 诺德豪斯：《经济学（下）》，高鸿业等译，中国发展出版社 1992 年版，第 635 页。

具有竞争性。国家制定并推行刑法是发挥“有形之手”以弥补传统市场“无形之手”作用的必要形式。事实上，无论是国家的阶级性还是其强制性都决定了没有任何主体能够代替国家来行使定罪权和刑罚权。另外，在国家权力行使方面，国家必然是高度垄断拒绝竞争的主体，无论是从行为的经济性上还是从替代品的生产上，其他主体都缺乏与之竞争或并立的能力。无政府主义的最大问题在于：无法在社会价值观和行为规制上形成公平、经济、统一的标准，这种无序不足以使国家自立。

其次，供给—需求理论决定了刑法作用范围和作用领域。供给和需求的均衡使得供给和需求都必须保持在合理的范围内，超出均衡价格的供给和需求势必会再行博弈，通过行为纠偏来实现均衡。第一，资源的有限性决定了国家对刑法制度的供给不能过大，刑法的过剩意味着罪名泛滥、刑罚加重。这种对行为选择的过度压制必然背离人们生产、生活的理性预期，从而产生对个体、国家都缺乏效率的结果。历史上，人们苦秦暴政久矣，并力争推翻它，一项重要原因是秦朝刑法严酷而细密，极大地压制了人民的正常生活。秦朝之所以会在短短几十年间就轰然倒塌，与刑法触角伸展过度有着非常密切的关系。第二，包括动用刑法在内的所有国家权力都要体现出谦抑的精神，也就是说，在保持国家力量的同时，要高度重视社会自治，通过市场主体的自主性交易来缩小国家管控的成本。这就意味着，国家要高度重视前刑法制度构建的框架，充分发挥这些制度的效力，在利用这些资源仍然无果的情况下，才考虑运用刑法对社会关系进行调整的可能性。笔者之所以强调发挥个体自治、社会自治的力量，是因为刑法具有最为严厉的惩罚性，它很容易将矛盾的双方置于无法调和的绝对对立的状况，这种状况一旦形成，人际关系就很难恢复，你死我活的尖锐对立对公民的生产生活都会产生极为消极的乃至无法修复的影响。还有，自治是运用个体的成本来分配资源，一旦这种资源分配形成事实，就会得到很好的执行。这是更具效率的经济活动。

最后，供给—需求理论给刑法制度的改造提供了新的思路。如，要高度重视开放性刑罚执行方式的适用。我们之所以有此主张，不仅因为社区矫正等非监禁制在世界范围内广泛流行，更多的是因为其契合我国犯罪实际，更加切合我国犯罪防控的目的。因为，与过去相比，我国的犯罪化呈逐步扩大的趋势，罪名的细密化使得轻罪变得越来越多，对其简单地进行监禁处罚越来越面临现实的挑战。一方面，设置监狱并确保其正常运行需要高昂的成本，即便罪犯大量增加，也无法使监狱大量增加，资源的约束使得监禁性执行必然面临重新审视和选择的问题。另一方面，监狱内交叉感染的情况比比皆是，将偶犯和累犯、轻刑犯和重刑犯关押在一起势必会削弱罪犯改造的效果，这都使非监禁刑的适用变得迫切而必要。

3. 公共选择

在法律经济学的理论组成中，公共选择理论是成功运用经济学的方法分析政治、法律现象的一个范例。在公共选择学派看来，第一，官僚作为公共政策的执行者也有其个人利益，所以，不应过分估计公共权力执行者的认知能力和道德水平。第二，由于自利的倾向，在缺乏有效制度约束的前提下，便会出现权力寻租的可能性。寻租是个人或企业为维护既得利益或谋求新的利益向掌权的人进行的一种非生产性活动。第三，要重视对政府行为的效率考察，在市场行为能够解决问题的情况下，不要运用政府的“有形之手”。即便需要进行政府干预，也要改进政府干预的方式，提高政府干预的效率。

在刑法经济分析问题上，公共选择理论至少给我们提供如下启示：首先，刑法是公共物品，所以，必须确保国家刑法运用的垄断性。也就是说，国家必须将刑罚权牢牢掌握在手中，避免权力流失。因为，公正是刑法运作的首要目标，唯有国家才能确定公正的标准并保证适用的统一性、规范性；经济是刑法运作的必要内容，只有在实现权力的国家垄断的基础上，运作成本才能保持在较低的水平。其次，刑法基本原则是压制权力寻租的必要形式，恪守刑法基本原则是避免公共选择弊端的重要方法。罪刑法定原则避免了司法工作人员的司法擅断，使其行为选择变得相对确定。罪责刑相适应原则将罪量定建立在客观标准之上，使行为的结果预期变得更加透明，进一步压缩了权力寻租的空间。刑法面前人人平等原则对罪犯的主体地位进行了重申，进一步强化了其作为“人”的应用权利，使权力侵蚀变得愈加困难。最后，要高度重视刑法谦抑，避免刑法过度，将刑事司法权力的运用控制在一定范围、一定程度、一定成本之内。因为，刑法运用毕竟是一项非生产性的、资源的非市场化的配置，其在资源利用上往往缺乏效率。第一，刑法的执行者花的不是自己的钱，是公家的钱，由于无产权约束，所以，浪费了也不心疼。第二，由于权力垄断且难以监督，往往会引起权力寻租和权力滥用，从而降低大家对刑法的信任和尊重。第三，刑事立法、司法和执法没有盈利指标，也缺乏经济核算意识，实践中往往造成司法成本的无限支出和预算的膨胀，在路径依赖和行为惯性的作用下，会给国家财力造成不应有的损失。

4. 行为博弈

“博弈论研究当人们知道其行动相互影响而且每个人都考虑这种影响时，理性个体如何进行决策的问题。”① 博弈论认为，只要行为具备如下特征，就问题场景中就会有意无意地进行行为的博弈和选择：第一，行为不是单个人的行为，也就是行为必须存在于二人以上的群体间。第二，行为必须建立在互动的基础上，正是参与人的影响和作用，事情的发生过程和结局才有预见性。第三，每个人都有自己的行为目的和行为选择方式，都认识到彼此的行为都是互相依赖。第四，每个人都希望通过自己的理性行为产生最优的资源配置。

事实上，借助于行为博弈理论，许多刑法现象都可以得到很好的解释。如，所有的刑法制度都要符合人民群众的心理预期，避免过度立法和立法不足。因为，刑法供给过剩不但会造成司法资源的浪费，也意味着制度选择超出了理性容忍的范围，人民群众对过度的刑法就会排斥，从而造成对国家的不信任，也无助于法律规范的信守。而一旦刑法供给不足，人民群众就会认为自身权利保障受挫，从而会助长私力救济的增加，但这种私力救济未必符合刑法的要求，从而出现不应有的、新的犯罪的出现。同时，刑法供给不足也会使社会不稳定分子蠢蠢欲动，因为其发现了刑法中的漏洞，便会根据刑法的缺陷从事犯罪从而使自己获益。又如，好的刑法既要规范犯罪行为，也要对正确的、合理的行为进行鼓励和支持，这涉及犯罪化和非犯罪化的博弈。也就是说，刑法在适应社会生活的变化对其结构和价值进行调整的同时，也要高度重视刑法的正向引导作用的发挥，通过期待可能性理论的引入、通过对正当防卫、紧急避险制度的完善、通过对超法规犯罪阻却事由的借鉴、通过对司法行为的不断调适和衡平，对被害人及相关群体的正当权益不断进行深入保护。

① 冯玉军：《法经济学范式》，清华大学出版社 2009 年版，第 226 页。

第二节　刑法的经济分析

一、刑法经济分析的可行性

（一）理论预设的共通性

“尽管法律中主要蕴含着道德因素，而不是经济思想，但是，刑法具有深刻的经济逻辑……尽管法官和立法者不经常使用经济方面的语词，他们经常所做行为的潜在原因却正在于经济因素方面。”① 也就是说，无论是刑法现象还是经济现象，无论是刑法学还是经济学，行为逻辑的起点都是相同的，即行为是理性人的行为，制度是规制理性人的行为的。首先，纳入刑法学或者经济学视野的，必然是遵循人类认识规律并用之对社会和自然进行改造的人。也正是在此基础上，刑法学和经济学构建了一套有关理性人行为发展和规制的体系，并将这些制度体系不断更新和完善。正是刑法学、经济学乃至一切社会科学将人的行为选择建立在理性预期的基础上，所以其构建的制度体系方能对行为进行正常引导，社会中的人方能按照制度的规定作出效用最大化的尝试和努力。也正是在此意境下，笔者向来主张，经济学并非简单的、只关注物质资源增加的学问，而是一门研究人的行为选择的科学。经济学研究领域的突破和转换必定会给经济学带来新突破。第一，它能够避免只关注效率不注重正义的研究偏差，能够在博弈论的范围内实现正义和效率的均衡。第二，它能够在自身取得突破的同时带动其他社会科学的迅速发展，因为，只要涉及人的行为选择和资源配置，都能够纳入经济学的视野进行研究。事实上，加里·贝克尔、理查德·A. 波斯纳等人都已经开始运用经济学知识对犯罪和刑罚现象进行深入的考察，他们的研究进一步坚定了人们运用法律经济学知识解读刑法现象的雄心。

其次，在对犯罪行为的规制问题上，国家也是从理性人的立场出发来进行司法资源配置的。与人类的无限欲望相比，资源总是有限的、既定的、稀缺的，司法资源同样如此。如何在司法资源既定的情况下最大化其收益一直是立法者和执

① 钱弘道：《法律的经济分析》，清华大学出版社 2006 年版，第 130~131 页。

法者关注的目标。如，国家必须将刑罚配置在一个均衡点上，在这个均衡点上，刑罚的边际成本等于其边际收益。当然，即便是在这个均衡点上，也不意味着能够完全消除所有的犯罪，而只是意味着国家的刑罚资源配置达到了最为理想的水平。刑罚配置的效率性能够使我们对刑法的功能和边界产生更加明确和清醒的认识。它使我们深刻认识到，国家只能将犯罪控制在一定范围、一定程度、一定规模上。

再次，作为对罪犯的有限理性的矫治，国家对罪犯定罪量刑也是行为理性的具体表现。国家之所以要对罪犯定罪量刑，不仅是为了维护社会正义，也是为了更为经济地实现对社会整体秩序的维护。因为，如果国家对犯罪不进行规制，私力救济、同态复仇便会不断发生，这些行为的一大恶果就是对国家的统治秩序形成威胁，并不断地对社会稳定形成冲击和破坏。为避免此种状况的出现，国家必须作为权威的第三方对罪犯的行为进行评断和处罚，以此完成对社会关系的修复和维护。国家之所以将定罪量刑建立在罪责刑相适应的基础之上，也是因为这种处理模式能够最优地实现行为调整的目的。毕竟，罪犯和被害人都有对罪刑的理性判断，如果刑罚过轻，罪犯就会从犯罪市场上获得消费者剩余，刑法并未很好地将犯罪的负外部性内部化，这样一来，其他人就会无惧刑法的存在以身试法。如果刑罚过重，不但意味着国家司法资源的浪费，也意味着罪犯并未得到公平对待，这对罪犯而言同样是一项不堪负担的压力。他会对刑法的权威性、正义性产生怀疑和挑战，对犯罪预防目的的实现也会形成不小的压力。

最后，理性属于人对社会的认识状态，它总是随着社会生活的变化而变化，这就要求国家必须直面犯罪的现实状况，适时通过犯罪化和非犯罪化、刑罚化和非刑罚化等制度变革来调整刑法的触角。所以，我们不能简单地说犯罪化或非犯罪化是刑法改革的趋势，应当根据具体的事实来对犯罪圈和刑罚圈进行动态的划定和调整。

（二）研究对象的一致性

经济学是一门研究人的行为选择的学问，刑法学研究的对象虽然是人的危害社会的行为，但也属于行为的范畴，研究对象的一致性决定了经济学理论能够适用于刑法学研究。犯罪行为也是人的行为选择，也面临行为的取舍问题，只不过犯罪行为是一种无效率的、外部不经济的、对社会结构产生严重破坏的行为。这种行为之所以存在，是因为像经济市场一样，也存在犯罪市场。犯罪市场和经济市场的显著区别在于：市场的性质不同、国家介入调解的程度不同。第一，犯罪市场属于非法的、潜在市场，而经济市场属于国家认可的、从事产品、服务交换的市场。第二，犯罪市场需要国家强制性、全面性管控的市场，而在经济市场中，国家只是“无形之手”的补充。在市场发挥作用不全面、不充分的情况下，国家才会对经济市场进行宏观调控。当然，犯罪市场和经济市场的不同并不意味着犯罪行为不遵循市场规律，而只是说这种规律呈现出特殊性。

首先，像从事经济行为以及其他合法行为一样，罪犯是否从事犯罪，也是其理性抉择的结果，也是从成本—收益对比的角度来考量行为的结果。而且，许多罪犯也往往具有乃至超过他人的对自己行为结果的衡量能力，只是在衡量时对行为的成本或收益作出了不太切合实际的判断。有时候，罪犯对自己的行为判断并非缺乏理性，而只是偏执地认为自己可以瞒天过海，刑罚不会轻易落到自己头上而已。

其次，研究对象的一致性使得我们能够对刑法中的过失犯罪进行经济分析，因为，从本质上看，无论是故意犯罪还是过失犯罪，都是人类的社会行为。加里·贝克尔特别强调，能够用经济学统一解释人类的全部犯罪行为，他说：“人类行为不能被条块分割，这种条块分割认为人类行为有时基于最大化，有时则不然；有时受稳定的偏好驱使，有时任随意的动机摆布；有时需要最优的信息积累，有时则没有这种需要。相反，所有人类行为均可以视为某种关系错综复杂的参与者的行为，通过积累适量信息和其他市场投入要素，他们使其源于一组稳定偏好的效用达至最大。”① 在经济学的视野下，过失犯可以如此理解：第一，民法意义上的过失侵权和刑法意义上的过失犯罪并无“质”的差别，只是“量”的变化。在借助于侵权法无法对行为人的外部侵权行为内部化的情况下，刑法通过设置过失犯罪的方式加大了罪犯违法的成本。第二，民法意义上的过失侵权关注的是行为对个体的个别化侵害，刑法意义上的过失犯罪规定则更多地体现为对社会公共利益的保护。制度效率的差异化说明了两种制度的巨大差别。第三，过

---

① ［美］贝克尔：《人类行为的经济分析》，王业宇、陈琪译，上海三联书店、上海人民出版社 1995 年版，第 19 页。

失犯罪都是结果犯，且不存在停止形态和共同犯罪问题，国家之所以对过失犯罪做如此严格的限定，最主要是为了体现刑法的经济性。

最后，在行为规制方面，刑法制度与经济制度都遵循价格理论和供需原理。第一，刑法总是从价格均衡的角度出发来配置罪刑条款。如，“杀人偿命”是最一般的社会认识，《刑法》第232条就将死刑作为故意杀人罪的首要选择进行明确规定。第二，《尚书·兄刑》：“轻重诸罚有权，刑罚世轻世重，惟齐非齐，有伦有要。”这就要求刑法制度必须跟随犯罪形势的变化而变化，国家必须根据社会主体对犯罪的需求的不同随时调整刑法供应。

（三）学科目的相同

“在良好秩序及其可行的治理安排这一点上，法学和经济学是相通的……在寻求国家良好治理的处方过程中，法律或法学家的优势不仅在于他们熟知该国的法律制度；更重要的在于，作为一个训练有素的法学家或法律家，他们擅长将相互对立的利益进行比较衡量与调和，尤其是善于在利益冲突和对立中发现评判双方主张正确与否的准则与工具，以及如果该主张是正确的，其正确程度如何，并使当事人和周围的人都能够接受。”① 这就意味着，无论是制度性规范，还是作为对制度规范调整的学科，经济学和刑法学都是国家谋求良好治理状态的手段，其目的在于促进公平，确保效率。学科目的的一致性决定了有必要实现学科融合，这不仅有利于各自学科的发展，也有利于彼此间的相互促进和借鉴。首先，经济学、刑法学学科构建的目的都是为了增加社会的总体福利，只不过经济学直接服务于社会总体福利的增加，而刑法学是通过对侵害社会总体福利的行为进行惩罚和矫治的形式来实现的。其次，公平和效率的问题是所有社会科学都必须面对、都必须认真回答的问题。以往简单地将经济学的使命定位为促进效率，而将刑法学的任务确定为增进公平的见解难以面对现实的挑战和拷问。公平和效率的一致性要求我们重新审视经济学和刑法学的职责使命，并在统一和均衡中消解彼此的对立和纷争。最后，社会总体福利的增加既需要经济市场对初次分配进行关注，也需要刑法通过二次分配的方式矫治其中的不公平。这两种分配制度都需要

① 张建伟：《法律、经济学与国家治理——法律经济学的治理范式与新经济法理学的兴起》，法律出版社2008年版，第1~2页。

引起我们高度重视。

二、刑法经济分析的必要性

（一）刑法学本体视角的缺陷

首先，当前的刑法学研究过于封闭、过于保守。“在刑法学研究中，局限于单纯的刑事法律领域自说自话；即便在刑事法学内部各学科之间，对整体性、关联性、普适性和互动性等问题的把握也差强人意，更遑论与政治学、经济学、伦理学、历史学、社会学和哲学等其他人文社会科学的交流与对话。”① 事实上，从历史的角度看，刑法学研究一直是与经济学、社会学、伦理学、心理学等紧密结合在一起的。如，亚当·斯密、孟德斯鸠、威廉·配第都曾将经济学与刑法学紧密结合在一起对刑法现象进行分析。马克思更是运用经济基础决定上层建筑的思想对经济和法律的关系进行全面研究。虽然这些学者之间的观点也有着重大差别，但都蕴含着基本的共同点：“法律问题与经济问题密不可分，法律制度只有从特定的经济和社会现实出发才能获得正确的理解。”② 与历史形成巨大反差的是，晚近以来学科之间越来越相互孤立、相互排斥，这种学科之间的封闭使得科学研究的科学性和实践性大打折扣。而且，不但经济学与法学等社会科学之间互相孤立，即便是法学内部的各学科之间也是壁垒森严。王利明教授就曾专门撰文批评这种现象，王利明教授认为，“自我封闭、封闭他人的饭碗法学不利于整体法学的提高，饭碗法学当休矣”。③ 学科孤立的最大问题在于：难以对系统化的世界进行科学意义上的抽象，也难以从多维度对存在的问题进行透视，其结论往往缺乏客观性、全面性、科学性。当前刑法学研究存在的重大问题是仍然偏重于对犯罪和刑罚问题的静态观察和断片时思考，既不关注犯罪产生的原因，也无意于对刑罚执行后的效果进行检验。这种思维方式必然使刑法运作日益脱离社会现实，使刑罚目的更加难以实现。这就要求我们，既要重视运用多学科知识对刑法

① 王作富、田宏杰：《中国刑法学研究应当注意的几个基本问题》，载《法商研究》2003 年第 3 期，第 8 页。

② 沈海平：《寻求有效率的惩罚——对犯罪刑罚问题的经济分析》，中国人民公安大学出版社 2009 年版，第 16 页。

③ 王利明：《“饭碗法学”当休矣》，载《法制资讯》2011 年第 6 期，第 7~9 页。

进行透视，也要将刑法学、犯罪学、刑事诉讼法学、刑事执行法学统一在一起，对刑事一体化问题开展专门的研究。

其次，刑法学偏重于对制度伦理性的研究，忽视了刑法学依托的经济生活和效率问题。事实上，“犯罪人与普通人没有本质差别。人们选择犯罪同选择其他任何职业一样，在本质上都是没有区别的。每个人都在一定的条件下权衡利弊，做出各自的‘理性选择’”。① “当预期效用超过将时间和其他资源用于其他活动所带来的效用时，一个人才会去犯罪。一些人成为罪犯不在于他们的基本动机与别人有什么不同，而在于他们的利益和成本结构存在的差异，因此犯罪行为理论只是一般选择理论的扩展，用不着诉诸道德的颓废、心理机能的欠缺以及先天遗传等特殊范畴。”② 刑法学偏重于伦理分析的立场，必然会带来下列弊病：第一，刑法重伦理维持，轻法益保护。这主要表现为简单地将刑法的功能定位为打击犯罪、对罪犯进行报应，将刑法使命简单等同于对社会伦理的维护。事实上，维持社会伦理绝非刑法的唯一目标，也不是其主要目标，确保其他法律的实施是刑法的主要使命，刑法仅仅是通过对其他法律的保障来有条件地维持最低的伦理道德。第二，刑法重犯罪打击，轻罪犯权利保障。事实上，刑法是被害人的大宪章，更是罪犯的大宪章。对罪犯的犯罪行为当然需要追究和处理，但这一切必须建立在罪刑法定和程序正义之上，要杜绝一切不合法、不合理的对罪犯其他正当权益的侵犯。第三，坚信犯罪可以根治，轻视的绩效考核。事实上，由于证据缺失、时代发展、技术限制等各方面原因，犯罪是否能够得到绝对控制一直是一个值得怀疑的问题。从经济学的视角看，资源的有限性和制度的效率性都有理由使我们相信，最科学的方式是将司法资源运用到边际成本等于边际收益的均衡点上而不是对资源无限开支。这就意味着，从资源配置的角度看，受成本的约束，也无法对犯罪进行彻底的控制。

（二）经济学的优势

美国诺贝尔经济学奖获得者加里·贝克尔认为，“经济分析是一种统一的方

① 宋浩波：《犯罪经济学》，中国人民公安大学出版社2002年版，第23页。

② 〔美〕贝克尔：《人类行为的经济分析》，王业宇、陈琪译，上海三联书店、上海人民出版社1995年版，第63页。

法，适用于解释全部人类行为，包括犯罪行为”。① 这代表了经济学帝国主义开疆拓土的雄心壮志。在加里·贝克尔看来，“经济学之所以成为一名科学，其原因不在于他的研究对象或种种定义，而在于他的研究方法”。② 加里·贝克尔的主张代表了一种被称为经济学帝国主义的思想。经济学帝国主义者认为，经济学本质上是一种思维模式，其不仅关注物质财富的配置，更关注人的行为选择；只要在有限资源下人要进行权衡和选择，经济学就有发挥作用的空间和价值。也正是在此意境下，经济学帝国主义者对传统的经济学研究领域进行了超越，将经济学研究的触角延展到犯罪、婚姻、教育、政治等社会领域，并建构了新制度经济学、法律经济学、产权经济学、管制经济学、歧视经济学、信息经济学、婚姻经济学等非传统经济理论体系。具体而言，将法律经济学引入刑法学中至少能够收到如下效果：

首先，刑法经济分析有助于刑法谦抑的实现。刑法的谦抑性指：“凡是适用其他法律足以抑止某种违法行为、足以保护合法权益时，就不要将其规定为犯罪；凡是适用较轻的制裁方法就足以抑止某种犯罪行为，足以保护合法权益时，就不要规定较重的制裁方法。”③ 就其内容而言，刑法谦抑性包括刑法的经济性、刑法的最后性、刑法的有限性、刑法的宽容性。④ 比如，运用法律经济学对环境犯罪展开研究，就能够使我们明白：既要对严重的环境破坏行为进行犯罪化，也要强调犯罪化也要控制在一定范围内。第一，由于环境犯罪在工业革命后才开始出现，这种犯罪首先违反的是行政法、经济法，所以，有必要将环境犯罪确定为法定犯，只有在其行为违背前刑法规范，且前刑法规制无效的情况下才能考虑犯罪化。第二，即便前刑法规范规制无效，也并不必然意味着刑法的介入。只有在刑法规制能够收到效果的情况下才能用刑法进行调整。之所以能够对严重的环境违法行为进行犯罪化，最根本的是刑法能够有效压制严重环境违法的冲动，对这类行为能够有效规范。在行为规制方面，对严重的环境违法而言，行政法、经济

① ［美］加里·贝克尔：《人类行为的经济分析》，王业宇、陈琪译，格致出版社、上海三联书店、上海人民出版社 2015 年版，第 7 页。

② ［美］加里·贝克尔：《人类行为的经济分析》，王业宇、陈琪译，格致出版社、上海三联书店、上海人民出版社 2015 年版，第 4 页。

③ 张明楷：《刑法的基础观念》，中国检察出版社 1995 年版，第 143 页。

④ 熊永明、胡祥福：《刑法谦抑性研究》，群众出版社 2007 年版，第 157 页。

法至少存在以下不足：其一，从经济学的视角看，任何违法犯罪都源于其对行为成本收益的对比。如果越轨的成本较低而收益较大，就会助长罪犯从事犯罪的积极性。在环境违法犯罪问题上，也存在这种对行为成本收益的比较。一个非常明显的事实是，按照现在的环境法律法规规定，行政法、经济法都无法给违法行为人造成大的成本压力，这是违法行为人对严重越轨行为的危害后果漠不关心的重要原因。其二，在经济学上，环境资源被评价为公共物品，这种物品的权利主体往往被虚化、弱化，由于这类物品在消费时不具有专有性和排他性，各类社会主体都倾向于过度使用而不支付成本，这就是公共物品的“公地悲哀”现象。一方面，由于权利主体缺位和公地悲哀；一方面，由于环境损害的发现具有滞后性，这些都加重了行政违法认定的困难。很明显，前刑法制度的缺陷不但使违法行为难以认定，更使得犯罪化难上加难。其三，环境违法的认定受国家政策的影响较大。在国家支持污染企业发展的情况下，环境违法和犯罪的认定概率都会降低。社会公众也会从心理上予以容忍，因为，这些企业与经济发展绑定在一起，也使得违法认定缺少了制度和政策的支持，这就大大降低了违法成本，使犯罪化也面临着各种各样的考验。而刑法则基本上不存在行政规制面临的这些问题。一旦行政违法能够认定，刑法的刚性就会压制严重的环境违法。在罪刑法定的题旨下，对刑法刚性的理性预期会降低违法行为人的机会主义行为。另一方面，刑法不会像行政规制那样受“公地悲哀”和社会心理的约束，它能够做出更为超脱、更为客观的判断。这就使刑法介入变得正当而可行。

其次，介入经济分析能够发现刑法立法上的不足。如，新刑法确立基本原则，删除刑事类推之所以广受好评，不仅是其体现了刑法公正性，保障了公民权利和自由，也在于其保证了司法资源的经济性。第一，其限制了刑法介入社会生活的范围，从而确保整体的司法资源能适用在最有效率的地方。第二，他将刑事政策与刑法规定进行了明确区分，使得司法不至于过度道德化、政治化、社会形势化，这就从立法上限制了权力寻租，压缩了权力公法私用的空间。又如，1997年刑法乃至后来的修正案之所以大范围废除非暴力犯罪的死刑适用，某种意义上就是国家认识到了过量的死刑适用严重影响到了社会的总体福利。毕竟，惩罚不应该简单地停留在报应的层面上，任何制度配置都必须能够促进社会的福利，提升效率空间。大范围压缩死刑立法和司法适用，不仅意味着立法资源和司法资源得到了节约，也意味着社会劳动力得到了增加，这对增加社会财富的生产和分配都是一种有益的事情。

再次，即便在立法有明确规定的情况下，司法机关也要从制度经济的角度出发来定罪量刑。“刑法经济分析理论之所以成立和必要，关键在于刑法具有成本性、犯罪具有相对合理性的客观现实。刑法的经济性作为刑法谦抑性理念之度量，从本益分析的角度强烈反对不计成本和效益的刑法之滥觞，使刑法的谦抑精神在一定程度上能够经由定性分析转化为定量分析，从而间接地实现刑法于人权之维护和保障机能。”① “（经济分析）对于我们在作出刑事司法裁判时，如何做到尽量地减少行为人、社会所付出的不必要的代价或尽量地增加社会效益，有着一定的参考价值。”② 如，由于限制死刑适用已经成为通识，故，即便立法上规定有死刑条款，也应当进一步限制死刑的适用，这其中就有出于制度经济性配置的考量。事实上，我们不但要对非暴力犯罪的死刑适用进行限制，对暴力犯罪的死刑适用同样也要限制。以绑架罪为例，《刑法修正案（九）》出台前，《刑法》第 239 条规定，绑架致使被绑架人死亡或者杀害被绑架人的，处死刑，并处没收财产。《刑法修正案（九）》则规定，杀害被绑架人，或者故意伤害被绑架人，致人重伤、死亡的，处无期徒刑或者死刑，并处没收财产。之所以有此变化，是因为在司法中发现了立法上存在的问题，为尽可能杜绝其中的偏颇、极端现象，国家才做了制度上的修改。但即便是进行了立法上的修改，在司法过程中仍然要对死刑适用保持慎重态度。这是因为，第一，“必要性原则和价值衡量原则应是合理配置死刑的基本标准”。③ 当依靠其他刑罚措施能够有效规制绑架罪的情况下，贸然运用死刑就意味着法律适用的过剩。事实上，我们可以从故意杀人罪和绑架罪的刑罚对比中发现问题。刑法在规定故意杀人罪的刑罚时将死刑放在第一位，而在绑架罪中，死刑则放在无期徒刑之后进行规定。这就代表了国家立法的两种截然不同的态度。第二，之所以要对绑架罪中的死亡情况进行区别对待，是因为出现的死亡有的符合死刑适用的“罪行极其严重”的判定标准，而有的死亡

① 张颖杰、周存平：《刑法经济性论略》，载《襄樊学院学报》2006 年第 3 期。

② 陈正云：《刑法的经济分析》，中国法制出版社 1997 年版，第 133 页。

③ 赵秉志：《关于中国逐步废止非暴力犯罪死刑的研讨》，赵秉志主编《中国废止死刑之路探索——以现阶段非暴力犯罪废止死刑为视角》，中国人民公安大学出版社 2004 年版，第 4 页。

则明显与此标准不相符合。在造成死亡的行为无法与此标准匹配的情况下，对罪犯适用死刑就是缺乏效率的行为。

（三）协调刑法各项功能的必然要求

刑法是借助于对行为的规制来实现对国家秩序的维护和对公民权利的保障。也就是说，从功能上讲，刑法具有行为规制机能、秩序维持机能和人权保障等机能。在这三种技能中，行为规制技能可以说是手段性机能，其他两项机能则是目的性机能。“实现秩序维持机能和自由保障机能的调和，是刑法理论和实践的核心课题。”① 简而言之，刑法也是要通过制度配置来实现自由和秩序的均衡。既然涉及行为目的的优化和组合问题，就需要运用经济学原理进行分析研究。从经济学的角度看公共领域的制度选择，就需要运用帕累托最优理论。也就是说，如果刑法制度的配置达到了不损害公民自由就无法有效保障国家秩序的状态，那么，这种刑法制度设计就是最优的。当前，我国《刑法》中还有许多无法实现价值均衡的制度设计需要我们正视和反思。如，《刑法》第301条的聚众淫乱罪的最大问题是，不计行为发生的时空、场所，仅仅按照行为本身的情况进行犯罪化。但，“刑法规定本罪并不只是因为该行为违反了伦理秩序，而是因为这种行为侵害了公众对性的感情，尤其是侵害了性行为非公开化的社会秩序”。② 所以，无论是从公正的角度看，还是从价值均衡的角度审视，即便不废除这个罪名，也应当从立法上将聚众淫乱罪限定为：在公共场所公开进行的行为。也就是说，第一，要将秘密进行的聚众淫乱行为非犯罪化，因为这类行为无意于公开挑战善良的性风俗和道德伦理，也没有造成对“社会”的、其他部门法无法控制的危害性。第二，在非公开的场合，公民的自由的滥用并未给国家的统治秩序形成有力的挑战，也从未想过与国家权力相抗争，而且，这种行为充其量为严重的违背道德的行为，所以，即便从制度价值均衡的角度看，在不损及个人隐私也能够保持国家的善良性秩序的情况下，简单地扩展刑法的触角也会面临道德的挑战。

三、刑法经济分析的迫切性

在国外，自罗纳德·科斯创立现代意义上的法律经济学以来，尽可能在各个

① 赵秉志：《外国刑法原理（大陆法系）》，中国人民大学出版社2004年版，第7页。
② 张明楷：《刑法学》（第四版），法律出版社2012年版，第947页。

法律部门中扩大法律经济学的应用已经成立一项历史使命。由于所要运用的“经济学基本原理实际上非常的简单，且经济学能为原本并不存在系统理论或可比性分析的领域提供一种系统的观察现象的方法。所以，法经济学在法学的许多领域如环境法、证券法、刑法等都获得了成功”。① 特别是，在刑法领域，经过加里·贝克尔、理查德·波斯纳等法律经济学家的不懈努力，犯罪、刑罚等刑法现象通过经济学都获得了相当全面且合理的解释。

与国外不同，虽然早在1985—1986年，国外的法律经济学已经开始进入中国，我国学者翻译的国外著作、文献也是汗牛充栋。但整体看来，我国的法律经济学研究状况仍然不容乐观。首先，从研究人员的构成上讲，仍然是以经济学者为主，他们研究的仍然是与经济学直接相关的侵权法、知识产权法、财产法，等。受专业知识的局限，这些人对刑法的经济分析既缺乏兴趣，也缺乏相关的知识背景，这就使得我国的法律经济学仍然缺乏对刑法现象的足够关注。其次，从研究水平和理论深度看，“中国经济学界、法学界对‘法和经济学研究’不仅滞后于欧美等国，而且滞后于其他学科”。② 这突出表现为我国的学者更多的是从事知识的介绍，缺乏对理论知识的本土化改造。再次，我国从事法律经济学研究的学者既然无法形成独立的、本土化的理论体系，就无法对我国法律现象进行切实实际的分析，这种能力上的欠缺不只体现为缺乏对刑法经济分析的关注，也体现为无法对私法现象展开深入研究。

笔者认为，首先，从提升学科知识水平的角度看，需要建立起适合我国国情的、统一的法律经济学理论体系。其次，有必要在此基础上建构精密的刑法经济分析的框架，来应对传统刑法学的不足。因为，我国的刑法学研究还主要是注释刑法学，既缺乏有足够分量的比较刑法学、刑法哲学成果，也缺乏刑法经济学、刑法社会学等学科知识。今天的世界已不同于往日的世界，中国改革开放的时代经验证明，只有开放、交流、融合，才能保证事物发展的持续性。学科发展也是如此，我国的刑法学研究，需要以更宽广的视野、更加主动的态度来面对知识的挑战，通过引入经济学、社会学等理论知识来充实自己的内涵。再次，在刑法的

---

① ［美］道格拉斯·G. 贝尔德：《法经济学的展望与未来》，吴晓露译，《经济社会体制比较》2003年第4期，第84页。

② 吴锦宇：《略论“法和经济学运动”在中国大陆的发展（1983-2003）》，载《制度经济学研究》2003年第2期，第170页。

价值追求上，不少学者仍然片面地将公正确立为刑法的唯一目标，这种对制度绩效的无视造成刑法运作上出现了短板。如，立法上，罪名过剩的情况仍然存在；司法上，不计成本，司法过度的情况加大了国家的负担，降低了刑罚适用的效果；执法上，对罪犯不能科学分类，以致罪犯交叉感染的情况仍然不断出现，罪犯改造成功的概率仍然偏低。而“法律经济学分析可以为法律决策的做出提供充分的统计数据和经验事实。在充分的统计数据和经验事实基础上作出的法律决策比仅根据直觉和被告知的事实作出的法律决策要优越得多”,① 这也是我们希望强化刑法经济分析的另一项重要理由。

第三节　对民间融资犯罪经济分析的价值

笔者认为，之所以能够对民间融资犯罪进行经济分析，主要在于民间融资犯罪本质上属于经济犯罪，而经济犯罪作为经济越轨的严重形式，是经济学和刑法学的共同研究对象。通过对民间融资犯罪展开经济分析，能够确立民间融资的应有地位，以更清晰的标准明确民间融资违法与犯罪的界限，形成基本的刑事政策，对民间融资犯罪的罪刑关系作出更科学的判断。

一、民间融资犯罪本质上属于经济犯罪

“典型的经济犯罪是指发生于合法商业或经济活动领域，为获取经济利益而实施的一种非法行为，这种非法行为已经达到了应受刑罚惩罚的程度。以这个定义为标准，就可以把贩毒、运毒等不具备合法商业活动要件的行为排除在经济犯罪之外。”② 典型的经济犯罪主要指刑法第三章破坏社会主义市场经济秩序罪中的罪名，同时还包括第五章“侵犯财产罪”和第八章“贪污贿赂罪”中的部分罪名，以及全国人大常委会《关于惩治骗购外汇、逃汇和非法买卖外汇犯罪的决定》中规定的独立罪名。而民间融资犯罪所涉的诸如非法吸收公众存款罪、擅自发行股票、公司、企业债券罪、集资诈骗罪等罪名都规定在《刑法》第三章中，

① 黄锫：《法律经济学：方法论、理论脉络与应用》，浙江大学出版社 2008 年版，第 45 页。

② 顾肖荣、涂龙科：《经济犯罪的合理边界与理性治理——顾肖荣研究员访谈》，载《上海政法学院学报》2017 年第 6 期，第 2 页。

所以，民间融资犯罪本质上都是经济犯罪。经济犯罪是严重的经济越轨行为，而经济越轨既是法学的研究对象，也是经济学的研究对象。研究对象的一致性就决定了既有必要运用刑法学对经济犯罪进行全面研究，也有必要介入经济学视角对经济犯罪进行透视，从而确保研究结论更加可靠，更加贴近实际。

经济学和刑法学的共同使命都是在学科建构和制度生成的基础上，确保国家整体的经济秩序得以有效维持。所以，认真检点经济运行中的现实问题并加以解决是刑法学和经济学都责无旁贷的任务。为了有效实现这项任务，就必须充分发挥学科叠加的作用，在制度科学性上取得突破。刑法学研究表明，经济犯罪有着不同于其他传统犯罪的发生原因、演进规律，这就要求对其规制也必须具有特殊性。如果不对经济犯罪中的特殊性进行研究，就无法发现犯罪规制的基本规律，也就不能确保制度设计的科学性、可行性。显然，如果不在刑法学研究中植入经济学理论，就难以解决上述问题。而一旦引入对经济现象的经济学分析，结果就豁然开朗了。这些经济学的解读不仅明朗、有力，而且对现实的穿透力极强。特别是，一旦我们引入经济学中的成本—收益分析，许多以前令我们感到困惑的问题便会迎刃而解了。单纯局限在刑法学内研究经济犯罪碰到了许多难以解决的困惑，但一旦将经济学原理、方法引入刑法学，经济犯罪的规制就变得十分明朗起来。如，初看起来，操纵体育比赛中的严重行为应当纳入扰乱公共秩序罪中考察，但如果我们仔细分析，就会发现这种行为具有非常严重的经济图利性，其目的是通过对体育比赛的操纵来获取贿赂等经济利益。特别是一旦引入经济学分析，对这种行为的解读将会无比犀利。首先，运用法律经济学中的博弈论理论能够很好地解读这种操纵行为。博弈论主要研究各个理性决策主体如何在相互作用中实现行为的均衡。事实上，在既定的体育竞技场景中，作为参赛者、观赛者、利益关联者、监管者等都是不同的利益主体，其参与其中都有相应的利益需求。所有主体参与博弈的前提是存在监管者的监管。但在监管的制度性约束存在漏洞或者监管者追求个体非法私利的情况下，都会为操纵比赛行为埋下伏笔。因为，其他相关主体一旦认识到监管方面存在问题，他们必然有作出突破制度界限的冲动，尝试为自己的利益最大化作出努力。特别是，当其进行利益比对后发现操纵行为能够给自己带来更大好处时，他们就会将冲动转化为现实。这就是操纵体育比赛违法犯罪行为屡禁不止的重要原因。

其次，寻租、俘获理论也能对此问题进行解读。第一，权力寻租指这样一种现象，在缺乏刚性约束的情况下，行使公权力者会以权力作为中介换取个人不正当利益。权力寻租是一种无效率的、非生产性的交往活动。这种活动的本质是把权力商品化，其不但损害了公权力的中立性、公共性，也会造成腐败等连锁性消极反应。事实上，权力寻租已对体育比赛形成了有力挑战。挑战的方式之一就是拥有权力者为比赛作弊创造条件。由于体育比赛的结果具有很强的利益导向和资源分配功能，所以，对结果能够产生实质性影响的相应管理部门及其人员（如裁判人员）往往会主体提出利益交换。由于寻租成本低廉且收益巨大，所以，因寻租而起的操纵体育比赛行为非常突出。第二，与权力寻租构成对应关系的是相对方的对权力拥有者的俘获。诺贝尔经济学奖获得者斯蒂格勒的政府俘获理论认为，由于立法者和管理者也要追求自身利益最大化，所以利益集团就会通过各种方式来“俘获”这些立法者和管理者，从而使制度设置和管理过程朝着有利于自己的方向发展。在体育竞技管理和实施中，作为监管的机构或者人员本应中立，这是有其地位决定的，但从现实角度看，无论是这些组织还是组织中的人，都有逐利的倾向，都会为自身利益考虑，这就使得参赛者、观赛者、比赛发起人等有了发起进攻的空间，一旦产生利益叠加，他们就能通过各种方式影响乃至决定竞技管理者的行为，这种行为俘获很容易影响体育竞技的结果。

最后，操纵体育比赛行为也存在违法犯罪的市场。在法律经济学看来，无论是经济领域还是非经济领域都存在市场。无论是经济市场还是法律市场、政治市场，都有经济学作用的空间。只要有市场，就有运用供需理论、价格理论解释问题的必要和可能。操纵体育比赛之所以在各个主体间能够达成共识且会很快地推行，主要原因在于在这个市场上，相关利益主体互为供需主体，大家很容易为了共同的目标形成共识。主体的特定性和目标的明确性极大地降低了谈判成本、交易成本、执行成本。行为的隐蔽性和难以查证性也降低了遭受惩罚的可能性。这些都强化了大家操纵体育比赛的决心。另外，操纵体育比赛所获取的利益总是巨大的，这些利益不仅是经济性的，其会扩展到政治性、社会性利益上，而且呈现出滚雪球式的模式。这就大大增加了对操纵体育比赛行为的需求，需求对供应的传导，使得非法行为的供应规模大幅度增加，其供应能力也得到进一步强化。

二、有助于确立明确的刑事政策

“现代刑事政策就是国家和社会整体以合理而有效地组织对犯罪的反应为目标而提出的有组织地反犯罪斗争的战略、方针、策略、方法及行动的艺术、谋略和智慧的系统整体。”① 可以看出，刑事政策不同于具体的刑事规范，其指导刑法规范，又高于刑法规范。两者的区别主要在于：第一，刑事政策的地位较高，也较为抽象；刑法规范则更为具体而明确。第二，刑事政策不仅要规范刑法规范的运作，他也是所有刑事活动的基本遵循。第三，刑事政策与整体性的社会政策相联系，其眼界更为开阔，其立足点和落脚点也更高。也正是从此意义上讲，“刑事政策的直接目的是预防和控制犯罪，最终目标则是维护社会的安定与有序发展”。②

笔者之所以讲引入经济分析有助于确立民间融资犯罪的明确的刑事政策，是因为：首先，我国在民间融资犯罪问题上态度一直非常暧昧，这种暧昧态度直接影响了民间融资犯罪化的科学性。一方面，由于总体上缺乏对民间融资的统一的、一致性的认识，使得民间融资总是处在非常尴尬的地位，特别是在国有经济发展低迷的时期，民间融资往往会成为众矢之的，成为国民舆论和制度歧视的牺牲品。这就很容易理解为什么民间融资往往沦陷为非法吸收公众存款罪和集资诈骗罪。另一方面，虽然国家对民间融资整体肯定，但由于国家在民间融资的具体对待上缺乏明确而细密的制度规范，对民间融资的越轨认定和处理就变得非常困难，这也是民间融资越轨行为容易被犯罪化的原因。其次，由于国家尚未在社会政策方面对民间融资形成系统的方案，这就容易出现各个权力主体对民间融资分别对待的态度。特别是，在行政政策和具体操作制度日益细密的情况下，各个权力主体都很容易找到排斥民间融资优势地位的制度性条款。由于从社会政策层面就无法统一认识，在民间融资犯罪的刑事政策方面必然也会产生问题。这能够解释为什么至今我国都未形成全面的有关民间融资犯罪的刑事政策。最后，民间融资犯罪具有经济犯罪的共性，但也有其特殊性，这是笔者强调专门确立民间融资

① 储槐植：《刑事一体化论要》，北京大学出版社 2007 年版，第 89~91 页。

② 范淼：《涉民间融资犯罪的刑事政策定位研究》，载《东北大学学报（社会科学版）》2015 年第 1 期，第 85 页。

犯罪刑事政策的另一个重要原因。由于民间融资犯罪在发生原因、发生规律、犯罪主体、行为特征、犯罪对象上都不同于其他经济犯罪，所以，就有必要确立对其调整的基本立场，从而确保刑法调整的科学性。

由于民间融资犯罪的刑事政策也是社会政策尤其是经济政策和法律政策的有机组成部分，所以，有必要以法律经济学的视角对其进行具体审视。这种审视的意义在于：首先，能够确保从系统论的角度解决民间融资犯罪的认知、判断和防控问题。因为，民间融资及其越轨基本上是经济现象，所以，要从根源上对此问题进行矫治，就必须高度重视规制政策的经济分析。特别是，刑法运作具有割裂犯罪发生原因、发生场景，从而进行断片化、静态化思考的特点，如果不引入动态分析、全面分析的思路，就无法对其罪刑作出科学的判断。这就意味着要从根源上有效认定和解决民间融资犯罪，就必须从法律经济学的视角确立民间融资犯罪的刑事政策。其次，刑事政策也是公共政策。由于公共选择理论能够比较有力地解释公共政策的运作机制，所以，我们能够批判性地运用公共选择理论来解释和配置有关民间融资犯罪的刑事政策。再次，民间融资犯罪具有强烈的法定犯的特征，作为法定犯，就意味着我们需要以更广阔的视野考量经济法、行政法等前刑法制度的欠缺，也意味着我们必须在经济结构、行政结构、经济关系、行政关系中发现经济运行和行政调控中的问题，这也要求我们的刑事政策必须体现出对犯罪二元治理的高度重视。最后，在民间融资犯罪认定处理的过程中，必然涉及各种价值的博弈和行为的博弈。如何对制度的公正、效率、自由、秩序进行均衡，是需要重点考虑的问题。特别是对公正和效率的关系问题，刑事政策更要做原则性规定。因为，只有刑事政策对此问题进行了明确和统一，才能确保刑法运作时均衡价值的实现。如果从理论指导和行动指导层面都不能很好地解决这个问题，在具体的制度运作时就更不能将此问题很好解决。

三、有利于刑法制度的科学配置

在民间融资刑法规制上，还存在许多问题需要解决，这些问题都与缺乏效率审视存在着密切联系。如，我国的民间融资基本上发生在民营经济成分之间，他们的融资行为之所以容易被认定为违法乃至犯罪，很大程度上与“公有制至上”的观念和行为惯性有关。也就是说，从深层次的思想领域，立法者尤其是司法者往往认为民营经济存在着“原罪”，只要民营经济得到持续发展，公有制势必会受到影响。而介入经济分析之后，我们会发现，在遵守宪法规定的基础上，刑法立法和司法执法不应体现主体歧视。这主要是因为，第一，必须承认宪法对公有制经济优先保护的基本立场，这是由我国的社会主义经济基础和我国的国家性质综合决定的。但宪法规定不但不意味着要压制其他经济成分的发展，而恰恰是为其他所有制经济创造条件，提供依据。从宪法的规定中可以发现，宪法要求公有制经济成分占主导和支配地位的是特定的领域，除此之外并没有规定其他经济成分不能与公有制平等竞争。宪法的这种规定在2010年5月7日出台的《国务院关于鼓励和引导民间投资健康发展的若干意见》中得到了反映。该《意见》指出，我国社会主义经济发展的当前时期，政府投资主要用于关系国家安全、市场不能有效配置资源的经济和社会领域。国家之所以做此规定，是为了确保关系国计民生和国家安全的领域得到根本性的维护。这种“垄断”不但与国家主张各经济成分在市场经济发展中平等竞争的观点不相违背，而恰恰是为这种平等竞争提供条件、奠定基础。第二，社会主义市场经济体制在我国的确立也意味着我国的刑法应该由阶级刑法向市民刑法转变，这种转变的制度设计已经在我国现行刑法中得到了非常明确的体现。特别是，刑法确立了刑法面前人人平等的基本原则，这一基本原则就是市民刑法的鲜明体现，也是要求对市场主体、法律主体平等对待的重要法律保障。第三，社会主义市场经济是市场经济的一种实现方式，其具有市场经济的一般性特征。这种一般性特征的一个重要表现是给予市场主体以平等的地位，不能人为地、非法地对市场主体的权益肆意剥夺。社会主义市场经济的这种特征使我们增强了对各所有制经济成分平等对待的信心和决心。

以上分析使我们更加确证，要压缩民间融资犯罪化的空间，就必须旗帜鲜明地反对刑法中的所有制歧视。要矫治这种所有制歧视，不但观念上要转变，制度设计上也要实现变革。首先，要在刑法总则中对非公有制经济成分的地位予以充分肯定。笔者建议，第一，在《刑法》第2条刑法任务和《刑法》第13条犯罪概念中，将“公民私人所有的财产”改为“私人所有的合法财产”，其目的是确立非公民的非公有制经济成分的刑法主体地位，将其与公民一样平等保护起来。第二，对《刑法》第92条进行修改，对“私人所有的合法财产”的概念和包含范围予以全面规定。其次，对分则相关罪名予以改革、完善。第一，为了体现对各所有制经济的平等保护，对《刑法》第165~169条重整。重点是，将犯罪主体扩大到非国有单位的成员，将犯罪对象扩大为所有经济成分的财产。具体而言，要将非法经营同类营业罪，为亲友非法牟利罪，签订、履行合同失职被骗罪，国有公司、企业、事业单位人员失职罪，国有公司、企业、事业单位人员滥用职权罪，徇私舞弊低价折股、出售国有资产罪的犯罪主体扩展为所有的公司、企业、事业单位、团体成员。第二，“无论是国有公司、企业，还是其他所有制公司、企业的人员利用职务便利，侵占、挪用公司、企业财物，收受他人贿赂的，都统一定挪用资金罪，职务侵占罪，公司、企业人员受贿罪。将贪污罪、挪用公款罪、受贿罪的主体限制在国家机关工作人员的范围内”。① 同时明确：国家工作人员犯挪用资金罪，职务侵占罪，公司、企业人员受贿罪的，从重处罚。

① 李希慧、徐光华：《贪污贿赂犯罪主体二元化立法模式下的刑法立法完善》，载《昆明理工大学学报（社会科学版）》2009年第7期，第22页。

第二章　民间融资犯罪的基本问题

第一节　民间融资犯罪概述

一、民间融资及其合法性问题

（一）正视民间融资的民间性

正如前面指出的那样，民间融资一般指游离于政府管制之外的，非金融机构的自然人、企业及其他经济主体之间以货币资金为标的的价值转移及本息支付。“民间融资作为个人或企业、其他组织自发向资金持有人筹集资金用于个人使用、企业生产经营使用或是其他用途的直接融资方式，与非法集资存在一定的交叉，二者都未经国家监管部门批准，均可能通过债权类、股权类、血缘关系等方式筹资。但民间融资既有合法融资，也有非法集资，更多的是法律无明确规定的灰色地带。”① 所以，简单地将民间融资归结为合法行为或违法行为都是不合适的，应该根据国家的政策以及明确的法律规定来对其中的具体行为进行价值判断。事实上，从整体概念上，也不应简单地将民间融资与非法集资简单等同或者绝对对立。从联系的角度看，民间融资中不可避免地会出现非法集资现象，这就像人的行为中必然包含非法行为乃至犯罪行为一样。从区别的角度看，第一，民间融资是一种对事实的描述，非法集资是对事实的价值判断，两者处于不同的层面上。第二，两者的行为特征也明显不同，民间融资尤其是其中的合法行为，其主体基

① 汪丽丽：《民间融资演变为犯罪的法律界限、制度动因及防范策略》，载《南昌大学学报（人文社会科学版）》2012 年第 4 期，第 110 页。

本上局限在受地缘、亲缘、血缘影响的特定的亲戚、朋友、邻居间，而非法集资则明显突破了其中的主体范围。第三，两者的资金用途往往也存在明显不同。民间融资大部分将资金用于生产经营，而非法集资则不依托实体经济，往往通过拆东墙补西墙的方式来谋取高利率带来的价差。

从政策的角度看，由于民间融资是民营经济的血液和润滑剂，而民营经济的发展对我国的财政税收、就业和国民生产总值的提高都作出了非常巨大的贡献。所以，国家对民间融资持逐步肯定和包容的态度，也正是从此意义上讲，有必要对民间融资正确看待。要避免将民间融资视为一时之需，需要时不加干涉，形势稍有变化，就简单地将其视为违法行为乃至犯罪行为。

民间融资的本质特征是其民间性。第一，这种民间性之所以受到肯定，是因为其与我国的宪法规定相适应。由于民营经济也是社会主义市场经济的有机组成部分，其对公有制经济是一种必要的、有益的补充。要充分发挥这种补充、支持作用，民间融资势必应当受到足够尊重和保护。第二，民间融资更多的是民事主体之间的平等的资金融通或交易，交易的平等性意味着相关主体要遵循社会主义市场经济的交易规则，根据经济规律来配置自己的资金和资源。只要这种行为不威胁或者侵害社会主义金融安全和金融秩序，这些行为就应该受到保护而非打击。第三，从实际情况来看，与民营经济通过正规的银行等官方金融机构进行融资不同，民间融资的交易成本更低，这是民间融资更具效率性的一面。也是民间融资自身的价值所在。由于从成本—收益的角度看更有利于交易各方的利益实现，所以，民间融资也更应得到鼓励和支持。

民间融资的民间性意味着国家不应也无法做到将其全面地纳入法制的轨道予以调整。之所以强调国家“不应该”像对待正规金融活动那样对待民间融资，是因为其具有区别于正规金融的特征。特别是，正规金融机构主要是国有金融机构。机构的“国有性”决定了国家作为国有资产的所有权人必须要对产权状况负责，即便其通过委托—代理关系将资金交由经理等代理人运营，其也必须对经理人进行全方位监控，以避免经理的权力寻租和腐败。而民间融资的主体多是私人或者私人的集合体，其产权的自治性质决定了国家没有必要对民间融资保持极端的警惕。而之所以强调说国家无法对民间融资进行全面的行政监控，是因为国家的行政资源总是有限和特定的。一方面，国家行政管控的成本非常巨大，所以，其必须将资源运用建立在成本收益核算的基础之上，这就决定了国家无法像对待正规金融活动那样来对民间融资的全部活动进行监控和调节。事实上，即便是对待正规金融活动，国家也无力做到对全体活动实现全过程覆盖。另一方面，国家不但要考虑行政资源的划分问题，还要考虑到行政调控的效率性问题。也就是说，不但从资源上无法、无力对民间融资全领域调控；而且，即便在行政资源能够运用到民间融资管控上，也要考虑到调控后的各方面影响。国家不应通过对民间融资不计成本的压制来换取对国有银行的支持。国家应该以平等的姿态对待各所有制成分，为民营经济更好、更快地发展作出自己的努力。

（二）肯定民间融资的存在价值

之所以要肯定民间融资的存在价值，是因为民间融资作为一种客观存在，补充了正规金融制度安排的不足，促进了整体经济的发展。而民间融资之所以有此力量，得益于其遵循了经济规律，实现了金融供给和需求的均衡。第一，民营经济在获取资金方面面临着很大障碍。这种障碍主要体现为受金融二元主义观念的影响，将国有经济与民营经济简单对立，认为应该通过压制民营经济的发展来换取国有经济的利益。在这种思维主导下，民营经济就无法与国有经济主体平等竞争，国有银行对民营经济的信贷要求就会人为地忽视。事实上，这种歧视不仅体现为民营经济无法获取银行等金融机构的间接融资，也体现为民营经济无法像国有经济那样在股票、债券市场上直接融资。第二，随着经济的快速发展，人民的收入水平明显提高，累积在广大人民群众间的闲散资金越来越多，这些资金却缺乏足够的支出途径和投资通道。这种障碍表现为：一方面，受金融管制的影响，存款利率普遍较低，这些利率低到甚至无法对冲日益突出的通货膨胀。在存款利益受到极大压制的情况下，将资金存到银行或者做理财方面的处理明显不符合人们的心理预期。另一方面，受制于投资品的不经济、不景气，以及投资途径的单一，乃至受制于个人投资能力，中国的大多数群众无法找到更加明朗、更加有利的投资渠道，这进一步锁死了人民群众的投资意愿，使得资金累积情况非常突出。整体看来，一方面，民营经济对资金需求旺盛却得不到满足；另一方面，人民群众资金累积严重却缺乏投资途径。正是在此情况下，资金需求和资金供给产生了交集，这就使民间融资具备了成立的条件和可能。也正是受此客观状况影响，中国的民间融资便变得不可遏制。

（三）对民间融资的合法性做全面理解

对民间融资的合法性问题进行解读实际上有两种进路。一种进路是将民间融资作为一个中性概念或者作为一种客观存在的事物进行现象描述。在此基础上，再依据现实的法律规则进行合法性判断。在此意境下，笔者强调，肯定民间融资的积极意义不意味着对其中的违法乃至犯罪行为视而不见、充耳不闻，而是要明确：民间融资作为一种客观的存在应当被积极正视，不应也不能将其一棍子打死。要对民间融资持开放而包容的态度，即便对其中的严重越轨行为，也应当辩证看待，不能简单地、机械地认定为非法乃至认定为犯罪。

除此之外，也可以从“应然之法”与“实然之法”的角度来对民间融资进行考量。“西方有将法与法律二元化的传统，通常用‘法’（jus，justice）指称自然法、应然之法，用‘法律’（lex，law）指称国家法或实然之法。”① 按照这种二元化的解读方式，“应然之法”指符合公平、正义、效率等特征的法的本来面目，“实然之法”则是指法在社会实践中表现出来的实际状况。可以发现，“实然之法”未必与“应然之法”实际吻合，两者的距离表明了现实的法律需要努力的方向。就民间融资而言，其存在具有“应然”的合法性和合理性。从现实需要来看，我们也无法排斥民间融资的存在价值。当前，最为紧要的需要进一步从“实然”的角度对民间融资的立法状况进行审视，特别是，要从宏观层面对民间融资的合法性予以明确，通过制定、出台国家层面的稳定的民间融资基本政策来固化成果，以抵制低层次制度对民间融资基本政策的侵蚀。

二、民间融资犯罪的概念及特征

如上所述，民间融资主要指一种中立性的资金融通活动，而民间融资犯罪则指发生在民间融资过程中的经济犯罪。从实定法的角度看，民间融资犯罪主要包括刑法第三章破坏社会主义市场经济秩序罪中的欺诈发行股票、债券罪、擅自设立金融机构罪、非法吸收公众存款罪、擅自发行股票、公司、企业债券罪、集资

① 谈萧、胡心建：《民间金融的法律评判及规制路径》，载《法治研究》2010 年第 6 期，第 58 页。

诈骗罪、高利转贷罪、非法经营罪等罪名。从概念中可知，民间融资犯罪主要具有以下共同特征：首先，民间融资犯罪是经济犯罪而非其他犯罪。这一特征是由民间融资犯罪的发生领域决定的。也就是说，民间融资犯罪必须发生在民间融资领域而非其他领域。发生领域的独特性排除了人身犯罪、财产犯罪等其他犯罪类型。其次，民间融资犯罪不仅包括侵犯资金使用权、所有权的犯罪，还包括为实施这些犯罪而进行的犯罪预备行为。从实践中可知，诸如擅自设立金融机构罪、擅自发行股票、公司、企业债券罪等罪名，从行为方式看，无疑是为实施最后的犯罪做准备。为从根本上打击此类犯罪，就有必要对其预备行为进行犯罪化。再次，民间融资犯罪基本上都是法定犯，这种属性决定了对民间融资犯罪的治理上要更加关注经济系统的改造和完善，也使得犯罪改造的难度日益加大。毕竟，“（民间融资犯罪）在犯罪类型上属于典型的经济犯罪，罪与非罪的界限会随着不同的经济发展阶段及相应的国家政策发生变化。因此涉民间融资犯罪问题仅通过实体法理论研究或是微观角度的具体罪名分析无法得到实质性的解决”。① 需要指出的是，第一，民间融资犯罪虽然可以构成非法吸收公众存款罪、集资诈骗罪、非法经营罪等罪名，但不意味着这些罪名只与民间融资领域中的经济犯罪相对应。民间融资犯罪所涉及的罪名具有更宽的覆盖范围，民间融资犯罪也完全可能超越以上常见的七个罪名。第二，笔者只是从实定法的角度指出民间融资犯罪可以按照以上罪名定罪，但对以上罪名特别是对非法吸收公众存款罪、集资诈骗罪的规范结构认为仍有改造、提升的空间。对这些罪名将会在接下来的章节中展开研究和论证。

笔者之所以强调民间融资犯罪作为经济犯罪的属性，并非不关注民间融资犯罪的金融性质。只是因为，一方面，金融犯罪原本就是经济犯罪的下位概念，从经济犯罪的角度来谈论民间融资犯罪丝毫不损及概念的科学性。另一方面，民间融资犯罪所涉及的罪名并非只侵害金融管理秩序和金融资产的所有权，欺诈发行股票、债券罪、擅自发行股票、公司、企业债券罪还妨害了对公司、企业的管理秩序，非法经营罪还扰乱了市场秩序。所以，从更为科学、更为全面的角度看，将民间融资犯罪首先界定为经济犯罪更符合研究的需要。

① 范淼：《涉民间融资犯罪的刑事政策定位研究》，载《东北大学学报（社会科学版）》2015 年第 1 期，第 82 页。

三、民间融资犯罪化的基本标准

（一）刑、民界分的一般标准

从刑法理论上看，民间融资中的严重越轨行为能否犯罪化的标准应该是其行为是否符合个罪的犯罪构成，对这种观点学界基本上没有任何意义。但从法律经济学的角度看，一种行为是否应该被犯罪化完全可以存着另外一种解读。所以，我们先从法律经济学的角度对刑、民边界进行解释，然后再对民间融资越轨行为的犯罪化进行论证。由于民间融资严重越轨的调整措施主要是民事责任和刑事责任，所以，笔者主要从刑、民界分的角度来对民间融资犯罪化的问题进行分析研究。

事实上，对一种行为进行民事或刑事规制设定是一种激励机制的设计问题。也就是说，如果一个案件，如果通过民事责任能够比通过刑法更有效地产生激励效果，那么，就不应通过刑事措施来对此类行为进行规制。在刑、民界分上，主要有三条判断标准：首先是，行为外部性的内部化不同决定了应当采用不同的法律责任形式。行为外部性的内部化也就是说，严重的越轨行为能否靠行为对象自己的努力得到利益补偿以及补偿的程度如何。如果行为人借助于民法就能够将侵权行为造成的损害加以挽回，就没有必要通过刑法来解决。在这其中，侵权行为的危害程度是考量采用民事责任或者刑事责任的主要指标。在其他因素相同的状况下，如果侵权人侵害的群体比较广泛或者侵害程度较大，单靠民事规定，侵害对象没有动力或者根本无法获得充分的利益补偿，就要考虑运用刑法来调整这种严重违法行为。如果侵害的是个体性利益或者侵害的人数较少，通过民法当事人就可全面维护自己的利益，那么，就应当将这些行为界定为民事违法，径直运用民事责任进行调整即可。

可以发现，在行为外部性处理问题上，刑法和民法的重大差别实际上主要体现为行为是否侵害了“公共利益”。按照公共利益原则，如果行为直接针对的是个体性利益，且这种对个体的侵害对公共利益没有危害或者危害不大，国家就通过民法来调整。而一旦行为对个体侵害的同时对公共利益也造成了重大侵害，国家就倾向于通过刑事责任来实现对危害行为的规制。刑民的这种界分方式实际上与经济学中政府和市场的区别有些类似。市场是调整民事经济交往的基本方式，只要市场这只“无形之手”能够自发地实现对经济资源的配置，不出现大的偏差，政府就没有必要动用“有形之手”对市场进行干预。在我国，民法是调整市场行为的基本方式，刑法是在市场失灵，民法无法充分发挥作用的情况下对民法作用的弥补。这体现了刑法的谦抑性和最后性。

另外，危害行为的外部性也有直接和间接之分，有些危害行为虽然直接的外部性很小，但其间接外部性却可能很大，在间接外部性很大的情况下也有可能采用刑法来调整。比如，刑法中的许多罪名都没有犯罪对象，但这不意味着行为对群体性利益没有造成侵害。赌博、嫖娼、毒品交易等行为貌似也是当事人的平等、自愿交易，其对当事人貌似也并无直接侵害，但其间接外部性却非常巨大：它会导致社会风气的整体性堕落，对国民精神健康造成难以挽回的损失。所以，国家从行为间接外部性的角度出发，在刑法中设立了赌博犯罪、毒品犯罪，并对嫖娼中的重点行为如嫖宿幼女、传播严重性病、聚众淫乱等行为实现犯罪化。

在对间接外部性是否危害到公共利益进行考量时，价值判断的主体是国家而非做直接外部性判断时的个体性的人。由于主体不同，其作出判断的立场也未必相同，所以，国家必须要仔细权衡整体性判断和个体性判断的差异，重视公民尤其是加害人和被害人的正当权益和个人自由，避免作出对被害人过于不利的判断。因为，被害人在承受正当罪刑惩罚的同时，其他权利也应当受到公平对待和保护，毕竟，刑法也是犯罪人的大宪章。这就是说，国家和立法者要在个人自由和正义维护方面实现均衡和调和，既要维护好正义、效率，也要重视并保障个体的权利和自由。

其次是，刑事责任和民事责任在惩罚的可执行性上也并不相同。无论是刑法规范还是民法规范，本质上都是对行为和结果的对应性描述，这种描述设定了行为模式及行为的结果。如果一种行为在民法上显属不可能得到惩罚，那么，就有必要将这种行为交由刑法来规制。第一，在危害行为侵犯个体性利益，但个体无法获取民事责任的成果时，需要依靠刑法来解决。如，故意杀人案之所以要通过刑事诉讼来解决，一方面是被害人业已死亡，无法自行告诉。另一方面，查缉、追究罪犯是一项专业性很强的工作，被害人家属不但无法承受各项成本，即便在时间成本和经济成本都能够负担的情况下也会因技术能力的低下从而无法获得正义。而一旦将这项使命交由国家来承担，一切问题便可圆满解决。依据我国《刑法》第232条的规定，犯故意杀人罪的，首先选择判处死刑。“杀人偿命”的立法震慑和精良、高效的刑事追究确保了公正和效率，使得对罪犯的刑事惩处落到了实处。第二，民事责任主要是结果责任而非行为责任，民事责任对故意、过失主观罪过区分没有太大兴趣。但，刑法调整既重视结果，也重视行为，主观罪过对刑事责任的影响相当大，这是两者的重大区别，这种区别决定了有些行为只能通过刑法而非民法来调整。如，入室盗窃未遂如果从民法的角度评价，其未遂行为就不会受到惩罚。因为民法采用的是结果责任原则。如果这样，就无法对类似行为产生警示和威慑，入室盗窃行为便会大量发生。很显然，从现实情况看，这种评价是有问题的。所以，就有必要对入室盗窃行为纳入刑法进行调整，依据盗窃罪未遂追究行为人的刑事责任。还有，在很多情况下，依靠民事责任，加害人并不能充分履行赔偿的义务，如果不刑法不介入，就不能维持社会秩序，确保公正。比如，一般的合同诈骗行为通过合同法都可以解决，但对于金额巨大的诈骗行为，合同法上的规定都无法弥补被害人的损失，特别是在违法行为人将款项迅速转移，从而无法查获的情况下，寻找一种更有力的措施以弥补民法的不足便需要提上日程。这时候，通过刑法中的合同诈骗罪对此类行为进行规制便显得非常必要。因为，通过公力救济，被诈骗的款项可能会迅速被控制，罪犯还要面临自由刑和财产刑、资格刑的处罚，这种处罚不但极大地压制了罪犯二次犯罪的空间，也使得其他人对此类行为产生了警觉，从而在最大程度上实现了犯罪的一般预防和特殊预防。

最后是，刑法和民法在连环报复的避免上也存在明显差别。从历史上看，血亲复仇、同态复仇曾一度发生过，且经常能够得到社会的认可和支持。但我们现在回头看，很明显，这种连环报复是缺乏效率的。其不但造成了人群的对立，动摇了国家统治所要求的和谐秩序，而且，往往使社会付出巨大的成本。举例来说，如果张三杀了李四，如果国家不介入，李四的家人乃至家族很可能会不计成本地杀戮张三及其家族成员，因为要杜绝再遭来自张三方的侵害，杀死全部与张三有关可能进行复仇的人是最好的选择。这样以来，连环报复就会发生，由此造成的经济成本和社会成本将会变得无比巨大。而一旦国家通过刑法对张三的行为进行惩罚，就可极大地阻止此种情况的发生。因为，国家与张三和李四都无直接的血缘关系或者其他密切关系，他只是公平地裁断案件从而确保公正在人间得以实现。这就直接隔绝了张三和李四家族的仇杀。张三没有理由、没有动力来仇视国家，他会为自己的行为而忏悔；而李四家族也获得了正义和补偿，他们不会为此事继续对张三及其家族进行侵害。需要指出的是，即便是国家的刑法适用可能会出现偏差，也会避免连环报复的发生。因为，在国家介入的情况下，无论是张三一方还是李四一方，心理上都认可这种处理方式，其产生的不满主要是针对具体的司法裁判而不是整体的刑事司法。这就是刑法适用的成功之处。

（二）民间融资犯罪化的标准

金融刑法的基本价值是实现自由、安全、公正、效率的均衡。所以，在民间融资犯罪化的标准上，也必须固守这些基本价值，掌握好犯罪化的边界。首先，民间融资犯罪化时必须首先确保金融自由。从另一个角度来理解，民间融资立法、司法均不能通过牺牲金融自由的方式来维护国家的金融管理秩序。金融自由的主体是金融市场中的平等的交易主体，金融自由本质上是金融交易自由。所以，要旗帜鲜明地反对将金融自由与国家金融规制对立起来的观点。明确金融自由的首要价值，将国家的金融规制定位为公民的金融自由提供可靠保障。明确金融自由处于主导性地位，金融规制处于辅助性地位。对金融市场的这种“应然”定位使我们有理由进一步反思我国当下的金融立法。当前，我国的金融立法包括金融刑事立法仍然建立在集体主义的观念上，其立法思维主要还是为规制服务而非为金融自由服务，建立在此观念上的制度必须加以改革和完善。这是笔者强调要对我国的民间融资刑事立法进行反思的重要原因，因为，我国的相关刑事立法仍然以保障国家对金融的控制为主要工作目标。当前的金融立法模式与我国社会主义市场经济体制的基本要求并不契合，需要我们进一步审视反思当前的制度配置，进一步提升金融资源配置的绩效。

其次，要充分实现金融安全和金融效率的均衡。从国家的立场来看，无论是金融安全还是金融效率都是从服务于市场主体、市场交易的角度来说的，所以，必须反对将金融安全定位为国家金融统制的想法，也必须反对将金融安全与金融自由对立看待的观点。需要明确的是，金融安全主要是金融市场主体的金融交易安全，金融效率是民间融资主体市场交易的效率，两者是互相提高、互为弥补的关系而非对立的关系。当然，虽然从理论的角度看两者完全能够实现均衡，但从实际情况看，两者却无时不在互相博弈。因为，对制度的设计和运用都是相对理性的人而非完全理性的人，这些人对信息的获取、拣选、加工的能力对存在着很大差异。而且，人的行为基本上是其社会经历、文化、环境、社会关系等多种因素综合作用的结果。这就决定了人对金融安全和金融效率的理解以及因此而起的行为选择总是存在着差异，这些差异影响到两者功能的发挥。也正是这些差异性使我们更有理由对实际状况进行改变，并将民间融资犯罪化的效率审视提高到应有的高度。

最后，民间融资犯罪化时要秉承公平原则。从司法实践看，同样的融资行为，发生在民营经济成分间的民间融资并容易被犯罪化。之所以出现这样的情况，很重要的一个原因就是立法者、司法者仍然存在所有制歧视的意识，希望通过这种犯罪化来压制乃至排除民营经济参与金融交易的可能性。事实上，这代表了当下金融监管部门、金融部门等金融主体的一些普遍性认识。了解了这些情况，我们就能对我国正规金融市场上从事交易的主体主要是国有金融主体这一事实充分理解了。但需要指出的是，我们必须改变这种状态，只有将民营经济的金融需求和金融供给充分开发出来，我们的金融市场才能朝更具生机、更具活力的方向上迈进，也才能将民间积淀的资金充分调动起来为实体经济服务。由于我国当前的金融市场发展得并不充分，仍然缺乏效率，加上存款、理财的利率偏低，民众投资渠道受限，致使民间资金要么在非正规金融市场上徘徊，要么脱实向虚，向房地产行业叠加、累积。其结果是金融市场日益低迷无法实现供需平衡，房地产行业进一步绑架了国民经济，使实体经济的进一步发展面临着更大的压力。

刑法是公共品，民间融资犯罪化的标准代表了国家借助刑法介入民间融资越轨调整的广度和深度。由于金融法能够对民间融资及其一般违法做出规范。所以，从规制经济学的角度看，作为国家经济治理的一种手段，刑法必须严格限定其作用范围，避免借秩序维持和金融安全之名不必要地侵害金融自由、金融效率和金融平等价值。在金融规制价值均衡的题旨下，我国民间融资犯罪化的标准可以做如下理解：

首先，以罪刑法定为基本遵循，要求民间融资中的具体越轨行为必须该当、符合具体犯罪的构成。一方面，由于有具体犯罪的犯罪构成的拣选，由于刑法中涉及民间融资的罪名较少，这就能够将大部分民间融资违法行为排除在刑法之外，减少了民间融资犯罪化的数量。另一方面，对犯罪构成要素要进行实质性解释，反对简单地、机械地、静止地、片面地、孤立地解释犯罪构成要素。第一，要对民间融资犯罪中的资金去向进行客观评估，只要受资人将资金主要用于生产经营，就不宜将民间融资行为认定为非法吸收公众存款罪、集资诈骗罪。第二，要充分考量受资人主观罪错的变化，即便其行为能够按照非法吸收公众存款罪定罪，也不能简单地只根据受资人还款不能的事实就将非法吸收公众存款行为认定成集资诈骗行为。因为，民间融资的利息普遍要高于银行同期存贷款利息，而生产经营也往往存在过多的不确定因素，这就意味着受资人往往存在很大的运营风险，这些风险是客观而不可控的。一旦经济形势发生恶化，受资人往往会遭遇经营危机，甚至因血本无归而濒临破产。所以，我们要正视民间融资中的问题，对民间融资犯罪化持相当谨慎的态度。

其次，民间融资犯罪应当是结果犯，且这些结果不是“金融管理秩序”等抽象的结果，而是可以量化的、具体的、群体性的经济损失。笔者之所以持此立场，是因为不但“金融管理秩序”的概念本身需要进一步检讨，而且“秩序”一词的运用很容易造成概念虚化，从而使犯罪认定扩大化。笔者将会在后续的章节中对此进行详细论证。另外，要对罪犯积极挽救犯罪结果的行为全面评价。只要罪犯能够切实赔偿经济损失，并对损害的社会关系进行基本修复，就应该将此情节与刑法中的免罪免罚规定予以对应。

再次，要将民间融资犯罪严格界定为法定犯。具体而言，第一，要将除此违法中的“法”界定为国家的法律法规，不能是其他低层次的地方性法规、规章等形态，这就能够避免了犯罪化的肆意扩张。第二，要根据国家基本政策的变化，随时对行为进行非罪化。也就是说，只要党中央、国务院从国家的层面对民间融资做出了新的规定，无论刑事立法有无变化，司法上都要对此政策做出回应，对相关行为不得再进行犯罪化。第三，要对犯罪构成要件中的客观要素特别是行为要素进行动态评价。对已不具备行政违法性但刑法仍认为违法的行为不能进行犯罪化。因为，既然民间融资犯罪是法定犯，就意味着民间融资越轨行为必须是双重违法，在违法复合性欠缺的情况下仍然将其犯罪化就违背了犯罪化的基本精神。事实上，这也是将民间融资犯罪确定为法定犯的价值所在。毕竟，刑法的保守性决定了我们不可能像行政法那样对刑法频繁修改，将民间融资犯罪确定为法定犯就是弥补刑法保守性的一项非常重要的技术性措施。

最后，民间融资犯罪不具备《刑法》第13条“但书”中规定的出罪条件。《刑法》第13条“但书”中有关“不认为是犯罪”的规定实际上是在行为已经符合犯罪构成的情况下对犯罪的限缩。这种限缩代表了国家在民间融资犯罪认定上所持的审慎态度。规制经济学可以被视为用经济学方法分析国家的经济规制和社会规制的学科、理论。按照规制经济学的见解，国家对民间融资犯罪化的过程也是国家对民间融资越轨行为进行经济规制和社会治理的过程。在此过程中，国家规制的重点和着力点应当是矫治市场失灵和反对国有金融机构的金融垄断。可以发现，这两项重点都与民间融资的自发行为关联不大。也正是从此意义上讲，有必要减少对民间融资活动的过度伤害，将法律制度调整的重点向营造平等的金融交易环境方面倾斜，这也是笔者强调要更多地借助免罪规范来减少民间融资压力的原因。

第二节　民间融资犯罪的生发原因

一、金融二元主义是诱发犯罪的根源

“在我国经济体制由计划经济向市场经济转变的过程中，金融体系并没有相应地市场化，反而是实行了金融控制……在经济转轨时期，我国执行着‘金融二元主义’的特殊制度安排，它一方面要求有一个强有力的国家金融控制和金融约束，以保证经济市场化过程中对国有经济的金融支撑；另一方面，在金融条件得到稳定之前，自由经济成分无法获得应有的金融支持而只能依靠内源融资或非正规的民间融资。正是这种差异化金融控制的深化，引致了我国正规金融与非正规金融发展路径的分离，它在为我国民间金融发展奠定制度基础的同时，也为民间金融风险的逐步升级提供了动力。”① 首先，金融二元主义使得民间融资只能在

① 李世财：《“金融二元主义”框架下民间金融的风险解构》，载《江西社会科学》2013年第11期，第62~63页。

体制外交易，交易环境的非正规性强化了犯罪认定的可能性。也就是说，从本源上讲，民间融资的存在就是与金融二元主义的要求相背离的。只要金融二元主义存在，只要相应的制度设计仍然占主导地位，民间融资违法犯罪就会不断出现。所以，决定民间融资犯罪发生的根源很可能不在于民间融资本身，而在于深层次的金融理念和制度设计。所以，要有效实现对民间融资犯罪的防控，就必须在金融市场改造上做好文章。其次，中小企业投机性资金需求是助长民间融资犯罪发生的重要原因。中小企业与国有企业不同，其不能通过正规金融获取生存发展的资金，这决定了其只能通过支付高昂成本从民间融资中获取资金。另一方面，中小企业往往希望通过非生产性活动来谋求利润，这种主观动机助长了其投机心理。使得其往往不计成本、不计后果地大量吸纳民间资金来扩大投资。显然，这些巨额资金很大程度上需要非定向地向社会来募集，这种行为很容易滑向非法吸收公众存款罪的深渊。再次，金融二元主义使得银行只需通过吃存贷利差就可获取巨额利润，这导致了两种情况的出现。第一，由于存贷利差是其利润重要来源，所以存款利率较低，贷款利率较高一直是银行的重要经营模式。这种模式降低了民间资金向银行转移的冲动。民众更希望借助民间融资而不是正规金融来谋取更大的利益。第二，银行对吸纳社会上的个体性的民间资金也缺乏动力，因为这些资金相当分散且数额并不巨大，银行更希望将这些时间成本和交易成本用在更具效率的企业间的存款上。这两种情况都使得民间资金很难通过正规金融进行高效利用，这进一步助长了巨额民间融资的盲目流动，为非法吸储和非法诈骗提供了活动空间，为违法犯罪提供了可能。

二、法律体系缺失导致越轨行为易被犯罪化

（一）法律的模糊性增加了成立民间融资犯罪的可能性

法律的模糊性意味着行为选择的结果具有不确定性。很明显，由于法律的行为指引作用、规范作用发生了问题，就意味着当事人对行为结果的预期出现了分化。一旦出现这种情况，就增加了国家自由裁量权的发生空间。这不但会增加国家对经济生活的不当干预，也使得权力寻租成为可能。这些都严重地影响了民间融资越轨行为的犯罪化。一方面，在国家本位和经济统制思想占主导的情况下，

民间融资稍有乱象发生就容易被重点打击，这就使民间融资犯罪的成罪概率急剧增加。另一方面，虽然在绝大多数情况下司法者不会被利益集团绑架。但这不排除部分司法工作人员处于权力寻租的动机服从个别利益集团的意志，通过对一些民间融资越轨行为进行犯罪化来谋取私利。所以，法律制度的缺失是构成民间融资犯罪化大肆泛滥的重要原因。而出现这种情况，一方面是民间融资中的严重越轨行为的确符合了犯罪构成，从而实质性地构成了犯罪；另一方面，也不能排除由于法律缺失使得民间融资受到了权力的不当打压。

（二）法律的模糊性强化了民间融资受资人的机会主义倾向

民间融资本质上是一种契约行为，当事人之间是一种平等的金融交易关系。在这种金融交易关系中，受资人很容易利用法律的模糊性进行机会主义行为。“机会主义行为是指信息的不完整或信息受到歪曲的透露，尤其指蓄意造成信息传播方面的误导、歪曲、掩盖、搅乱或混淆的行为。不对称的信息为机会主义行为提供了温床，而相应的收益则强化了个人实施机会主义行为的动机。”① 首先，民间融资的受资人在接受民间融资的资金时对国家的经济政策、法律的漏洞、双方的身份和资金情况都有着全面认识，其能够通过包装使得自己更有能力获取资金，但出资人对受资人以及其资金利用则是缺乏全面认识的。这就给出资人的欺诈和诈骗犯罪提供了便利。其次，在资金交易以后，出资人和受资人继续保持着信息上的不对称，而且，这种局面呈更为严重的态势。出资人对受资人和出借自己事实支配的不可能很容易使受资人甘冒道德风险从事投机行为。其通过虚构债务、转移资产、虚假破产等方式很容易使出资人血本无归。而这一切归根结底都源于法律规制体系的欠缺。

另外，法律体系的欠缺为政府压制民间融资的发展提供了便利条件，而且，即便不是有意为之，对执法保守性的认识也使得执法人员、司法人员对民间融资的行为保持警惕。这些对民间融资活动保护的不积极事实上助长了民间融资受资人的投机行为。他们会甘冒道德风险进行逆向选择，甚至诱致出资人从事对己不利却对受资人有利的行为，这些行为包括却不限于民间融资犯罪。所以，民间融

① 刘燕：《基于企业契约理论的机会主义行为分析》，载《山西财经大学学报》2006 年第 1 期，第 17~18 页。

资犯罪中的罪犯主要是受资人，但却不局限于受资人。从某种意义上讲，出资人也可能通过非法吸收公众存款的方式聚拢资金再进行放贷行为。

（三）行为模仿和路径依赖使民间融资犯罪急剧增加

集体的非理性和羊群效应使得民间融资犯罪易发、多发。从法律经济学的角度看，人本身都是相当理性的人，人对行为和行为结果的认识受制于自身能力、生活环境、社会条件等多方面因素。民间融资的出资人基本上都是普通的群众，其对民间融资的行为性质和社会风险都缺乏深刻认识，所以，其不但容易受受资人机会主义的影响，也容易受其他出资人行为的影响，这就会导致集体非理性和羊群效应的出现。

羊群效应表现为当信息不对称或者信息辨别能力差异使某个市场参与者掌握的信息不充分时，往往从其他参与者的行为中提取信息，从而采取类似行为。“羊群效应常常被认为是导致投资者们失去金融理性从而引起金融泡沫及其破灭的主要原因之一。”① 羊群效应不但强化了民间融资出资人盲目投资的意识，而且会推高民间融资的资金规模，进一步强化出资人之间的竞争，使得受资人吸纳资金的成本更低，手续更加简单，也为资金链断裂埋下了隐患。民间融资过程中之所以会大量出现违法犯罪情况，某种意义上也是出资人行为“激励”的结果。一旦受资人能够低成本地获取资金，其必然会对自己获利能力产生不切实际的自信，也会助长其卷入非法集资的漩涡而无法自制。因为，与投入企业的正常的生产经营不同，非法集资的套路空间较大，而且时间成本和经营成本都不高，这会进一步助长受资人将获取的资金再次进行高利转贷，从而获取快钱。很显然，靠“拆东墙补西墙”的方式进行融资必然不能长久，但集体的非理性会强化行为人的谋利动机，弱化其对金融风险的评估。这样，一旦行为形成路径依赖和思维惯性，就会进一步放大民间融资风险，使得国家控制非正规金融的能力受限，随之而来的就是恶性事件的不断发生。

三、前刑法制度缺乏刚性降低了规制效率

首先，民法在民间融资严重越轨行为的规制方面缺乏效率。第一，民间融资

① 王学信、刘超：《羊群效应对金融人格的影响——来自天津的调查》，载《金融理论与实践》2011年第9期，第62页。

违法行为受害人比较分散，而且其联合起来要求民事追究的能力受限。这就降低了通过民事诉讼规制违法行为的效能。而且，通过民事诉讼来解决民间融资违法行为要以违法行为人可诉、财产可确定和可执行为条件。如果这些方面存在欠缺，受害人就无法真正维护其合法权益。第二，民间融资违法行为的外部性较大，受害人无法通过自身努力将这些直接的外部损失内部化，而且也无法将间接的外部损失内部化。也就是说，受害人通过民事诉讼不但无法充分实现其对自身利益的维护，更无法对民间融资造成的社会性危害进行公益性保护。这是民法和民事诉讼遭遇到的尴尬。第三，民法维权对民间融资严重越轨中的违法行为人而言没有太多的威慑，相反，民法的制度设计却可能成为违法行为人重复违法的激励。因为，民间融资违法行为人具有很强的信息优势和技术优势，其能够更专业性转移财产、逃避查缉。所以，受害人一旦权益无法维护，就会增加违法行为人重复违法的冲动，因为他们谋取利益的方式具有非常低廉的成本。而且，一旦形成这种局面，如果国家不通过刑法进行介入和干预，就会出现示范效应，引导其他人也投入到类似的违法行为中。可以看出，民法治理民间融资严重越轨行为的成本高昂且效果甚微，其在重复性损害的防治上也面临着挑战。要使受害人感受到法律的正义，要避免受害人通过违法犯罪来维护自己的权益，就必须考虑刑法打击的可能性。

其次，行政法也无法提升严重违法行为规制的效率。行政法救济作为公力救济的确可以避免私力救济的困难，但其仍然无法对严重的民间融资违法行为实现有效的规范。第一，行政法介入的前提是必须存在明确的行政规范和行政法责任。但民间融资法律体系的欠缺使得行政法介入从开始就失去了前提。因为，我国当前的民间融资制度基本上仍停留在政策层面和交易主体的自治层面，国家尚未制定出专门的或者相关的法律法规对此问题详细调整。这就增加了行政干预的难度。第二，按照制度经济学的见解，政府机关的行为选择也具有自利的动机，其在促进公共利益的同时也十分关注制度配置、资源配置对自己的有用性。政府机关也要面临执法公正、清廉高效等绩效方面的考核。由于政府机关只有在法律法规明确授权的情况下才能对公民的自由进行干预，否则容易招致不当作为的诘问。所以，政府机关的行政介入总是相对保守的，这就直接影响政府机关介入民间融资违法调整的积极性。毕竟，民间融资中的严重越轨行为从表面看更像是平等主体之间的契约纠纷，在无明确法律授权的情况下行政机关对介入这类行为持非常保守、非常谨慎的态度很容易得到理解。第三，即便政府机关通过行政干预介入了对民间融资越轨行为的调整，其也未必能实现其行为预期。其一，民间融资违法行为中的受害人未必能够挽回其经济损失，因为行政措施不会产生强有力的震慑。其二，民间融资违法行为人对行政干预有足够的信心和能力加以应对。这不仅因为违法行为人有足够理由可以将此类行为做民事违法处理，更是因为政府机关的公共选择具有自利的动机，这会为权力寻租创造条件。其三，政府机关介入民间融资违法治理可能会使其执法权威性、执法利益性受损，这直接影响到官员的绩效考核和职位提升。所以，行政介入总是具有保守性，执法的政策性、折中性都会影响执法强度和执法效果，这进一步降低了行政执法的效能。

也就是说，由于民法、行政法调整存在着相当大的问题，使得民间融资中的严重越轨行为大量发生且难以有效规制，这就使得民间融资违法不断向民间融资犯罪传导。当然，民法、行政法的不足一部分源于部门法的个性，但更多的是这些部门法尚未肩负起自身使命，所以，如何提升前刑法制度的效能仍然需要我们仔细研究。

四、指令性执法、选择性执法强化了犯罪

“立法回应不足、执法公正缺失与司法独立弱化分别构成了金融抑制、金融排斥和金融分割的法律诱因，造成企业家精神的消沉、低迷和式微，并进而导致金融发展未能通过支持具有创新精神的企业家来促进经济增长。”① 首先，民间融资规制制度的不足意味着行为缺乏立法的足够回应和保护，这使得民营经济获取金融支持的能力受限。这种资金受限不仅表现为其无法从正规金融机构获取足够的资金，也意味着其通过民间融资获取资金支持的主动性、积极性也不够。更严重的是，由于民间融资的利率较高，期限相对较短，这就制约了民营企业借助进行创新性经营的能力。有时候，民营企业为了保持自己的生存能力，甚至不得

① 江春、李安安：《法治、金融发展与企业家精神》，载《武汉大学学报（哲学社会科学版）》2016 年第 2 期，第 90 页。

不放弃实体性生产经营转而从事非法集资等活动，这就是非法集资呈滚雪球状态并逐渐失控的重要原因。

其次，政府的指令性执法进一步增加了民间融资犯罪的风险。这种指令性执法很大程度上表现为对民间融资严重越轨行为的纵容和放任。其深层次的原因或者是民间融资中的违法行为人对当地形成了政治或经济性影响乃至控制，或者是政府受制于社会政治经济稳定等绩效考核指标的影响。很明显，来自政府的指令性执法基本上是游离于法律之外的权宜性处理手段，但这种处理方式的消极影响却是非常巨大的。它不但违背了规制经济学中行政介入的初衷，也变相助长了民间融资违法犯罪。因为其是违背市场要求的“有形之手”，其不但造成当下金融市场的低效，也给民间融资中的违法犯罪行为人传达了一种消极的信息。即，可以通过对政府施加影响的方式来影响其执法的效力。

最后，有别于纯粹从公共目的出发的指令性执法，选择性执法的恶害更大。选择性执法的恶害不仅体现为其侵蚀了公正、公平、效率、自由等市场交易的价值，更在于其对政府管制本身从主观上都是一种恶意的伤害。第一，选择性执法实质上是一种变相的权力寻租。一方面，其对重大违法犯罪行为的有意放任代表了一种利益维护，也表明了其存在谋取私利的可能。另一方面，其对其他民间融资严重越轨行为的介入可能存在突破法律精神、法律制度的情况。这种选择性执法很可能是排斥正当竞争的方式，是民间融资的一方打压竞争者的方法。很显然，选择性执法的介入强制性地剥夺了其他主体参与竞争的资格，有可能形成区域性、行业性垄断。从实际情况看，选择性执法对市场竞争主体的排斥代表了执行者的个体性私利，这种营利性目的违背了行政执法的初衷和运行原则。第二，“从经济学的角度看，法律不完备论本身与选择性执法没有必然联系。选择性执法是一国法治运行各个环节综合作用的产物，因此未来对选择性执法研究应借助历史和比较的视野，深入分析一国法治运行的特定历史文化背景及其社会结构，在理解现行执法体制基础上对选择性执法及其治理进行类型化分析”。① 在我国，由于民间融资法律体系和规制体系的不健全，民间融资违法行为非常普遍、非常

① 王裕根：《选择性执法研究述评及其展望》，载《河北法学》2019 年第 10 期，第 122 页。

常见，由于行政治理资源既定，这就意味着对民间融资的违法行为进行全面介入并不现实，资源的有限性和行政干预的难度为选择性执法的存在创造了条件。第三，代理经济学理论讨论的是具体执法者的选择性执法行为。从代理经济学的角度看，执法组织和具体的执法者之间存在委托—代理关系。由于委托者无法对全部执法者的全部执法活动进行全程监督，也由于执法对象的具体情况总是千差万别，这就为具体执法者创设了自由裁量权。立法和执法组织创设执法自由裁量权的初衷是服务于公共利益，但具体执法者在权力运用时还服务于执法组织的利益和个体性私利，这就使选择性执法掺杂了功利主义。再加上委托组织的监控存在着盲区，这就为具体执法者谋取非法利益打开了方便之门。所以，民间融资犯罪不仅是融资行为人行为越轨的结果，还包含了相关主体的逐利要求。需要强调的是，在某些地区、某些行业，民间融资犯罪之所以会猖獗到失控状态，很大程度上来源于官员尤其是主要官员的不作为乃至于推波助澜。由于这种放任、默许、支持，造成民间融资犯罪层出不穷，难以根治。

第三节　刑法介入民间融资治理的价值和限度

一、刑法介入民间融资治理的价值

从犯罪类别上看，民间融资犯罪主要包括交易主体的经济犯罪和国家工作人员的腐败犯罪。之所以要将这两类民间融资中严重越轨行为纳入刑法进行调整，是因为对其犯罪化既有必要性，也有可行性。刑法调整的必要性在于：其具有区别于一般违法的严重社会危害性，产生了其他法律规范难以规制的后果。刑法调整的可能性在于刑法能够覆盖最广泛的社会关系，具有其他规制措施难以匹敌的严厉性和威慑力。

（一）刑法介入的必要性

1. 民间融资异化的危害及连锁反应

“民间融资长期存在的合法性缺失以及缺乏有效的发展路径等问题严重影响

其进一步发展的空间，其蕴含的金融风险也在不断增加。如，民间融资的体外循环容易引起国家宏观调控风险；民间融资的期限短、利率高的特性容易诱发局部金融风险；民间融资以民营经济为融资主体容易导致经营风险。”① 与正规金融不同，民间融资具有非常鲜明的非正规性、隐蔽性、游离监管性等特征，这些特征决定了其很容易违背法律规范的基本要求，产生严重损害个体性利益和国家金融安全的后果。从交易主体的角度看，民间融资异化的危害在于其不但会产生经济危害，还会同时在社会中促发次生危害。首先，民间融资严重异化会给民间融资的出资人造成难以估量的损失。这主要表现为民间融资转化为非法集资后造成了资金链断裂，对大量的出资人的巨额资金的本息无法兑付，从而使广大民众蒙受无法挽回的损失。非法集资的这种恶害，第一，体现为犯罪对象的不特定；第二，体现为犯罪数额的巨大；第三，体现为犯罪侵害后果的无法逆转性。因为，非法集资往往呈金字塔状的排列，极少数人控制了绝大多数的资金，一旦其逃离法律控制，中下层的出资人往往无法得到出借的资金，也无法得到等量赔偿。其次，民间融资一旦演变为非法集资，其对社会的金融伦理和金融市场都会产生严重的负面影响。第一，一旦民间融资脱离了为中小企业服务、为国家经济发展服务的初衷，其就会迅速“脱实向虚”，向没有实体经济做依托的非法集资转变。一旦大家像“全民炒房”那样都想靠钱生钱，就会助长社会性的金融投机。广大集资群众就会将自己所有安身立命的金钱投入到高利贷中，从而抑制对实体经济的投资和消费。很明显，从经济发展的角度看，这种资金配置方式违背了金融交易的基本规律，势必会遭受市场的惩罚。当“全民集资”的情况出现后，就必然会造成大面积的行为失范。这种失范对金融健康运行的打击是致命性的。第二，非法集资、集资诈骗的危害不仅体现为对金融市场造成了侵害，还表现为对国家金融调控的能力产生了影响。它使得国家无法通过金融机构获取经济发展的资金，也使得国家无法掌控民间融资的资金去向，从而无法对金融资金进行科学配置和精细运用。

2. 民间融资异化对社会也会产生严重的次生危害

“伴随着融资工具和形式的多样化过程，当前民间融资风险问题显现出由单

---

① 闫春英：《我国民间融资的风险及发展路径选择》，载《经济纵横》2013 年第 1 期，第 82 页。

纯的经济化转为复杂的社会化的特征。"① 首先，市场经济虽然是法治经济，但其也必须以经济伦理等为存在的基础。晚近的制度经济学把交易成本作为研究经济现象的核心范式。按照制度经济学的见解，伦理道德等非正式制度是降低社会交易成本的重要手段。尤其在中国社会中，伦理文化作为一项非正式制度无论对市场交易还是对其制度形成都具有非常重要的影响。正是由于伦理文化的存在，制度会形成非常强烈的路径依赖，从而减少市场的交易成本。民间融资异化往往会侵蚀市场美德，并撕裂社会信任，这就使金融市场失去了道义基础。一旦共同价值沦陷，交易主体便缺少了重复交易的动力。每一个都尔虞我诈，为个人私利牺牲公共利益。很明显，这种情况不但侵蚀民间融资的交易基础，而且会产生连锁反应，对整体的经济交往产生严重破坏。其次，民间融资异化的影响会波及其他社会领域。特别是，非法集资会对社会的正常秩序造成破坏，而这却是国家治理的基础所在。很明显，民间融资异化形成的社会风险必然增加国家治理的成本，会不断加大政治治理的难度。特别是，在非法集资崩盘，出资人通过诉讼渠道难以挽回损失的情况下，他们会将希望寄托在政府的行政干预上。如果通过政府干预的方式仍然无法实现充分救济，他们就会对政府产生不满和抵触情绪。其宣泄的途径往往是围堵政府、扰乱社会治理秩序。民间融资异化的社会风险需要重点强调，其严重性往往要超过其对经济的直接影响。因为，非法集资等异化现象往往具有示范意义，发生在局部时间、局部地区的情况往往会在其他地区出现，一旦非法集资的恶害整体叠加，其对社会秩序、政治治理的冲击便不容小觑。

3. 国家工作人员腐败的严重危害

在民间融资活动中，往往会出现国家工作人员的影子。其要么私下从事、参与非法集资，从事高利转贷；要么利用职权和职务上的影响在非法民间融资中谋取利益，为从事、参与非法民间融资活动提供保护。从实际情况看，许多民间融资犯罪案件中，都有国家工作人员的深度参与。国家工作人员深度参与民间融资犯罪较之一般的民间融资犯罪其危害更为巨大。因为，一般的民间融资犯罪可以视作金融交易主体间的危害和侵犯，而涉及国家工作人员的犯罪不但侵犯了金融

① 李世财：《"金融二元主义"框架下民间金融的风险解构》，载《江西社会科学》2013 年第 11 期，第 64 页。

交易秩序，还侵犯了职务行为的廉洁性、公正性。特别是，在国家工作人员利用职权和职务为民间融资犯罪提供便利的情况下，其腐败行为促成了犯罪的成立，这种加功实际上降低了犯罪的成本，提高了犯罪成功的概率，降低了其他犯罪分子遭受刑罚处罚的可能性。所以，要有效规制民间融资犯罪，就必须对国家工作人员的腐败行为进行犯罪化，以维持法律的公正，从制度的层面剔除诱发犯罪的条件。

4. 前刑法制度规制效果的有限性

从罪名看，民间融资犯罪主要包括非法吸收存款罪，集资诈骗罪，非法经营罪，擅自发行股票、公司、企业债券罪，擅自设立金融机构罪，欺诈发行股票、债券罪，组织、领导传销活动罪、高利转贷罪、非法经营罪等。从这些罪名中可知，民间融资基本上都是经济犯罪。经济犯罪之所以被规定为犯罪，都是由于行政法、经济法规制不足引起的。民间融资犯罪也面临同样的问题。民间融资犯罪作为法定犯，其有着区别于自然犯的明显特征，那就是这种犯罪属于二次违法，是在构成行政违法、经济违法的前提下形成的。换句话说，正是由于前刑法制度存在着功能上的限制，刑法才不得不介入对民间融资严重越轨行为的调整。需要指出的是，前刑法制度的这种功能性限制并非指行政法、经济法存在漏洞，而是说根据这些部门法的性质，行政法、经济法只能在此规定的范围内发生作用，这就像刑法只能对最为严重的违法行为进行调整而不能代替、包办其他各个部门法一样。部门法作用范围的划分给我们以启示：第一，对民间融资中的绝大部分违法行为而言，其规制措施应该是行政法、经济法，要避免不经过行政法、经济法调整就径直对民间融资中的违法行为进行犯罪化。第二，判断民间融资违法与否的依据是行政法、经济法的法律规范而非抽象的法律原则。因为，民间融资及违法行为是金融市场上平等主体之间的交易行为，主要受市场这支“无形之手”的调整。如果行为不曾偏离到严重影响整体的金融交易，国家就不应该对之用最严厉的手段加以禁止和取缔。第三，对民间融资犯罪化的重要依据是行为已经构成了行政法、经济法层面的初始违法。所以，要尽可能保持行政法、经济法立法的时代性，及时通过前刑法制度的更新来减少犯罪化。

（二）刑法介入的可行性

1. 刑法是所有法律的最后保障线

“刑法作为法律体系重要组成部分，它与其他部门法如民法、经济法等比较起来，有两个显著的特点：其一，刑法所保护的社会关系的范围更为广泛；其二，刑法的强制性最为严厉。”① 刑法的这两个特点意味着其能够对民间融资中的严重越轨行为进行有效调整。当前刑法制度即使超负荷运转仍然无法实现规制作用时，刑法能够通过给行为人施加最为严厉的痛苦的方式来制止、预防此类行为的发生。不但刑法的最为严厉性能够给罪犯以威慑，更重要的是，我国的刑法保持了高度的开放性。他不但能够通过对罪名修订的方式及时将越轨行为纳入视野，更重要的是其能够通过扩大刑事责任形式、引入禁止令等保安处分制度来增加强制措施的适用空间。这种充分吸纳各部门法有效规制措施的开放性立法姿态进一步强化了刑法适用的效力，必将在犯罪规制方面产生重大而积极的影响。

2. 刑法能够最大限度地实现民间融资犯罪防控的均衡

法律是激励行为人对其负外部性承担责任或者说帮助行为人对其负外部性内部化的规则体系，刑法则是其中非常重要的一个环节。设置刑法的目的就是最大限度地预防犯罪，并对罪犯产生心理约束，不但使其不犯罪，也使其对违法行为保持足够警惕。民间融资犯罪等经济犯罪的一项重要特征即在于违法和犯罪之间没有天然的界限，只要违法行为的“量”积累到一定程度，就会向犯罪跨越，所以，将刑法应用于民间融资严重越轨就具备了可行性。之所以说刑法能够最大限度地实现民间融资犯罪防控的均衡，主要是基于以下理由：首先，民法、行政法等前刑法制度主要采用结果主义的立场，以发生结果为责任承担的重点，其不太关注当事人的主观罪错、共同违法、违法行为的停止形态，这就降低了违法行为的预防效果。因为，无论是违法行为人还是违法行为的特殊形态，都会给法律责任产生影响。如果法律责任不能充分体现这种差别和区分，违法行为人对法律规定就会产生抵触和不满。而刑法与民法、行政法等前刑法制度不同，其充分考量了罪犯和犯罪这两重因素，并对体现这两重因素的情节进行了全面考量并对其刑事责任的价值作出了明确规定，很明显，这就使行为人对其行为产生了明确的认知和预期，这也是刑法有别于其他部门法的重要价值。对民间融资严重越轨行为进行犯罪化的一个重要理由即在于其能够对罪犯行为进行区别化对待。它可以根

① 高铭暄、马克昌：《刑法学（第八版）》，北京大学出版社、高等教育出版社 2018 年版，第 8 页。

据犯罪的具体情况进行个性化调整，这既实现了对罪犯的威慑，也对罪犯的悔改产生激励；既节省了刑法成本，也能够充分体现其他部门法的价值。其次，从制度经济学的立场看，刑法也是一项引导人的行为选择的制度。所以，刑法也要充分考虑行为人追求利益最大化的目的，并对不同主体的心理需求和行为指向进行均衡。如果立法者不从公正和效率的角度充分尊重各个主体的诉求，刑法设置必然会畸轻畸重。这样的制度设置无论对公民的权利保护还是对国家权力的顺畅运行，都是不利的。如，如果刑法不对罪犯的负外部性行为充分内部化，罪犯就会从消费者剩余中获得满足，其会再次铤而走险。被害人也会认为自己遭遇了不公正对待，从而通过非法手段来获取公正。社会上的其他人也会对刑法失望，从而以身试法或者像被害人那样将获取公正寄托在非法措施上。最后，“按照博弈参与人之间是否达成协议可以将博弈分为合作博弈和非合作博弈，前者强调团体理性、效率、公正、公平，后者强调的是个人理性、个人最优决策，其结果可能是有效率的，也可能是无效率的”。① 刑法的目的是通过行为磨合实现合作博弈。在刑法直接的博弈过程中，一般有三个主体：国家、罪犯、被害人（当然，在无被害人犯罪中，被害人缺失）。如果是非合作博弈，国家就会尽最大可能对犯罪实行惩罚，而不问惩罚的结果是否侵犯自由，违背效率；罪犯就会拒不认罪，尽最大可能掩饰、隐瞒犯罪；被害人就会根据自己的意愿向国家提出从轻或从重的诉求。很明显，在非合作博弈下，三者利益无法实现均衡，刑法的目的也无法实现。刑法志在寻找一种能够实现利益均衡的结果，其希望通过制度设计进行合作博弈，从而为社会提供一种正向激励。国家通过罪刑的具体设计，为罪犯提供一种可以进行多项选择的方案，这种方案能够使罪犯产生合理的行为预期并使其内心能够坦然接受；能够节省国家刑法干预的成本，并使国家统治井然有序；能够平复被害人的创伤，使其心理、精神、物质上都获得赔偿或补充，从而对国家的公力救济充分信任。

二、刑法介入民间融资越轨治理的限度

刑法必须介入民间融资越轨行为的治理，但刑法的介入必须有一定限度，这

① 张维迎：《博弈论与信息经济学》，上海人民出版社2004年版，第5页。

种限度具体体现为：民间融资严重越轨行为采取其他方式无法制止和预防；民间融资严重越轨行为必须为社会公众不能容忍。

（一）刑法介入的不得已

首先，刑法不得对市场机制和行业自律能够解决的问题犯罪化。民间融资在我国有一个长期的、历史发展的过程，其能够发展到今天，有赖于市场发展和行业自律。从历史的角度看，对民间融资严重越轨并非全由刑法来解决，能够通过市场机制加以解决的，当事人能够低成本地解决。即便通过市场机制无法圆满解决，行业自治组织也能够将一定的违法行为通过自治性规则加以消化。笔者之所以推崇市场机制和作为第三方的社会资本，是因为民间融资越轨治理是一项系统性工程，必须进行系统化治理。作为市场违规的一项表现，对民间融资严重越轨也必须通过健全市场机制的方式来解决。另外，刑法主要针对已发的犯罪进行截面式的、静态的处理，其无法关注犯罪发生的原因并进行针对性的矫治。所以，我们关注的重点应当是健全非正规金融的市场运行机制和监管机制，以及作为第三方的社会资本的培育，这才是解决问题的根本。

其次，通过民法能够解决的问题也不能进行犯罪化。前刑法制度之所以存在，就是因为各部门法都有其作用领域和作用范围，在其调整领域内，其存在就具有合理性。民法调整的优越性在于：第一，它能够节省权利救济的成本，并能最大限度地维护个体的权利。民法与刑法的重要区别在于其赋予了被害人对其财产权利的自由判断和自由取舍，这就保证了被害人能够通过民法所允许的方式与违法行为人进行谈判并进行财产交割。如果此项尝试能够成功，就意味着被害人无须借助公法就能维护自身权利。这种方式实际上是一种非常高效的权利救济形式。这种高效不仅体现为节省了被害人的交易成本，减轻了司法资源的压力，还在于其能修复被破坏的民间融资关系，使交易行为可以循环、保持下去。第二，借助于民法进行私力解决的另一项好处是，它可以更好地维护被害人本金和利息的安全。因为，一旦进入刑事追究程序，就意味着违法行为人的正常生产经营无法持续下去，这不但对违法行为人是一种梦魇，对被害人也是一种沉重打击。因为，如果违法行为人无法进行生产经营，其资金链就会断裂，不但违法行为人的正当生产经营权受到了侵犯，而且被害人的资金赔偿都成了问题。因为，违法行为人多是将吸纳的资金用于了生产经营，其手中的资金非常有限，在出现资金挤兑的情况下，其根本无法对所有的出资人进行足额赔偿。第三，借助于私法而不是公法进行调整的另一项用意是尽可能地确保违法行为人的正当权益。因为，民间融资越轨行为多表现为受资人非法吸收公众存款，虽然其吸纳资金的方式具有违法性，但这种违法性判断和处理不应影响他的其他正当权益。但现实的问题是，一旦违法行为被判定为犯罪行为，受资人的所有经济活动都必须中止。很明显，这无疑是连坐式处理。这对受资人和与其进行经济交易的相关市场主体都是不公平的。

最后，对行政法、经济法能够有效规制的违法行为也不得犯罪化。行政法、经济法是国家为了弥补市场的缺陷而进行的制度配置，其目的在于实现国家设定的经济目标或者对市场交易主体的平等性进行强化。“现代社会中，具备行政刑法特质的经济犯罪都是违反自罗马法以来就承认的民事、经济交往中应诚实守信这样的社会伦理规范。当经济交往频繁、经济秩序混乱时，诚实信用伦理规范意识可能淡泊，在传统规范的约束力不断减弱甚至丧失的情况下，国家就必须确定更强硬、更严密但不一定是新的伦理规范（行政刑法）来规制、框定不法行为，从而强化人们的规范意识……行政刑法只不过是用强制的手段来重新唤起沉睡的或被人们遗忘的伦理意识和规范意识。”① 在民间融资犯罪认定问题上，要辨明行为指向的对象。对于越轨行为主要指向国家金融统制制度而非民间融资行为人交易利益的行为可以进行行政处罚，但在犯罪化问题上要持谨慎态度。因为，国家对非正规金融的管制具有很强的时代性和权宜性，很可能今天被认定为行政违法的行为明天就成了合法行为，所以，对此类行为要尽可能通过行政法、经济法调整，而非借助刑法进行犯罪化。

（二）违法行为使社会公众无法容忍

任何一项法律活动都必须实现政治效果、法律效果、社会效果的统一，对民

① 周光权：《法治视野中的刑法客观主义》，清华大学出版社 2002 年版，第 258～259 页。

间融资越轨行为进行犯罪化也应当如此。也就是说，要从不同主体的视角来审视民间融资刑法调整可能带来的后果，并对这些结果进行权衡和折中。刑法所要保护的法益可以分为国家法益、社会法益、个人法益，在对民间融资越轨行为进行犯罪化时不但要考虑个体利益、国家利益，还要对社会利益予以充分关注。违法行为使社会公众无法容忍实际上提供了一个审视民间融资刑法调整的新视角，它意味着要以集体主义的立场来看待民间融资严重越轨的社会影响。首先，要明确社会法益存在的独立性，不能用对个人利益、国家利益的侵犯来代替对社会利益的危害。其次，从经济学的角度讲，独立于国家利益和个人利益的公共利益具有非竞争性、非排他性等特点。由于享受公共利益往往不需要自己付出成本或者付出的成本较小，所以，往往会存在道德风险、搭便车、公地悲哀等现象。所以，国家必须在社会利益保护上强力介入。最后，刑法规定的绝大部分犯罪都是自然犯，其依托的公序良俗等事实上就是伦理层面的社会利益，也正是从此意义上讲，刑法维持的是最低程度的道德。即便是民间融资犯罪等经济犯罪，也并非不需要依托社会利益。市场交易需要经济伦理，市场管制需要社会容忍，这些都是社会利益。在民间融资犯罪限度问题上，违法行为为社会公众不能容忍实际上就是此类行为已经严重侵犯了社会公共利益且无法通过其他途径对其消极后果进行内部化。

犯罪必须是具有严重“社会危害性”的行为，对犯罪“社会”危害性的关注实际上就包括了对公共利益的评价。比如，刑法设定故意杀人罪，不仅是对被害人生命权的保护，更是为了避免不特定的多数自然人的生命权免受侵害，这就代表了对公共利益的关注。如果仅仅关注具体的个人，刑法就没有必要介入，通过赔偿或者私人复仇的方式都能够解决此类问题。国家设立故意杀人罪的初衷是形成对个人生命敬畏、尊重的观念，并极力避免类似的侵犯公共利益情况的发生。可以看出，国家之所以将民间融资中的严重越轨行为纳入刑法进行调整，主要就是因为这些行为已经严重侵犯到市场主体的公平交易利益和国家促进公平交易的权力。当这些利益通过经济伦理、行业自治规则、交易习惯、民事责任、行政责任介入仍然无法得到有效保护时，无论是个体还是国家、社会，都只能将救济的途径寄托在刑法上。当然，在民间融资犯罪中也要根据罪名不同作出区别对待。由于集资诈骗罪等犯罪直接侵犯的是个体的财产利益，所以，对此类犯罪径直按照财产犯罪的追究规则予以追究即可。但对于非法吸收公众存款罪等破坏金融管理秩序的犯罪，笔者认为更有必要将个体利益与社会利益、国家利益统一起来进行评价。也就是说，只有行为既具体地侵犯了个体的财产利益，又对市场伦理和市场监管同时产生严重的危害后果时，才能对其进行犯罪化。

第三章　规制民间融资犯罪的刑事政策

“刑事政策是刑法制度的思想灵魂。”① 当前，宽严相济刑事政策是指导当前我国刑事立法、司法、执法的总体性刑事政策，其基本内容是：对犯罪，该严的要严，该款的要宽，要宽严适度，互相均衡。从宽严相济的刑事政策出发，笔者认为，规制民间融资犯罪的刑事政策应该是：目标导向上，保护民间融资是目的，预防重于打击、严管胜于重罚；立法上，正视人的理性预期，刑法制度体现谦抑性，罪刑配置“严而不厉”；司法上，要对法律价值进行均衡，实现法律效果和政治效果的统一。

第一节　刑事预防政策

一、刑法规制的目的是为了保护民间融资

在进行民间融资犯罪制度配置时，要进一步强化对犯罪预防的认识。也就是说，所有的刑法制度，都是为了更好地实现对民间融资的保护而非禁锢、打击。而之所以做此强调，是因为无论是在立法还是司法上，都有许多背离这一宗旨的行为发生。特别是，在司法实践过程中，我们的司法工作人员仍有强烈的主体歧视观念，他们常常无视国家的金融政策和民间融资立法的基本导向，刻意从打压民间融资的目的出发来对民间融资及其越轨行为从重处理，这就极大地压制了正常的民间融资，不但使民间融资活动陷入困境，也导致国家的政策无法真正落实。这就要求我们必须从理念的层面确立基本认识，即我国的民间融资主流是好

① 张小虎：《宽严相济刑事政策的精髓与我国刑罚体系的补正》，载《江苏社会科学》2019年第5期，第131页。

的，一直是作为一种积极的力量来推动我国的经济社会发展；国家对民间融资一贯是持肯定态度的，特别是，近些年来，党和政府一直在为民间融资的健康发展尽心竭力。国家对包括民间融资在内的民营经济的支持一方面体现在宪法的明确规定，另一方面体现为党和国家领导人在讲话中的鲜明态度。特别是，为进一步体现国家对民营经济的重视和支持，习近平总书记在 2018 年 11 月 1 日特意主持召开民营企业座谈会。习近平总书记强调：要毫不动摇地鼓励、支持、引导非公有制经济发展，支持民营企业发展并走向更加广阔的舞台。习近平总书记的这番讲话表明了党和国家对民营经济的态度，也应当成为民间融资制度设计时的重要指导思想。未来，包括刑法在内的法律体系要在此会议精神的指导下进行制度转变，通过制度化、规范化的形式为民间融资的发展创造条件、提供支持。在刑法变革方面，应当确立下列基本理念：

（一）刑法要因应时代发展，及时进行非犯罪化

民间融资犯罪的重要特征就是其强烈的法定犯属性。这种属性决定了对民间融资犯罪要结合时代特点和前刑法制度的变化来理解。立法者要关注国家经济政策和经济法律的基本精神，将哪些国家正在提倡和肯定的民间融资行为排除刑法调整之外，将其中的轻微偏离行为交由经济法律、行政法律来解决。特别是，与过去不同，我国对民间融资的经济调节和行为控制已经发展到了相对成熟的阶段，国家已经能够通过多样化的措施来对金融活动进行管制，所以，要对民间融资的犯罪化保持非常谨慎的态度，而且，要随时根据变化了的经济情况对民间融资犯罪进行非犯罪化。要特别注意，对民间融资越轨行为进行刑法评价的目的是为着确保民间融资的健康发展，而非是对民间融资进行整体性打压。犯罪控制目的的重大变化意味着：首先，要改变所有者歧视的观念，将平等交易的思想贯彻到刑事立法、司法、执法的过程中，反对通过犯罪化来打压民间融资的想法。其次，要对民间融资刑法规制保持高度警惕，避免犯罪化的泛化，将民间融资犯罪的出罪作为一项重要任务提上日程。再次，要注重立法工作人员、司法工作人员的能力建设。在立法机关、司法机关中引进必要的既懂经济、又懂法律的人才，并将复合型人才的培养提上议事日程。只有这样，才能确保经济犯罪治理的科学化、规范化。最后，司法工作人员特别是人民法院的审判人员要高度重视从旧兼

从轻原则在民间融资犯罪中的适用。审判人员要熟稔国家的民间融资法律法规，要敢于、善于根据制度节点创造性地处理民间融资犯罪案件，确保既符合国家法律法规，又不违背保护民间融资的初衷。

（二）民间融资犯罪的判断依据是实质危害而非规范违反

在民间融资犯罪社会危害性的判断问题上，应当旗帜鲜明地采用实质危害说而非规范违反说。也就是说，不应以民间融资单纯违背行政法和刑法规范为理由就对其进行犯罪化，考量的核心内容应该是这些行为不仅造成了民法意义上的损失，也实质性地破坏了金融交易的稳定关系。而且，即便将“秩序”作为社会危害性的一种体现方式，也要将“秩序”视为是确保金融交易安全的“秩序”而非官方的监管秩序。同时，这种“秩序”也必须与民事损失等结合起来进行评价。笔者之所以反对将单纯违背金融管理秩序的民间融资行为进行犯罪化，是因为，首先，民间融资违法和民间融资犯罪都违背了金融管理秩序，在规范违法的问题上，两者并没有多大区别。其次，将金融管理秩序视为独立的法益具有明显的所有者歧视的色彩，国有金融机构违背金融管理秩序的犯罪化面临着很大困难。再次，将金融管理秩序视为法益有许多方面都需要检讨，这些问题都增加了犯罪认定的复杂性。从实际情况看，“受‘半统制半市场化’经济体制的影响，我国传统金融刑法立法表现出了压制型法的典型特征，其强调对国家金融管理秩序的维护，却相对忽视了对投资者利益的平等保护和对金融市场发展的回应。在‘使市场在资源配置中起决定性作用’和‘鼓励金融创新’的时代背景下，金融刑法立法应该从压制型法的范式转换成回应型法的范式”。① 这就意味着，无论是民间融资经济立法还是民间融资刑事立法，都需要进行认真检讨。第一，从社会主义市场经济的角度看，无论是基于制度自由还是基于制度效率的视角，都应该强调金融主体的同等保护，保护国家的宏观调控政策和制度设计，都应服务于这一目的。也只有这样的制度设计，才能确保民间融资的健康、快速发展；也只有这样的制度设计，才能确保民间融资真正为经济发展服务。第二，民间融资市场作为经济市场的一个必不可少的部分，其运行主要遵循市场规则而非行政规

① 梅传强、张永强：《金融刑法的范式转换与立法实现——从“压制型法”到“回应型法”》，载《华东政法大学学报》2017 年第 5 期，第 102 页。

则。所以，对民间融资的越轨治理主要应依靠行业自治、市场惩罚等市场化的规则而非行政力量，国家政策重在引导而非惩罚。从实际情况看，行业禁止和资格剥夺的效力要强过刑法制裁，这种市场化的惩戒方式不但时间持久，而且其对越轨行为人工作、生活的影响更具根本性。

从实质危害而不是规范违反的角度对民间融资越轨行为进行刑法判断具有重大的实践意义。首先，民间融资法律体系的欠缺使得国家只能通过抽象化的经济政策来实现对民间融资行为的调整。这种调整模式的弊端在于其无法整合相关的法律制度对民间融资进行规范。这就意味着民间融资随时有可能陷入违法犯罪的泥沼，因为从细密的法律法规中总能发现对民间融资不利的规定，这些规定足以将民间融资认定为违法犯罪。特别是，当下的行政、经济法律法规往往从国家利益至上的立场出发来进行制度设计，这就使民间融资及其行为越轨面临更加不利的地位。而一旦从实质危害而不是规范违反的角度来审视民间融资越轨行为，就能在一定程度上避免行为评价的困境，确保民间融资和民营经济健康发展。其次，对犯罪实质危害的强调要求我们在民间融资犯罪的成立问题上持更加严谨的态度。从理论的角度讲，我们可以将危害结果的发生作为犯罪成立的条件，只有危害结果出现才能构成民间融资犯罪。另一方面，我们也可以将民间融资犯罪的既遂形态确定为结果犯。即便危害结果没有发生，也可以视为民间融资犯罪已经成立，只是其行为出现了停止形态。以上代表了民间融资犯罪化的两种立场。这两种入罪思路的共同点在于都重视对犯罪行为和犯罪结果的双重判断，其区别是前者更加突出了犯罪的谦抑性。但无论是哪一种方式，都使我们使对民间融资犯罪的判定变得更加科学和规范。

（三）要高度重视刑法处遇的效率

也就是说，即便按照刑法条文的规定能够将行为认定成为犯罪，只要这种处理方式不具备效率，就应该按照刑法出罪或刑罚减轻的规定进行处理。之所以做此处理，是因为，民间融资犯罪并非孤立存在，其很可能是作为民间融资的一环而存在着，一旦将民间融资犯罪剥离开来进行孤立性的处理，就意味着与此联系的民间融资行为无法正常进行下去。这种处理模式很容易导致整个金融环节出现问题，其不但导致民间融资资金链断裂从而影响罪犯的偿债能力，更使得其正常的生产经营无法进一步维持。而一旦我们对其出罪或在刑罚处理上进行变通，就可避免此种情况的发生，这是刑法人性化的表现，更是对相关主体财产权利的全面维护。因为，民间融资犯罪涉及的利益主体众多，他们的经济利益与罪犯紧密相连，他们关注的重点是其经济损失能否挽回，而非罪犯是否真正受到刑罚制裁。

二、预防重于打击

（一）预防犯罪是刑法的最终目的

犯罪预防向来是刑法运作的最终目的。对民间融资犯罪而言，也同样如此。之所以要重视犯罪预防的理念，根本原因在于：

1. 民间融资犯罪行为本身和刑法中对应的罪名都有需要检讨的地方

对行为性质的判断和对制度的配置是一项具有时代性的、极富挑战意义的任务。今天可能是犯罪的民间融资行为，明天很可能就会随制度和时代的变化被国家认可。所以，对包括民间融资犯罪在内的经济犯罪要充分包容，而包容的形式就是减轻对其进行的不必要的恶害评价。这种处理模式也能够限缩犯罪圈，从而减少“实然”犯罪。

2. 刑法不但是震慑犯罪的工具，更是确保经济发展的积极力量、强大力量

树立犯罪预防的理念，不但能够援救罪犯，从而避免其再次犯罪；还能够给其他社会公众以积极指引，确保其不会重蹈覆辙。从制度经济学的角度看，刑法作为一种制度也是在进行行为引导，其不仅能够使罪犯清楚其行为的恶害，也能够使其他人对犯罪的影响产生明确的认识，从而对其行为趋向发生作用。从实践情况看，绝大部分人都是风险中立者和风险规避者，其有很强的趋利避害的思想。一旦其对犯罪确立了正确的评价，就能够引导其远离犯罪。

3. 犯罪预防观念的强化对民间融资犯罪的相关主体都有意义，相关主体的共同努力对压制犯罪成立具有很强的作用

因为，民间融资犯罪发生在民间融资中的不同层级的出资人和受资人之间。在犯罪的过程中，往往是受资人开出诱人的、高息条件，从而吸纳出资人不断地将自有资金和通过不同途径吸纳来的他人资金投给受资人。在这一自己的往返循

环中，受资人一旦资金断裂，就很容易被犯罪化。所以，在民间融资犯罪的现实认定中，不仅包含受资人纯粹的资金诈骗行为，也包含受资人吸纳资金后因生产困境而无法还款的行为。从这个角度看，强化犯罪预防的观念不仅能够使受资人谨慎吸纳、利用资金，也能够强化其生产经营的风险意识。另外，强化犯罪预防观念也能够进一步规范出资人的行为。因为，在民间融资犯罪的形成过程中，出资人往往存在重大过错，其往往对受资人资金断裂和资金循环难以为继的情况心知肚明，其在明知存在损失可能性的情况下仍然在高利诱惑下将资金投给受资人，这也意味着出资人对犯罪的产生也起着推波助澜的作用。所以，有必要强化对出资人行为的法律评价，将其行为的刑法意义予以全面评估，并相应克减受资人的刑事责任。强化出资人的犯罪预防观念意味着使他们能够对自己的资金出借行为予以规范，从而从源头上杜绝民间融资犯罪的漏洞，降低发生法律的概率，减轻其社会危害性。

（二）打击的目的是为了预防

1. 打击是刑法控制的手段而非目的

事实上，刑法不仅仅是打击，还有规范、教育、引导等功能。如，通过定罪处罚，可以确立正常行为的标准，使绝大部分人不至于犯罪；通过对罪犯的罪刑宣判，可以对社会上的不稳定分子产生震慑，也可以教育其他人不铤而走险。而刑法的所有功能都是为着犯罪预防目的的。因为，犯罪是背离社会的行为，其作为一种无效率的行为无助于社会整体福利的增加。只有通过制度化的形式使人们同这种行为进行切割，才能确保社会福利的实现。也正是从此意义上讲，犯罪预防也是为财富创造提供条件。

2. 打击偏离对犯罪预防的消极影响

刑法打击偏离对犯罪预防造成的恶害恰恰证明了犯罪预防的存在价值。一旦刑法打击偏离了犯罪预防的目标就会造成恶劣的影响。一方面，如果刑法打击的力度过大，就意味着其不恰当地介入了其他制度规范可以调整的领域，这不仅意味着刑法资源的浪费，更意味着其侵害了正常的法益，对自由、正义都构成了调整。另一方面，如果刑法打击过轻，就意味着其效率低下，没有承担其职责使命。这就无法使罪犯和社会公众产生基本的法律敬畏，势必会助长犯罪的大量发生，其对国家秩序的维护和个体利益的保护都构成了强烈威胁。最为重要的是，刑法打击的偏离使罪刑对价、平衡的规则形成了挑战。由于国家的刑法资源配置无法实现优化配置，就意味着犯罪防控出现了偏差和缺位。这不但违背了刑法规定，也违背了市场所要求的公平交易的规则。按照市场理论，一旦刑法供需失衡，被害人、罪犯、国家三者的均衡关系就会打破，他们不得不再次博弈，由于超出了彼此的行为预期，博弈就无法实现共赢。

3. 刑法打击具有局限性

事实上，不仅打击偏离会产生消极影响，即便依法打击也未必能够产生理想效果。因为，人的行为受制于各自的理性认识、生活环境、知识结构、能力水平。不同的人，对罪刑的评价未必一致，这就意味着刑法打击对不同的人可能会产生不同效果。从犯罪预防的目的出发，这就要求我们在具体的个案判决中要兼顾人的个别化和具体性，从罪犯的个性特征出发来设置个别化的处遇方案。另外，刑法作为社会控制的一种手段，其无法解决产生犯罪的根源性问题，这也决定了其在犯罪治理方面的局限性。比如，一旦民间融资犯罪形成，司法机关只能对其犯罪行为进行定罪处罚，其无法根除民间融资犯罪的发生土壤。而非常现实的问题是，只要我们无法对催生民间融资犯罪的条件进行深度改造，就无法避免类似案件的持续发生，这是刑法的无奈，也是其他制度能够充分发挥作用的条件所在。

（三）预防犯罪要有效率

“单从犯罪经济学角度分析，完全阻止任何犯罪是根本没有必要的。总是会存在某个均衡点，这个均衡点决定了犯罪预防活动应该达到什么水平，超出这个水平，社会总福利反而会下降。”① 所以说，对民间融资犯罪的预防也必须包含效率的观念，之所以持此立场，是因为：首先，对民间融资及其越轨行为的认识是一个动态的过程，对其进行认定的依据也在发生着变化，这一切都服务于增加社会总福利的目标。只要从规制成本和规制收益对比的角度能够增加社会总福利，就要尽可能减少对民间融资犯罪的干预力度，从而激活民间融资的力量服务

① 周维明：《从犯罪经济学的角度分析犯罪预防》，载《未来与发展》2014 年第 6 期，第 37 页。

于经济社会发展。其次，对民间融资犯罪的调整也存在一个均衡点，这个均衡点意味着刑法规制的边界成本正好等于其边界收益。从现实的角度看，虽然刑法规制经常偏离这个均衡点，但我们仍然能够使刑法配置朝着均衡的方向无限接近。这也能够说明，过低地或过高地进行刑法干预都存在问题。再次，国家对民间融资的调整和干预总是从宏观角度着眼，其无法对具体的行为逐个进行干预。这也表明，只要民间融资存在，局部的、个体的民间融资活动都有可能偏离正常的轨道，从而滑向违法犯罪。对这些个别化的、不具有普遍意义的民间融资越轨行为进行干预可能无碍于社会总福利的增加，但对其进行刑法干预却不得不支付成本，所以，从此角度考虑，也有必要限制刑法的触角，将有限的刑法资源配置到更有益的方面。最后，从社会治理的角度看，乡规民约、行业自治规则、关系网络、伦理道德是低成本、高收益的行为规制手段，其对民间融资违法犯罪的治理很可能比刑法更有效。从此角度讲，也有必要将犯罪防控的使命托付给这些社会资本来完成。特别是，社会资本介入的有效性不仅表现为能够对民间融资违法犯罪的直接结果进行修复，还表现为它能进一步固化已经形成的治理机制，通过往返循环使得治理的成本更低、效果更优；更表现为其能够进一步激发社会资本的活动能力，使其治理范围向更广领域渗透，从而节约刑法规制的成本，提升其整体治理的效率。

三、严管胜于重罚

（一）价值的比较

“潜在犯罪人被惩罚的概率和被惩罚的严厉程度都极大地影响了其犯罪成本，因而提高惩罚概率或惩罚严厉程度都能够威慑潜在犯罪人，产生威慑效应。”①但，严管却胜于重罚。严管意味着对民间融资严重越轨行为都要借助于刑事立法进行规定，它主要是指要从立法范围的层面避免出现漏网之鱼。而重罚则指在犯罪化之后从重对罪犯的犯罪行为进行处罚。笔者之所以主张严管胜于重罚，其理由主要是：首先，市场交易遵循等价原则，对民间融资严重越轨只需要从罪刑相称的角度进行犯罪化和刑罚化即可，通过“严管”可以确保行为纳入刑法调整，

① 陈屹立：《犯罪经济学研究新进展》，载《经济学动态》2007年第12期，第70页。

但“重罚”却背离了罪刑相称的基本原则。其次，“严管”的重要性在于其遵循了市场主体交易的规律和对市场交易进行监管的规律，交互适用了市场的“无形之手”和政府的“有形之手”，使得民间融资犯罪的消费者都实现了消费者剩余。“重罚”的问题是，既背离了市场交易的等价规律，又造成了政府不公正调控的印象，给国家、罪犯、社会都造成了不良影响。国家不必要地负载了经济成本，还面临司法权威的挑战；罪犯超出了心理承受的应有预期，从而抵触、反抗行为改造；社会无法对制度的公正性产生认同，从而增加了社会治理的成本。最后，“严管”具有可逆转性，或者说对民间融资犯罪化后能够低成本地进行出罪，但“重罚”结果的可逆转性不强，重罚之后进行影响的消除是一项非常困难的工作。而且，人一旦被严刑峻法就很容易脱离正常的人格，无法实现向社会的复归。这不但是对人的过度摧残，也意味着社会劳动资源的不必要的浪费，毕竟，与在监狱中服刑不同，人在正常社会中创造的价值更为重大。

（二）如何严管

“对一种犯罪的预防，要么借助增大隐瞒该犯罪的困难，要么借助向众多的人提供一种预防该犯罪的直接利益。”① 增大隐瞒民间融资犯罪的困难的方法是提高定罪概率、提高定罪的及时性。赋予众人预防犯罪之利从而更好地预防犯罪的方法是创设基于行为的连带责任。

1. 提高犯罪的预期刑罚成本

“犯罪的预期成本可以分为两类：一类是预期刑罚成本，另一类是预期机会成本。”② 预期刑罚成本就是犯罪人未来可能因犯罪而遭受的刑罚处罚，其主要由定罪概率和刑罚严厉程度两个因素决定。要严管民间融资犯罪，最重要的是提高定罪概率。提高了定罪概率，就意味着民间融资犯罪行为都会被刑法评价，从而使众人都能对刑法保持敬畏，对犯罪行为实现远离。之所以要强调提高民间融资犯罪的定罪概率，是因为民间融资犯罪是一项图利型犯罪，而犯罪化后必然使其犯罪的能力受到限制。特别是，在刑事责任日益完善的情况下，定罪就意味着

① ［英］吉米·边沁：《立法理论》，李贵方等译，中国人民公安大学出版社 1993 年版，第 470~471 页。

② 沈海平：《寻求有效率的惩罚——对犯罪刑罚问题的经济分析》，中国人民公安大学出版社 2009 年版，第 139 页。

自由的丧失和再犯资格、能力的限制或剥夺，这都直接限制了其犯罪的冲动。而且，随着民间融资监控体系的完善和银行资金追踪系统的高度技术化，民间融资犯罪的资金冻结和清算体制都会很好地运营起来，这就压制了罪犯逃避追究的空间。所以，要提高罪犯的预期刑罚成本，就必须在提高定罪概率上多做文章。

需要指出的是，迟到的正义非正义。在提高定罪概率的同时还要提高定罪的及时性，以减少罪犯转移资金的机会，确保民间融资犯罪被害人的经济利益及时、全部得到赔偿。因为，时间也是财富、时间也是生产力，生产力发展的水平不仅受制于经济资源的数量，还受制于经济资源投入生产经营的速度。

2. 提高犯罪的预期机会成本

犯罪的预期机会成本指罪犯复归社会后因犯罪可能承担的消极后果。这种后果实际上就是罪犯因犯罪而携带的“标签”，这可以表现为罪犯因犯罪无法再找到满意的工作，也可以表现为罪犯因前科影响其子女升入特定类型的学校或者无法进入公务员队伍。从长远的角度看，提高犯罪的预期机会成本甚至比提高犯罪的预期刑罚成本更为有效，因为其广泛地影响到了罪犯及其亲属的各方面发展。这种恶害既表现为对罪犯整体生活能力的削弱，也表现为对其亲属的持久的影响。提高民间融资犯罪的预期机会成本的作用在于，它基本上隔断了罪犯从事资金融通的空间，也使其营业能力大受削弱。因为，一旦其民间融资犯罪被追究，不但其犯罪行为被追究，其正常的生产经营也可能会陷入困境，更别说其因遭受资格刑处罚而无法在复归社会后再次从事同类业务。

3. 创设基于行为的连带责任

“（古代）以保甲和连坐为重要内容的连带责任，是小政府在有限的信息约束下控制大国家的有效手段……基于行为的连带在中国历史上是非常发达的。古代的职务连带就可以理解为一种基于行为的连带责任：如果一个单位没有履行职责，那么负有职责的人对失职承担责任，这是一种‘因事连坐’。”① 事实上，无论是古代还是当代社会，行为人的信息成本都非常高昂，对行为人信息成本和行为责任的关注程度如何直接影响刑事立法的科学性。就民间融资犯罪而言，要预防犯罪的发生，就必须高度重视出资人对受资人的认知和监控，并形成对受资人

① 张维迎、邓峰：《信息、激励与连带责任——对中国古代连坐、保甲制度的法和经济学解释》，载《中国社会科学》2003 年第 3 期，第 102~106 页。

的有效约束。这一方面要求健全行政、经济法律法规，明确受资人资格、建立中介平台、形成有效担保制度。另一方面，还要求进一步规范受资人和相关主体的连带责任，从而扩大市场监督的范围，确保受资人行为的合法性尤其是刑事合法性。

第二节　刑事立法政策

在刑事立法政策上，需要强调的是，要将人视为具有一定理性预期的人；在是否犯罪化和是否刑罚化上，要坚持刑法谦抑原则；在已经犯罪化的前提下，刑法要“严而不厉”。

一、人是具有“相对理性”的人

包括经济学、刑法学在内的社会科学都是将人定义为具有“相对理性”的人，经济制度、法律制度也是以此为基点和前提进行规范建构的。在对制度框架内的“人”定位时，要检讨两类错误认识，一类是将人视为完全理性的人，另一类是片面降低对人的理性的要求。这两方面都会限制对民间融资犯罪主体的正确认识。除此之外，在利用网络人工智能进行融资诈骗的犯罪中，还存在能否将人工智能作为犯罪主体来对待的问题。如果将人工智能视为有别于自然人和单位的独立犯罪主体，就意味着民间融资犯罪的主体将有新的类型，这不但影响到民间融资刑事立法，也影响到民间融资行政立法的走向。所以，有必要对人工智能的主体地位问题进行专项研究。

从理论的角度看，人工智能可以从两个方面进行理解。一种将人工智能理解为对人的意识、思维的模拟及应用；另一种指承载这种模拟和应用功能的物质性工具。本书指后面一种，将人工智能称为具有类人类功能的物质性工具。按照人工智能的“思维”和能力成熟程度，人工智能还可以分为弱人工智能和强人工智能。弱人工智能指仍然受人类程序支配、不具有自我意识的机器。而强人工智能则指具有自我理性认识的机器。虽然不能排斥将来可能出现强人工智能，但当下的人工智能主要还是弱人工智能，笔者也是在弱人工智能的语境下讨论问题。

“人工智能不仅使计算机信息系统升级为人工智能系统，成为智能计算机，还凭借其三大技术支撑（大数据、新算法、超级计算能力）和六大主要应用（自然语言处理、语音识别、计算机视觉、图像识别、机器人、无人驾驶汽车）将在传统互联网与工业物联网之间架构‘类互联网大脑’模型。总之，人工智能技术在互联网‘网络化’‘数字化’的滋养下逐渐走向成熟，反过来又反哺推动着互联网进一步向‘智能化’迈进。”① 人工智能时代的到来对法理学和部门法学都形成了挑战。它给刑法学理论和刑法制度带来的冲击在于：人工智能造成的危害到底是人的行为还是应当归结为机器本身？如果能够将人工智能作为独立的犯罪主体看待，又该如何实现法律评判与传统犯罪主体理论的契合？如果犯罪主体仍然是传统刑法理论中的自然人或单位，又该对其刑事责任承担进行比例分配，归责的理论基础是什么，犯罪化的范围和罪名又该如何确定？很明显，要解决这些问题，就必须首先对人工智能的主体性问题进行研究。

（一）人工智能的主体性问题

按照传统刑法学理论，能够纳入刑法评价的犯罪行为必须是人的行为，只有能够产生社会认知，对行为的性质和结果具有认识和预期的人才能具备刑事责任的基础。即便是作为犯罪主体的单位，也是在自然人基础上形成的，其成立的条件也是对单位的行为可以进行自然人意义上的责任追究。所以，从此意义上讲，单位也无非是自然人的复合而已。从经济学的视角看，也是如此，作为经济单位的家庭、企业也都是在个体成员的基础上扩展、演绎而成的。从哲学的角度看，能够被法律评价的人也必须是具备社会意义的人。也就是说，犯罪主体必须是具备社会实践性的人，他能够有意识地、自觉地实现对现实世界的改造，并通过这种改造行为来对社会关系和他人产生影响。犯罪主体的行为必须具有强烈的自觉性、能动性和改造性。

所以，从传统的理论角度看，人工智能的犯罪主体地位很难得到确认。首先，人工智能无法归结为传统刑法理论中的犯罪主体。一方面，其不是具备生理属性的自然人；另一方面，其也无法被认定成作为自然人集合的单位。人工智能本质上仍然是受人类控制和支配的工具，不能因为其巨大的行动能力就可以被赋

---

① 高铭暄、王红：《互联网+人工智能全新时代的刑事风险与犯罪类型化分析》，载《暨南学报（哲学社会科学版）》2018年第9期，第2页。

予人的属性。其不但无法自觉地进行自我意识，也对自身行动的社会意义缺乏理解，对危害行为也缺乏真正的罪错。由于人工智能无法实践人的本质性规定，所以，它就无法被纳入人的评价体系，这是否认人工智能主体性的一个重要方面。

其次，哲学的考察也进一步强化了对人工智能的非主体性评价。第一，时至今日，哲学的思索基本上都是围绕着如何增进人的幸福展开的，除了宗教神学，哲学并未赋予其他主体的本体性地位。这是考量问题的一个重要基点。第一，从行为后果上看，人工智能对世界的加工具有机械性、盲目性，其无法考量行为对自身、对其他现象、对社会、对人类究竟会带来什么影响，这就鲜明地体现了其行为的工具性。由于无法赋予人工智能以社会性，就决定了无法对其行为进行社会危害性衡量，也无法将其后果做独立性评价。第二，从行为属性上看，“人的主体性主要表现在自觉性、能动性、创造性，机器人虽然也表现出了一定的这些特征，但表现出来的是被规定的自觉性、受限制的能动性、程式化的创造性”。①在行为表现上，人工智能与人的区别明显。它无法根据条件的变化进行主动“思考”，即便其根据程序设计能够完成自然人无法完成的任务，也不意味着其具备主体性。因为，这些机械式操作是人事先赋予的，它只是在机械地根据程序的指令行事。在人和人工智能的关系上，要牢记：“人是机器的尺度。（因为）人工智能在思维能力上无法超越人类思维和意识的整体性，对于感官和人脑的模拟仍处于机械化阶段，更不能产生人类主体性所依赖的社会关系和实践基础。因此人工智能无法复制、模拟和超越人类主体性。”②

再次，如果将人工智能视作犯罪主体，将对刑法学产生颠覆性影响。第一，如果人工智能的所谓“行为”能够被视为具备刑法效果的社会危害行为，那么，又有何理由不将人的无意识行为、受控制行为等不视作犯罪行为呢？起码，这些行为还是人的行为，其与人工智能的“行为”相比更加接近真实的犯罪行为。很显然，如果这个缺口被打开，建立在自然人行为评价基础上的刑法学理论将面临灭顶之灾。第二，有学者认为，“类人型人工智能实体与自然人的相似程度比动物、单位更高，包含法律设定主体的本质要素——理性，并具备侵犯法益的可能

① 王戴娜：《机器人主体性问题研究》，成都理工大学 2018 年硕士论文，第 19 页。

② 张劲松：《人是机器的尺度——论人工智能的人类主体性》，载《自然辩证法研究》2017 年第 1 期，第 49 页。

性，从而增强了赋予其刑事责任主体地位的必要性；从刑法内部构成的教义学层面分析，类人型人工智能实际具备刑法上的认知控制能力及受刑能力，能够成为刑事责任主体”。① 但这样一来，必将带来一系列的刑法问题。如，由于人工智能的罪过难以判断，是否需要引入严格责任？在何种样态下将人工智能确定为犯罪主体，又该在何种情况下将人工智能确定为犯罪对象，两者的区分标准又在哪里？第三，刑法评价是人对人的评价，如果丧失了伦理道德的属性，刑法就很容易沦为互相攻击的工具，其公正性、人道性必将丧失基础。这不仅是刑法的灾难，更是社会治理的灾难。还有，一旦人工智能成为刑法的立法主体，就必然会彻底颠覆、推翻人类的本体性地位，其影响令人不寒而栗。

最后，将人工视为犯罪主体并不符合制度节约和经济效率的目标。第一，一旦人工智能被视为犯罪主体，就意味着必须从人工智能的角度审视犯罪规定和刑罚配置，犯罪应该如何规定、刑罚如何配置能够符合人工智能犯罪规制的要求都将变得模糊不定，因为其心理预期和行动能力都有可能超越人类能够理解的范围，从人的视角对此问题进行审视很可能已经不再现实，这就无法与现行刑法契合，也使得犯罪预防变得不可能。很明显，这种处理方式已经背离了法律制度的基本目标。第二，一旦将人工智能视为犯罪主体，就意味着要对人工智能所能覆盖的所有技术性领域进行监控和法律评价，很明显，这需要巨大的成本支出。而事实上，这种支出没有必要且效果未必令人满意。因为，只要人工智能的技术可控，只要对人工智能的生产、销售、管理、使用人适度约束，就能避免人工智能的社会危害。专业人干专业事更符合效率的目标。第三，将人工智能定位为法律客体而非法律主体更有助于实现对人工智能的科学管理，也有助于现行法律制度的维持和运行。“在法律中只要将人工智能定义为‘对人类智能进行模拟的工具’，那么其就不会对现有法律体系中的法律主体产生任何影响，也能够避免人工智能对法律体系的冲击。”② 笔者之所以持此见解，主要是源于以下事实：一方面，即便人工智能得到了高度发展，通过技术性措施也能对其进行管理和控制，我们不必陷入不必要的恐惧。另一方面，人工智能造成社会危害的根本原因

① 王耀彬：《类人型人工智能实体的刑事责任主体资格审视》，载《西安交通大学学报（社会科学版）》2019 年第 1 期，第 138 页。

② 倪楠：《人工智能发展过程中的法律规制问题研究》，载《人文杂志》2018 年第 4 期，第 127 页。

并非是人工智能已经获取了可以与人的思维竞争的能力，而是因为我们并未完善人工智能研发、生产、检测、使用的方法，只要对其技术手段和法律控制全面强化，人工智能的消极性必定会得到控制和解决。而且，人工智能的问题只要在现有法律框架内得到解决，就没有必要另起炉灶创设专门的人工智能法律法规，这也是节省法律资源的必要措施。

（二）人工智能犯罪的归责条件

1. 行为必须产生社会风险

"作为纯粹知识探寻的人工智能研究，无法以任何理由来加以限制；然而，作为知识运用的人工智能实践，却因为会制造新的社会问题而需要法律应对，甚至因为引发了严重的危险，而成为被限制的对象。"① 需要指出的是，首先，人工智能产生的危害必须是人的不当行为引起了社会风险，不能是科技本身的技术风险。因为，科技本身就是双刃剑，如果有之得到就会造福人类；如果人类不当利用就会产生负面影响，乃至造成社会性灾难。所以，在人工智能犯罪中，必须是人不当利用人工智能造成了社会灾难，才能对犯罪行为进行追究。其次，即便是社会风险，也要考量行为规制的成本，只有在刑法规制具有效率的情况下，才能纳入刑法进行调整。"风险不等于危险，更不等于危害。在风险社会背景下分析人工智能的技术风险，最终还是为了回归到刑法的视域下讨论究竟哪些可能的风险才是具有刑法规范意义上的危险和危害。当且只有当这些风险现实地造成了损害或者具有造成损害的现实紧迫性，人工智能的刑事风险才正式拉开帷幕。"②

2. 必须有严重的社会危害性发生

首先，人工智能犯罪必须有现实的社会危害或者有产生严重危害的危险出现。这就在社会风险防控上更进了一步，要求我们用刑法学的专业视角仔细审视这种危害是否具有刑法评价的意义。只有能够从法益受损的角度和谦抑主义的立场都能够将行为进行刑法评价，才能对其进行犯罪化。特别是，要确立以结果犯为主、以具体危险犯为辅的既遂成立模式，以充分平衡社会安全维护和公民自由

① 陈景辉：《人工智能的法律挑战：应该从哪里开始?》，载《比较法研究》2018 年第 5 期，第 143 页。

② 高铭暄、王红：《互联网+人工智能全新时代的刑事风险与犯罪类型化分析》，载《暨南学报（哲学社会科学版）》2018 年第 9 期，第 6 页。

保障之间的关系。其次，人工智能产生的社会危害和行为的违法性必须能够归结到具体的人或者单位上。因为，“人工智能不具备独立于人类的权利和价值，在善恶观和伦理观上不具备与人类相当的认知水平，将人工智能拟制为犯罪主体的设想不具有合理性，且将加剧有组织的不负责任”。① 实际上，之所以要强调将人工智能造成的危害归结到人或单位上，不仅是因为人工智能的刑事责任能力存在问题，更重要的是此举能够强化人工智能创设者、管理者、使用者的责任。因为，实际上是他们的行为导致了人工智能的危害。再次，从制度经济的角度讲，人工智能犯罪的客体并非新类型，在已有的犯罪客体框架下能够很好地解决人工智能犯罪的犯罪客体归属问题，这也强化了人工智能的工具属性而非主体属性。比如，刘宪权教授主张在刑法中增设滥用人工智能罪和人工智能事故罪②，而在这两种犯罪中，前罪可以纳入妨害社会管理秩序罪，后罪则可以规定在危害公共安全罪中。不管是人们有意利用人工智能获取非法利益，抑或是因过失利用人工智能给社会造成了重大损害，依靠传统的犯罪客体理论都能很好地予以解释和评价。

3. 归责必须能够产生预防作用

必须指出，由于弱人工智能并非经济学意义上的相对理性的人，其也不具备刑法意义上的刑事责任能力，所以，对其进行刑事追究无法实现犯罪预防的目的。所以，必须将操纵弱人工智能的人视为犯罪主体，将人工智能作为犯罪工具看待。即便社会进入到了强人工智能时代，这种归责原则也具有合理性。毕竟，即便强人工智能的“智能”可以达到乃至超过了人类的认知能力，也不意味着人类无法对其控制。一方面，人类不可能研发、使用对其不利却无法掌控的人工智能；另一方面，如果人类真的对其无法掌控，如果人工智能的行为已经超越了人类刑法的控制，对其刑事归责也就没有了意义。因为，既然人工智能已经可以自己支配自己的命运，它又怎么会惧于人类社会的规则从而约束自己的手脚呢？有学者在讲到自动驾驶汽车能否构成交通肇事罪时认为，“自动驾驶汽车本身所引发的交通事故，能够构成交通肇事罪，对它的刑事处罚应设计为修改程序、永久

---

① 叶良芳、马路瑶：《风险社会视阈下人工智能犯罪的刑法应对》，载《浙江学刊》2018年第6期，第65页。

② 刘宪权：《人工智能时代的刑事风险与刑法应对》，载《紫光阁》2018年第5期，第89页。

销毁‘两阶层’惩治体系，并且二者的适用无顺序性，视自动驾驶汽车实际对公共道路交通安全所造成的法益侵害之大小择一适用”。① 笔者认为，学者的这种见解值得商榷。首先，当前的自动驾驶汽车未曾具备自我意识，将根本无法进行自我命运选择的机器视为独立的犯罪主体可能有违刑法的保守性。特别是，在其他法律尚未对人工智能实现全面调整的情况下，贸然进行刑法评价超越了刑法的应有能力。其次，时至今日，很少有国家的法律将自然人和单位之外的物质设施作为法律主体一体对待，违背对制度调整的通常认识会增加犯罪控制的成本。实际上，制度的严重差异会严重阻碍法律文化的交流，进一步增加国家司法合作的交易成本。再次，过度的超前立法往往难以应对科技伦理的责难。例如，2018年11月26日，贺建奎团队对外宣布，一对基因编辑婴儿诞生。随即，广东省对“基因编辑婴儿事件”展开调查。调查组认为，贺建奎团队的行为严重违背伦理道德和科研诚信，严重违反国家有关规定，在国内外造成恶劣影响。调查组对贺建奎及涉事人员和机构将依法依规严肃处理，涉嫌犯罪的将移交公安机关处理。该事件表明，因其后续的消极影响巨大，即便是对人类自身的基因改良都面临着伦理拷问和行为处罚，在短期内，人类又怎么会容忍创造新的社会主体来与人类竞争。最后，如果自动驾驶汽车已经具备乃至超越了人类的意识，那么他就能对犯罪的成本受益进行更有效率的计算，也意味着其能够铤而走险从事犯罪却不受任何制度限制，在此情况下，刑法的禁止效应和预防效应只能是纸上谈兵。很明显，一旦将人工智能视为新的犯罪主体，就意味着彻底颠覆了以人为本的刑法理念。这种颠覆性作用将使制度的正当性和确定性面临拷问。大到谁来刑事立法、司法、执法；小到如何对人工智能进行刑事处罚，修改程序、永久销毁等措施能否被视为刑罚种类都需要重新评价。

（三）人工智能犯罪的罪名确定

1. 犯罪主体的犯罪类型

（1）故意犯罪类型。首先是工具型故意犯罪，也就是单纯将人工智能作为犯罪工具的犯罪类型。当人工智能的设计者、生产者、销售者、所有者、管理者、

① 卢有学、窦泽正：《论刑法如何对自动驾驶进行规制——以交通肇事罪为视角》，载《学术交流》2018年第4期，第73页。

使用者将人工智能作为自己犯罪的工具使用时，操控人工智能的人无疑就是犯罪主体。其次是滥用职权类犯罪类型。需要强调的是，在人工智能犯罪中要突出对单位这一犯罪主体的惩治。因为，随着科技的发展和社会的变化，一些与人工智能相关的罪名很可能会面临罪刑的再评价、再调整。如，“交通肇事罪本是过失犯罪而非过失单位犯罪，但在自动驾驶造成交通事故的情形下，随着风险控制义务的转移，该罪（可能）由自然人犯罪过渡到单位犯罪，而制造商又不能适用原本惩罚自然人驾驶者的自由刑，故以罚金刑代替自由刑是落实主管人员和直接责任人员刑事责任的合理途径”。①

（2）过失犯罪类型。过失犯罪主要有两类：一类是研发者、管理者业务过失和所有者、使用者普通过失引致的犯罪。另一类是国家机关工作人员监管缺失引致的玩忽职守类犯罪。需要指出的是，与传统犯罪类型故意型犯罪居多、过失型犯罪相对较少不同，人工智能犯罪中过失型犯罪的比例很高。所以，要高度重视对过失型人工智能犯罪的惩治和预防。由于过失型犯罪主要表现为研发者、管理者的业务责任，所以，如何强化这类犯罪主体的责任意识和规范观念就显得非常迫切。只要我们细化前刑法制度中的行为规范并对其违法行为有效规制，就能牵住此类犯罪的牛鼻子。

有学者认为，“辅助驾驶型自动驾驶汽车的行为主体是辅助驾驶人，完全自动型自动驾驶汽车的行为主体是汽车生产商。在认定辅助驾驶型自动驾驶汽车造成的犯罪时，如果辅助驾驶人对自动驾驶汽车造成的他人伤亡、数额较大的财物毁坏存在直接故意或间接故意，其驾驶行为分别构成故意伤害罪、故意杀人罪、故意毁坏财物罪；如果他对自动驾驶汽车造成的他人伤亡具备轻率大意或过于自信的过失，其驾驶行为分别构成过失致人重伤罪、过失致人死亡罪。在认定完全自动型自动驾驶汽车造成的犯罪时，汽车生产商的行为只能构成过失致人死亡罪或过失致人重伤罪”。② 笔者赞同对辅助驾驶人刑事责任承担的分析，但认为，完全自动型自动驾驶汽车造成犯罪让汽车生产商承担过失致人死亡罪或过失致人重伤罪刑事责任的见解值得商榷。因为，第一，完全自动型自动驾驶汽车造成犯

① 卢有学、窦泽正：《论刑法如何对自动驾驶进行规制——以交通肇事罪为视角》，载《学术交流》2018 年第 4 期，第 77 页。

② 王德政：《人工智能时代的刑法关切：自动驾驶汽车造成的犯罪及其认定》，载《重庆大学学报（社会科学版）》2020 年第 3 期。

罪的原因可能非常复杂，不排除研发者、生产者、零件提供者、政府监管者行为叠加才产生犯罪的情况。在“多因一果”的犯罪中，刑法因果关系的认定非常具有挑战性。人工智能造成的重大损害无法等量地归结在相关主体上，哪些行为能够被认定为与犯罪结果具有刑法上的因果关系更是难以确定，所以，简单地将汽车生产商确定为犯罪主体未必合适。第二，即便能够将汽车生产商确定为犯罪主体，定罪量刑仍然会面临很大问题。特别是，在汽车生产商普遍是单位的现实背景下，无法将他们与自然人才能实行的过失致人死亡罪或过失致人重伤罪产生联结。

2. 罪名体系

由于人工智能犯罪的犯罪主体仍是自然人和单位，传统的刑法理论能够对其进行合理解释，所以，没有必要对刑法中的罪名体系进行根本性变革。“人工智能犯罪是与人工智能系统研发、提供、应用和管理相关的犯罪，刑法应当对其进行全过程、全面惩治，不仅应惩治侵害人工智能系统安全犯罪和智能化的传统犯罪，还应惩治利用人工智能侵犯个人信息的犯罪、独立的外围人工智能犯罪和违反人工智能安全管理义务的犯罪。”① 具体来说，首先，可以在危害公共犯罪中增设危害人工智能安全罪和人工智能事故罪。危害人工智能安全罪是故意犯罪，人工智能事故罪则是过失犯罪。需要指出的是，危害人工智能安全罪与妨害社会管理秩序罪中的非法侵入计算机信息系统罪、破坏计算机信息系统罪等罪名虽然可能有交叉，但却不会完全重合。因为，随着科技的发展，危害人工智能安全犯罪的对象绝不会局限于计算机这一范畴，此类犯罪侵害的犯罪客体也非社会管理秩序所能包容。

其次，在妨害社会管理秩序罪中增加滥用人工智能罪。之所以将此犯罪规定在妨害社会管理秩序罪而非危害公共安全罪中，是因为这一犯罪对公共安全的威胁不大，其侵犯的法益主要是国家进行社会管理的秩序。需要指出的人，有时犯罪主体的行为既构成滥用人工智能罪又构成传统犯罪，在此情况下，要按照想象竞合犯的处遇原则，从一重处理而非数罪并罚。

最后，在滥用职权罪、玩忽职守罪中增加人工智能监管渎职的犯罪行为，以

---

① 皮勇：《人工智能刑事法治的基本问题》，载《比较法研究》2018 年第 5 期，第 149 页。

强化国家机关中监管人员的法律责任。因为，“未来人工智能将普及社会化应用，防范滥用人工智能、维护人工智能安全管理秩序将成为智慧社会治理的重要内容。未来需要成立专门的国家管理部门监督管理人工智能系统的应用活动，调查、惩治人工智能违法犯罪活动，但是，由于人工智能系统数量大、种类多、技术性强、自主性程度差异大，相关部门难以直接管理所有人工智能系统，必须采用类似于网络社会治理的政府、相关服务提供者和用户共同治理的模式”。①

二、立法要体现谦抑性

（一）刑法谦抑的根据

刑法谦抑性是指，能够用行政法、民法等前刑法制度调整的行为要尽可能交由前刑法制度调整；凡是能够用较轻的罪刑措施解决的，就没有必要采取较重的制裁方法。刑法谦抑性意味着，刑法要充分体现制度补充性、最后性、经济性、不得已性的特点，在制度对比的基础上慎重选择。之所以强调刑法的谦抑运用，主要是基于下列几方面考虑：

1. 人性基础

人对自身行为成本收益对比的基础决定了其行为取向。特别是，对包括民间融资犯罪在内的经济犯罪而言，“任何涉足于经济活动的经营者，利润的吸引力远远超过刑罚的威慑力……刑罚在利润面前永远是微不足道的成本”。② 马克思也曾指出：“如果有10%的利润，它就保证到处被使用；有20%的利润，它就活跃起来；有50%的利润，它就铤而走险；为了100%的利润，它就敢践踏一切人间法律；有了300%以上的利润，资本就敢犯任何罪行，甚至冒绞首的危险。”③ 从现实情况看，人性的贪婪虽然会发展到无止境的地步，这种对道德伦理的背离甚至会远远超越正常人的行为预期，但制度规范仍然要停留在理性基础之上。首先，超越正常伦理、道德、法律制度的约束铤而走险绝非正常人的普遍性追求，

① 谢永江：《共同治理是网络空间治理的关键和基础》，参见 http://theory.gmw.cn/2016-11/16/content_22994351.htm.

② 唐稷尧：《困境与根源：刑法对经济犯罪的控制》，载《四川师范大学学报（社会科学版）》2001年第1期，第32~39页。

③ 《马克思恩格斯全集》（第17卷），人民出版社1964年版，第258页。

一般的社会大众仍然会坚持正常的价值评判标准。所以，从人性的角度看，对这些背离正常行为规则的人无论采用什么样的刑罚制裁都是无效的。既然会出现此种情况，就没有必要对其适用更重的刑罚，因为加之他们身上的刑罚无论多重，都无法实现犯罪预防的目的。而且，如果罪名过滥、刑罚过重，只能使遵纪守法或偶有过失的人产生深深的敌视和抵制，因为他们会感觉制度不公平、不公正。其次，犯罪预防是一个复杂的系统，除刑法外还存在各种各样的规制制度，这些规制制度甚至比刑罚更有规制效力，这是笔者强调必须对民间融资越轨行为进行有针对性的治理的重要原因。最后，罪犯改造和犯罪预防是一项具有挑战性的工作，措施的针对性、有效性是需要重点考虑的因素。只要无法对民间融资越轨行为有效禁止，只要无法从心理的层面震慑罪犯，一切工作尝试都存在着制度滥用和资源浪费的风险。民间融资犯罪之所以高发，不在于刑法的严厉性，而在于没有系统性的制度安排对其生产、生活能力予以有效禁止。

2. 民间融资犯罪发生原因的复杂性

意大利著名犯罪学家菲利指出，犯罪是由人类学因素、自然因素和社会因素综合作用而成的一种自然的社会现象；人之所以成为罪犯，并不是因为他要犯罪，而是由于他处于一定的物质和社会条件之下，罪恶的种子得以发芽、生长①。包括民间融资犯罪在内的经济犯罪之所以如此难以禁止，就源于其发生原因的复杂性。经济形势的剧烈变化、行政调控的滞后、立法的不健全和司法执法的差失、行为人扭曲的价值观、贪婪的物欲追求都会扩大经济犯罪的数量。由于刑法无法解决民间融资犯罪的根源性问题，所以，其对民间融资犯罪的规制效力必然要打折扣。

（1）催生民间融资犯罪的经济原因

“经济犯罪中的经济原因，是指由于经济制度以及社会生产、分配过程中产生的导致经济犯罪现象出现的各种因素，主要包括：经济制度中多元化经济成分因素、经济管理制度因素、分配制度因素、地区经济发展不平衡因素与市场经济自身因素等。”② 在民间融资犯罪中，对民营经济的歧视性对待和过度干预起了

① ［意］恩里科·菲利：《犯罪社会学》，中国人民公安大学出版社 1990 年版，第 23 页。

② 游小华、杨晓培：《经济犯罪的经济根源及相应预防》，载《企业经济》，2013 年第 10 期，第 185~188 页。

很大作用。第一，由于民营经济特别是其中的小微企业在资金获取方面面临着很大障碍，其无法像公有制经济主体那样能够从国有银行中获取足量资金维持生产经营，所以其只能通过民间融资的途径来缩小时间成本。但这又会面临另外一个问题，即民间融资的资金获取虽然便捷，但其利息却很高，这利息甚至隐含了出资人对本金可能丧失的事前保证，这就使得民间融资的利息远远高于正规金融的正常利息付出，这就增加了民间融资触发犯罪的风险。第二，由于民营经济生活在夹缝中间，谋生的不易和经营成果的不确定性进一步强化了其机会主义倾向，其希图通过钻制度漏洞的方式来谋取经济利益，这就使其行为很容易触犯非法经营罪、集资诈骗罪等罪名。第三，由于国家在具体的制度设计方面加重了民间融资的成本，所以，民间融资行为非常脆弱。一旦越轨行为产生连锁反应，势必会对整体的经济生活、社会秩序造成损害，这从根本上违背了国家经济干预的初衷。所以，“立于国家治理和完善社会主义市场经济法律制度的时代性要求，刑法在参与市场经济秩序的治理过程中，应与全面深化改革的总目标相适应，在规制经济领域中的犯罪时，消除公有经济与非公有经济二元对峙的立法观念，消解反映‘官尊民卑、公尊私卑’观念的制度安排”。①

（2）诱发民间融资犯罪的政治原因

“将具有一定社会危害性的经济违法行为规定为犯罪是一个国家政治活动的具体体现。经济犯罪的政治根源应是特指在政治活动过程中存在的与经济犯罪有关联的、客观性的政治因素，主要包括社会阶层结构、国家政策制定、官僚主义与官员腐败等因素。”② 首先，政策现行，法律滞后的情况使得民间融资行为极易被犯罪化。这可以借助 1997 年刑法中的投机倒把罪进行说明。1978 年以来，我国虽然从政策层面确立了改革开放的国策，但 1979 年的刑法仍然规定了投机倒把罪。该罪能够覆盖包括民间融资在内的违背具有计划经济色彩的行政法律法规的经济行为，所以，在那段时期，民间融资犯罪便变得非常常见。

其次，权力寻租和官员腐败也使得民间融资犯罪的认定具有非常功利的成

① 杨晓培、赵羚男：《论经济犯罪的政治根源及其相应规制》，载《求索》2013 年第 5 期，第 211~213 页。

② 张远煌、操宏均：《治理语境下刑法对市场经济秩序的非理性规制及其克服：以企业家犯罪实证考察为视角》，载《山东大学学报（哲学社会科学版）》2015 年第 5 期，第 68~79 页。

分。从实践中发现，有时民营经济成分比国有企业更有效率，遵循市场规律的民营经济成分也往往比其同行更加高效。利益的争端很容易撕裂社会关系。有意识地借助权力寻租的形式来进行不正当竞争成为可能。一旦出现了此种情况，就意味着民间融资的入罪率会大量上升，因为，民营经济大多都有通过民间融资发展自身能力的往事，这种经验使得其很难经得起法律查证，毕竟，民间融资的许多行为都游走在违法犯罪的边沿。一旦这些行为纳入了功利性的考量，其滑向犯罪的可能性就会增大。再次，与过去相比，国家对民间融资直接进行的政治干预变得越来越少，但对其进行经济干预的手段却变得越来越多。经济干预的增加很明显增大了其构成违法犯罪的空间。特别是在当下这个信息发达的时代，民营企业的资金融通很容易监控。这种监控虽然能够增加资金融通的透明度，但也使得企业经营的合规性面临着越来越多的挑战和批判。在这里，不但民间融资越轨行为很容易被认定为犯罪，企业的其他经营活动也很容易被犯罪化。

（3）助长民间融资犯罪的社会原因和文化原因

熟人文化和路径依赖进一步增加了民间融资犯罪成立的可能性。在过去，民间融资往往发生在特定地域、特定人际关系间，维持他的主要是熟人文化和团队性排斥。一旦民间融资出现了严重越轨，社会资本便会对其进行惩罚，而且这种惩罚的后果非常严重，以致可以达到剥夺行为人生存能力的状况。但现在与过去已经发生了巨大变化，出资人以及无法掌握受资人的信息和资金流转情况，原有的人际关系已经无法实现对民间融资越轨行为的严厉惩罚。所以，当出资人仍然停留在对过去融资规模、融资手段、约束机制的留恋而不能自拔时，其民间融资的本息往往会难以得到有效保障，这就进一步增加了民间融资犯罪的成罪空间。另外，民间融资犯罪难以有效控制也强化了其他人从事此类犯罪的决心。因为，一旦罪犯可以借助犯罪谋取暴利而不受惩罚，就会起到行动示范作用，就会坚定人们模仿犯罪的决心。这不仅体现为罪犯因行为惯性再次犯罪，也表现为其他人跃跃欲试、铤而走险。

3. 刑法作用的有限性

首先，刑法作用的有限性突出地表现为刑法无法解决民间融资犯罪的根源性问题。特别是，人类社会中总是存在着各种各样的矛盾，一种矛盾解决了，另外一种矛盾很快就会产生。经济犯罪和金融犯罪也是如此，他们都是经济越轨和金融越轨的表现。我们不能指望在短期内实现绝对的经济均衡。因为，“根据热力学第二定律，如果能量在宇宙间均匀分布，即宇宙间处处温度相等，就意味着宇宙的死亡。这是一个熵值最大状态，是德国物理学家克劳休斯所描述的‘热寂’或‘热寂’状态。社会也是如此。如果社会资源均匀分布，社会将不复存在。”① “如果从客观存在的角度看，犯罪现象与经济现象、政治现象是完全一样的，是伴随人类长期存在的现象。作为消极现象的犯罪现象，尽管人类千方百计地去打击和消除它，但是，在一定时期内，人类的这个愿望是不会实现的，减少是可能的、应该的，消除是办不到的。”② 其次，包括民间融资犯罪在内的经济犯罪具有超脱伦理评价的属性，特别是其中的白领犯罪实际上没有被视为真正的犯罪。故此，社会公众对此类犯罪缺乏应有的道义谴责，行为人对其犯罪行为也缺乏应有的羞耻感。特别是，在制度本身有违公正和效率的情况下，对制度公正性的怀疑会进一步坚定人们对犯罪和罪犯的同情。如，2003 年“孙大午非法吸收公众存款案”发生后，经济学家茅于轼评论说，孙大午表面上是违反了我国金融管制的规定，但他没有使任何人受损，倒是有许多人得益，这样的行为如果是犯罪的话，只能说法律有问题③。再次，对民间融资犯罪运用自由刑和生命刑进行规制面临着更多方面的挑战。这种挑战既包括罪刑是否对应、是否公正，也包括刑法制度配置是否能够收到应有的绩效。

（二）刑法谦抑性的基本要求

1. 恪守刑法基本原则

（1）坚持法治，全面贯彻罪刑法定原则。首先，要坚持将民间融资犯罪认定为法定犯，从而从民事行政违法和刑事违法双重性的角度提升犯罪认定的科学性。因为，民间融资犯罪作为经济犯罪的一种，是市场扭曲和国家干预失当的产物，只有将市场的“无形之手”和政府的“有形之手”协调起来，才能将犯罪规制控制在合理的范围之内。特别是，要深刻认识到民间融资犯罪的市场性特点，充分运用市场机制来对之进行调整和规范。其次，法律制度要对公有制和非

① 刘远：《金融欺诈的犯罪化限度及路径》，载《法治研究》2010 年第 10 期，第 26 页。

② 王牧：《新犯罪学》，高等教育出版社 2005 年版，第 7 页。

③ 茅于轼：《孙大午案揭示企业家命运的政治含义》，参见 http：//www.cenet.org.cn/article.asp?articleid=15366，2012-03-20。

公有制需要区别对待的内容和范围加以明确规定，规定的目的是合理划定对公有制进行特别对待的领域，确保在此领域之外所有经济成分都能平等竞争。在刑法中做此区分，就能避免不当地对民间融资做主体歧视，以确保民间融资活动不受肆意干涉和侵害。再次，要坚持将民间融资犯罪双重违法中的“法”界定为法律法规，避免降低法律的层次和等级，避免依据地方性规章、部门规章等将民间融资越轨行为犯罪化，从而最大限度地减少民间融资犯罪的数量。

（2）坚持公正，在运作中贯穿罪刑相适应原则。在行为经济学看来，“大多数人总是非常重视眼前效用的满足，而对未来可期待的效用缺乏耐心，也就是说在进行行为决策时，不会太多地去考虑未来的效用问题”①。也正是从这个角度，行为经济学将犯罪视为一种对未来效用的贴现。民间融资犯罪之所以发生，也有这方面的原因。出资人明知自己要的是高息，失去的可能是本金；受资人明知“拆东墙补西墙”的方式难以为继，仍然决意将行为继续下去，双方对“饮鸩止渴”乐此不疲，从而使犯罪一再上演。所以，在民间融资犯罪立法阶段，就要对罪责刑相适应原则了然于胸，对犯罪主体、犯罪对象的行为性质和影响因素充分考量，通过刑种和刑罚幅度的科学设计来贯彻好、落实好此项原则。

（3）坚持公平，深入贯彻刑法面前人人平等原则。反对特权、反对主体歧视是现代刑法精神的必然要求，也是经济市场和法律市场的共同要求。之所以要秉持此项原则，是因为，无论是民间融资市场还是正规金融市场，都是国家金融市场的有机组成部分，两者共同促进了国家的金融发展和经济发展。国家对两个市场的宏观调控绝非是为了“厚此薄彼”，而是为了充分发挥两者的优势，促进国家整体金融的提高。刑法深入贯彻人人平等原则，就要做到不论犯罪主体所有制性质如何，只要行为相同、结果相同就应当一体对待；只要各经济成分有助于生产力发展和社会进步，都要一体保护，避免其受不当侵害。

2. 穷尽前刑法制度

首先，与民间融资违法不同，民间融资犯罪的数量总是少数，但其破坏力却很大。所以，一定要重视犯罪数量和犯罪危害的双重视角，从行为对比的角度对民间融资犯罪从严控制，只有这样才能符合刑法谦抑主义的精神。其次，重视民

① 沈海平：《寻求有效率的惩罚——对犯罪刑罚问题的经济分析》，中国人民公安大学出版社 2009 年版，第 185 页。

间融资犯罪的前刑法治理也是基于此种犯罪的时代性特点。由于对民间融资越轨性质和违法方式的认定具有很强的时代性，所以，相应的民法行政法调整都可能会发生很大变化。这就要求我们根据这些变化重视刑法规范的重新建构。在法律二次建构的基础上来审视民间融资犯罪的双重违法性，以避免犯罪化与法律制度不相匹配的状况发生。再次，与前刑法制度不同，刑法制裁最为严厉，这也意味着对当事人关系的损害也最为严重。一旦纳入刑法进行调整，犯罪嫌疑人的生产经营能力必定受限且往往会面临破产的境地，受害人往往很难挽回经济损失。特别是，民间融资受资人往往是通过个人魅力来进行生产经营，一旦个人无法经营，其投入的资金往往无法获得经营收益，这就增加了受害人资金受偿的风险。最后，简单地将民间融资越轨行为交由刑法处理未必符合经济学原理，也不符合社会对制度调整的期望。因为，一旦配置刑事司法资源进行调整，司法机关就会尽可能通过犯罪化的方式来获取收益。这种收益或来自民众的赞赏认可，或来自更多司法资源的调拨和人员提拔。这都会增加法律资源的开支，这种开支却未必有好的收益，这种模式往往会增加犯罪化的泛滥和冤案的发生。

笔者赞同通过非犯罪化、非刑罚化来减少刑法调整的成本，更赞同将大量的民间融资违法行为交由民法、行政法调整。一方面，与司法基本不同，债权人和行政机关具有更强的行为介入上的激励。债权人更有效率的介入能够确保其获得自己的本金和利息，行政机关能够从对民间融资的干预中获取税费和执法权威，这些介入需要的成本主要是社会资本和较低的行政成本，行为介入具有很强的经济性。另一方面，与司法资源相比，社会资本和行政资源更为丰富，这种资源配置是与民间融资越轨行为绝大多数都是违法行为紧密相关的。所以，从资源有限性的角度看，刑法也要限缩其触角，只有在迫不得已的情况下才能对民间融资严重越轨行为进行犯罪化。限缩刑法触角的合理性在于：既确保了刑法的权威和威慑功能的最大程度的实现，也对权利保障和经济自由进行了弘扬。

3. 对社会危害性全面把握

从民间融资犯罪的罪名构成中不难发现，立法机关在入罪问题上更倾向于对非法吸收公众存款、集资诈骗经济数额的计算，但这些经济数额却未必是行为所带来的经济损失。所以，要对民间融资犯罪所致的损害进行实质性理解，不能从规范违反的角度进行简单定性。同时，对民间融资犯罪的社会危害性还必须全面把握，既要对现实的物质损失进行评估，也要对金融交易秩序而非单纯的金融管理秩序的损害进行客观衡量，还要对被害人的间接危害（如，被害人自杀、自残，精神分裂等）考虑进去。只有这样，才能对民间融资犯罪作出科学的定性和处罚。在此过程中，需要重点明确下列内容：

首先，要从肯定民间融资的角度出发来看待民间融资犯罪。也就是说，民间融资犯罪并非像盗窃那样原始意义上的"恶"，惩罚的并非是民间融资，而是对民间融资进行侵害的行为。强化这种价值立场的初衷在于，"随着银行业的兴盛，商业银行、城市银行等逐渐成为经济发展的助力者，这一群体的扩充，使得这一集团利益的维护成为重要的社会需求，这也就必然造成了在社会危害性判断主体上的摇摆衡量（通常来说，价值主体应当为社会主流文化群体）。具体到金融领域，金融利益团体的偏好选择将直接影响主流文化群体的决断。这就从实质上将社会危害性判断的主体进行了变异，成为金融利益团体的判断"。① 只要我们正视民间融资的积极作用，就能切实避免将民间融资与民间融资越轨行为混为一谈，从而进行无原则的打击。其次，要通过技术性措施对非经济性危害纳入犯罪构成中或在刑事责任中进行强化（比如，作为从重的法定量刑情节予以规定），如此，才能体现制度调整的科学性、全面性、公正性。最后，社会危害性不但影响定罪，也影响量刑。所以，在考量犯罪的社会危害性时切忌只考量罪犯本人的责任而忽略被害人过错等情节。只有将被害人过错纳入对犯罪的社会危害性评价，才能确保罪责刑相适应原则，也才能从更远上减少民间融资犯罪的发生。因为，在民间融资过程中，出资人和受资人的存在是确保资金供需均衡的重要条件，缺少任何一方都无法成立民间融资关系。在民间融资犯罪中，出资人对犯罪形成具有强烈的指引和刺激作用，其进一步强化了罪犯通过非法手段吸纳资金的决心。因为，出资人对高息的贪婪追求逐渐使其丧失对犯罪的警惕，也使得罪犯从事犯罪的成本更加低廉，收益更加巨大。特别是在出资人众多的情况下，群体性的无理性进一步降低了犯罪的门槛，给罪犯的活动提供了激励。只有让出资人承担必要的惩罚，减少群体性的收益预期，才能在资金供给侧切实增加犯罪难度，遏制犯罪泛滥的势头。

① 胡启忠：《经济刑法立法与经济犯罪处罚》，法律出版社 2010 年版，第 51 页。

三、“严而不厉”的规范化

“严指刑事法网严密，刑事责任严格；厉主要指刑罚苛厉，刑罚过重。”①“严而不厉”事实上就是指在定罪方面，要科学地进行犯罪化；在刑罚方面，要宽严相济，均衡适中。在民间融资犯罪的立法政策上，“严而不厉”主要通过下列几个方面来体现。

（一）立法模式之规范化

与传统犯罪不同，包括民间融资犯罪在内的经济犯罪具有特别的性质，所以，在国外，对经济犯罪的罪刑规范多采用刑法典、附属刑法、单行刑法同时规定的模式。但笔者认为，根据我国的实际，应该坚守刑法典集中规定的模式，不宜在附属刑法、单行刑法中规定经济犯罪的罪刑规范。而之所以有此见解，主要是基于以下情况：

1. 附属刑法的特征决定了其不应规定罪刑规范

首先，从概念上看，附属刑法，是指非刑事法律中有关犯罪及其处罚的规定；附属刑法不规定独立的法定刑，对于附属刑法的适用，最终应归结到其他刑法规范；如果其他刑法中没有相应的规定，即使存在附属刑法规定，也不能定罪处罚②。实际上，附属刑法不但没有独立的法定刑，而且往往还缺乏对犯罪构成的描述，所以，附属刑法本质上是一种引导刑法适用的规范，自身并非实质意义上的刑法，这也是笔者强调不应在附属刑法规定经济犯罪的原因所在。

其次，将经济犯罪集中规定在刑法典的专门章节中能够确保更有效率地实现对犯罪的惩罚和预防。一旦在附属刑法中规定了经济犯罪的罪刑内容，就意味着附属刑法具有了与刑法典一样的法律效力。这种情况不但容易产生不公，还会导致过度的犯罪化。第一，之所以称附属刑法，就是因为这些法律本身是民事、经济、行政等法律，且“附属刑法规范具有特殊性和优越性，它们均依附于各类经济法律之中，有着较强的专业特色和行业特色”，再加上其法律位阶较低，处于

① 储槐植：《严而不厉：为刑法修订设计政策思想》，载《北京大学学报（哲学社会科学版）》1989 年第 6 期，第 99 页。

② 黄京平：《刑法》（第三版），中国人民大学出版社 2008 年版，第 2 页。

经常修改变动中，这就使得法律适用的保守性大受打击，与国家对经济犯罪的谨慎立场大异其趣。在侵夺个体权益的同时，也会影响刑法适用的权威。这种消极后果，在刑法典与附属刑法条文直接冲突时表现得尤为明显。第二，在刑法中集中规定经济犯罪的罪刑条款的另外一个好处“就是只要查一查刑法典，就知道我国共有多少经济犯罪了。不必像国外有些国家那样，要查三大本附属刑法，即使专业人员也觉得头昏脑胀”。① 罪刑条款的集中和简练，能够使民间融资行为人对越轨的后果产生预期，从而使其能够远离犯罪的深渊。即便是对民间融资犯罪产生容忍心理，也能够避免其触犯更重的犯罪、遭受更重的刑罚。因为，罪犯也会从事行为的成本收益计量，其会将自己的行为和法律文本进行对应，从而尽可能地将行为的恶害控制在自己能够承受的范围之内。也正是从此意义上讲，我们能做的只是将民间融资犯罪控制在合理的范围内，而不是彻底地、全部地消灭所有的民间融资犯罪。

2. 采用单行刑法模式不符合我国现实

我们所讲的单行刑法是专门针对某一特定领域、特定对象的犯罪现象专门规定罪刑规范。从实际情况看，这种模式无法经得起历史检验。1979 年刑法典实施后我们确实颁行了相当数量的单行刑法，但这种单行刑法都融入 1997 年刑法中集中加以规定，单行刑法的弊端和刑法典的优越性不言自明。由于单行刑法都是权宜性、特殊性规定，其发展趋势终究是实现向刑法典的回归，所以，在立法技术日臻成熟的现在，不应将经济犯罪规定在单行刑法中。

另外，我国的单行刑法与国外不同。国外的单行刑法如 1954 德意志联邦共和国经济刑法实质上并非单行刑法，其实际上是我们所言的附属刑法，它规定的不仅有刑罚手段还有其他部门法责任，而且，其所规定的刑法措施实际上是我国的行政处罚措施，这些都能够进一步强化我们将经济犯罪的罪刑规范在刑法典中做集中规定的立场。

（二）犯罪构成之规范化

“严而不厉”对民间融资犯罪构成规范化的要求是：首先，刑法典、立法解释要明确规定区别民间融资违法与犯罪的犯罪构成，并尽可能地对犯罪构成的内

① 顾肖荣等：《经济刑法总论比较研究》，上海社会科学院出版社 2008 年版，第 69 页。

容和要素做详细描述，既确保不漏罪，也确保不能随意入罪。其次，对民间融资犯罪进行规定时，原则上应采用犯罪成立与否一次判定的立场，尽可能少地容纳犯罪停止形态。也就是说，在民间融资犯罪构成问题上，原则上考虑是否成立犯罪的问题即可；对极少数的、危害较大的犯罪，才考虑运用犯罪停止形态进行惩罚。再次，民间融资犯罪要采用“具体行为+行为后果”的描述形式。对具体行为的性质和法律属性要进行双重违法性判断，对行为后果要进行实质性评价。最后，对民间融资犯罪中的构成要素的事实解释和法律解释要进一步规范化。第一，要对解释的主体进行规范，确保只有全国人大常委会和最高人民法院、最高人民检察院的解释才有法律效力。第二，要对需要解释的内容进行规范，也就是说，只应对具备开放性的、刑法未明确规定的要素进行解释。

（三）刑罚配置之规范化

首先，要明确刑罚适用的必备条件，即要对罪犯科以刑罚需要具备如下条件：（1）在大部分人看来，行为给社会造成的威胁是显著的，社会的所有重要部分都不能容忍它；（2）对行为科处刑罚符合刑罚的目的；（3）对行为进行抑制不会导致禁止社会所期望的行为；（4）对行为科处的刑罚可以通过公平的、无差别的执行来处理；（5）用刑事程序来取缔行为不会在质和量上成为程序的加重负担；（6）对行为的处理不存在取代刑罚的适当方法①。其次，要根据民间融资犯罪的具体情况对应地进行刑罚改革。总体思想是：改变对包括民间融资犯罪在内的经济犯罪以自由刑规制为中心的立法传统，突出资格刑、财产刑的价值，广泛引入、采用保安处分制度。笔者之所以持此立场，是因为，第一，单纯的自由剥夺和限制都是权宜之计，其并不能隔绝、压制罪犯再次犯罪的冲动。特别是监狱羁押的方式，不但减损了犯罪改造的效果，还会造成交叉感染现象。第二，财产刑剥夺了罪犯二次犯罪可以借助的物质条件；资格刑剥夺、限制了罪犯从事二次犯罪的“资格准入”，使其犯罪环境、犯罪能力大受限制，这些都极大地震慑了罪犯的犯罪冲动。第三，保安处分不同于刑罚的地方在于其对罪犯的剥夺更为广泛，更加剧烈地影响罪犯和其亲属的生存、发展能力，所以其威慑力也更强。笔

① 转引自赵秉志：《外国刑法原理（大陆法系）》，中国人民大学出版社2004年版，第7页。

者认为，即便对民间融资犯罪短期无法减少自由刑适用，也要有意识地对刑事责任体系及其适用进行改造。其一，对情节较轻的民间融资犯罪可以采用社区矫正的措施。其二，在判处自由刑的同时可以优先考虑适用缓刑。其三，在判处刑罚后可以对自由刑执行犹豫，并以罪犯被判资格刑、财产刑的履行情况来决定是否有必要对原判自由刑实际执行。其四，当经济犯罪（包括民间融资犯罪）法定最高刑罚是三年以下有期徒刑时，应以财产刑、资格刑为中心，尽可能独立适用财产刑和资格刑，只有当确有必要适用自由刑时才并科适用；当最高刑罚是三年以上有期徒刑时，必须并科资格刑或财产刑。

第三节　刑事司法政策

一、实现法律价值的均衡

（一）民间融资制度配置的价值追求

民营经济已经在制度层面和理念层面获得了国家的认可，而民间融资作为促进民营经济健康发展的有益力量也必须得到充分尊重。在我国的社会主义市场经济体制下，民间融资制度配置的基本理念应当是：国家机关要切实转变职能，将保证民间融资的交易自由为工作重心，放弃、改变对金融活动过度干预的传统做法，将维护交易秩序、提供公平竞争环境等公共服务提上日程。而要切实实现上述理念，国家就必须均衡自由、秩序、正义、效率等社会价值，通过法律制度的创新将他们全面实现。

1. 自由价值

从法律层面上讲，自由意味着主体可以在法律允许的范围内自主实施能够产生社会效果的行为，这种行为往往通过法律规范中的行为模式进行固定。刑法要确保民间融资的自由价值，就必须剔除一切有碍于民间融资健康发展的不当罪名；司法机关要确保民间融资自由，就必须以谦抑主义为指导，切实避免冤假错案。同时，自由也并非没有法律界限，立法机关和司法机关都必须切实掌握民间融资的限度，既要对其中的严重越轨行为进行严厉打击，还要避免其他严重侵害民间融资的犯罪行为的发生。

确立自由价值的重大意义不仅在于能够实现主体自身的解放，还在于其能够在更大的范围内消除权力寻租导致的腐败。所以，对自由予以保障不仅是司法机关的事，更是立法机关乃至是所有国家机关的事。国家必须在更大范围内扩大金融交易的自由，以最大限度地减少权力寻租的空间。只有自由交易的范围足够大，权力不当介入的空间才能足够小，也才能最大限度地避免因腐败而压制民间融资的正常开展。

当前，司法机关对民间融资自由的侵犯主要表现为如下几个方面：首先，仍然以所有制歧视的眼光来看待民间融资中的越轨行为，将不该入罪的行为入罪，将该从轻处罚的行为从重处罚。其次，从权力寻租的角度考虑问题，主动、积极介入民间融资主体之间的纠纷和争端，利用司法权力干涉民间融资行为。要切实避免、减少此类现象，就必须从根源上着手。第一，通过法律确认民间融资的合法地位，并对相关主体的权利义务予以全面规定。因为，市场经济首先是法治经济，只有从法律层面赋予相关主体以自由权利，才能保证其金融交易的自由。第二，要重视民间融资市场交易的属性，将此类行为主要通过私法予以明确和规定。国家对民间融资主体的交易行为不能管制过严。对民间融资主体的过严管制不仅限制了融资双方按市场机制配置金融资源的自由，也是对公民财产自由处分权利的漠视。如果国家通过制度建设能够让市场主体通过竞争机制自主配置民间资金，就会催生多元化的金融市场的形成，这种融资市场对民营经济必然大有裨益。第三，要减少权力寻租和不当干预，就必须形成有限政府和有限的刑事司法。将政府建设成一个有利于促进民间融资市场健康发展的政府，将刑事司法机关塑造成一个民间融资的守护神而非破坏者。

2. 秩序价值

刑事司法机关要保护的秩序不应是国家的管理秩序而应该是有助于民间融资发展的交易秩序。也就是说，要通过制度建构和具体的刑事司法，形成一种不是管制民间融资而是激活民间融资的正常交易秩序。形成这种秩序的目的，绝非为了形成国家的金融垄断，而是为了建立多元的融资市场，从而服务于不同经济成分的协调发展。秩序价值的重要性在于：它能够形成一种理性预期和社会共识，从而减少行为的不确定性。从这个角度上讲，对民间融资犯罪进行刑法干预实际上提供了一个行为标准，这个行为标准直接影响到民间融资严重越轨行为是否应该被犯罪化。这样一来，就能减少人的机会主义，避免道德风险，引导人们将资源配置到更具效率的方面去。

3. 正义价值

在我国的社会主义市场经济条件下，除去一些关系国计民生的重大领域外，所有的经济主体、金融主体都应平等相待，不应按照规模大小、所有制性质的不同进行歧视性对待。由于法律框架内的所有的金融主体都是助推社会主义经济发展的重要力量，所以，国家有必要在更大范围内、采用更大的力度来推进金融改革，尽可能地为民间融资的健康发展提高保护，这不仅是社会主义市场经济的根本要求，也是实现正义价值的必要形式。

我国虽然在特定的历史时期对民间融资有过短暂的限制，但随着我国改革开放的逐步深入，随着历史条件的变化，国家已经将确保民间融资的健康发展作为一项重要任务提上了议事日程。从当下的情况看，调整金融布局、剔除一切有碍民间融资发展的消极因素已经成为共识。所以，我们不但要将民间融资与正规金融同等看待，消除不必要的歧视以实现对正义的初次分配，更要在民间融资遭受破坏的情况下给它以帮助和助力，以实现对正义的再次分配。

4. 效率价值

从经济学的角度看，效率指投入与产出的对比关系。法律的效率价值有经济效率、社会效率两重含义。所谓经济效率价值，指一项法律制度从比较的角度必须能够直接或间接地、更有力地促进生产力的发展。所谓社会效率价值，指法律制度能够更有效地促进社会治理以及公民权利保障等社会目标。具体到民间融资法律制度及其运行，其经济效率价值指通过法律的实施为社会提供可预期的、合理的、稳定的交易规则，从而减少交易费用，提高民间融资的质量。其社会效率价值指通过对相关主体权利的界定和对公权力运行的限制，打破垄断、协整社会关系。

效率是经济关系和法律关系普遍追求的目标。一个良好的经济体制必须要有高效的法律来促进经济的有序运转。因为，即便在社会主义市场经济体制下，市场本身也充满了不确定性。由于经济风险无处不在，就必须通过法律制度的制定和实施为人们提供稳定的交易信息，以增加对行为结果的预期，从而使人们对自己和他人的行为做合理的配置，将因不确定而致的经济风险降低到最低限度。当然，民间融资法律的制定和运行也都需要成本，但这些成本要远远低于因制度缺失给金融交易带来的损失，所以，有必要进一步强化民间融资法律制度建设，从而进一步提高制度的经济绩效。当下，民间融资成本过高的一项重要影响因素就是没有全面的、体系化的法律制度对之进行规范，以致使双方的博弈增加了行为成本。特别是，在法律缺失的情况下，很容易产生机会主义，引起道德风险，加大了民间融资出资人借助于高利率以止损的念头。但问题是，高利率客观上增加了受资人的经营风险，甚至使之处于无利可图的境地，这又使民间融资很容易滑向违法犯罪的深渊。

民间融资法律制度建设不仅是为了交易双方的利益，也是为了进一步改变我国金融市场的结构，从而增加社会的整体福利。与其他国家不同，我国的金融市场是基于政府特许的垄断性市场，这种市场的主要弊端是不合理地压制了其他金融主体的正当需求，既增加了权力寻租的可能，也降低了公有制金融机构参与金融竞争的积极性。刑事司法要保护和打击并重。一方面，要通过司法措施保护好有助于整体金融市场形成的民间融资行为；另一方面，也要对压制民间融资的权力寻租行为和恶意竞争行为从严打击，保证民间融资有充分的行动自由。

（二）价值均衡的实现

制度的价值是多样的，这不仅因为影响制度价值形成的因素众多，而且也因为主流价值判断要受到具有时代性的人的影响。所以，虽然自由、秩序、正义、效率都应是民间融资制度形成和运作过程中需要考虑的价值，但这些价值之间的地位也并非完全相同，彼此仍然有主次之分。首先，自由价值是民间融资制度配置时追求的首要价值。刑事司法也必须从服务于民间融资正常交易而不是压制民间融资的立场出发来看待问题。其次，对秩序价值的追求并非是为了谋取独立于社会的、单独的国家利益。国家确立的秩序是确保民间融资交易正常进行的交易秩序而非管制秩序。秩序的目标是为了防止权力或权利滥用，弥补交易主体自身的不足。以压制自由、歪曲正义、追求短期经济效益为目的的秩序实现与社会主义市场经济的要求必然背道而驰。再次，正义价值是评判民间融资法律制度是否均衡实现其他社会价值的标准，实现了价值均衡的民间融资法律制度必然是正义的。最后，效率的实现要以自由价值和正义价值为前提，没有交易自由与正义约束的制度不可能拥有持续性效率。

在民间融资犯罪刑事处遇中，需要重点强调的问题是：要坚持正义标准与效率标准的统一。为确保正义，就要在刑事司法中坚持罪刑法定原则、罪责刑相适应原则、刑法面前人人平等原则，确保定罪量刑的公正性、公平性、公开性。要将罪犯的罪前情节、罪中情节、罪后情节结合起来综合考虑，确保罪刑相适应、罪责相适应，真正将刑事法治的精神贯彻到每一个具体案件中。但是，公正总是需要成本的，资源的有限性决定了我们无法追求绝对的公正，需要以效率的眼光审视公正实现的程度。绝对的公正之所以不可取，一方面是因为案件的综合情节决定了无法实现罪刑绝对量的完全等值，另一方面是因为犯罪预防只能在边际成本等于边际收益的情况下收到理想效果。还有，对犯罪查缉是一项非常困难的工作，由于客观原因造成的证据湮灭是无法避免的情况，这就使刑事追诉无法进行下去，这就需要我们以效率的眼光审视刑事司法活动。

对犯罪定罪处罚涉及司法资源的有效利用问题。第一，强化对罪犯的追诉需要司法机关支出大量的物质资源。他意味着国家必须投入更大的司法资源和时间成本来从事这些工作。这不仅意味着要增加警察、检察官、法官的数量和工资，更意味着要承担更大的司法服务成本和时间。第二，强化司法追究意味着行为的机会成本巨大。因为，如果行为追究低效甚至无效，就意味着司法资源的浪费，这种浪费不仅体现为无法实现犯罪追究预防的效果，更意味着司法机关无法避免、减少另外一项因犯罪而带来的社会危害。第三，要高度重视刑事责任承担方式的多样化。民间融资犯罪与传统犯罪不同，民间融资行为不像盗窃、抢劫那样本身就具有“恶”的成分，其越轨行为之所以被纳入刑法行政法等部门法调整，主要原因是这些行为侵犯了国家所要求的“秩序”。由于民间融资犯罪某种意义上属于对国家治理的侵犯，所以，只要国家能够通过其他途径消解这种影响，就不应当借助于代价高昂的刑罚来打击。特别是，在国家治理方式存在缺陷的情况下，行为人违法犯罪的代价也应当由国家和社会适当承担。也正是基于此种原因，我们要积极寻求边际刑罚成本等于边际刑罚收益的均衡点，通过刑事责任承担形式的改革来完善民间融资犯罪的治理。

二、实现法律效果、政治效果、社会效果的统一

（一）发挥法官的刑事自由裁量权

“自由裁量权的运用是制度实施的重要环节，它既是法律制度转换为实施行动的过程，又是使这个社会充满人文关怀的重要原因。现代法治社会的建设既需要重视法律的完备程度，也离不开制度执行者在给点的法律规则基础上对法治向量所作的回应。”① 制度的刚性虽然能够增加人们对行为结果的预期，但对制度的细化需要大量的成本，而且，我们也无法将制度细化到能够与任何人的具体情况完全对应的程度，这种过于具体的制度既不现实，也无必要。因为，制度细化需要大量的成本，过高的成本不但由我们无法负载，也使得制度制定和执行缺乏效率性。国家不会为了细微的行为越轨进行无限的资源配置。这是制度过于刚性的缺陷，也是自由裁量权存在的重要根据。对民间融资犯罪而言，法官刑事自由裁量权的价值在于能够随时根据行政法、经济法的变化，对民间融资犯罪的罪刑结构进行符合时代的解读，这种解读和判决能够更加符合国家政策的需求，也能够更加符合社会经济的发展。

自由裁量权可以节省司法成本，有利于发挥主体的积极性、能动性从而更加便捷地将制度对应于动态的社会生活。对民间融资犯罪而言，发挥法官的刑事自由裁量权的目的不是为了迎合社会的非理性声音对民间融资进行惩罚和打击，而是为了体现限制权力肆意扩张的意图，毕竟，刑事责任对人的权利的剥夺最为严厉，甚至会严重到剥夺人的生命权的程度。要确保法官刑事自由裁量权的科学适用，就必须重视下列几个方面：

首先，确保刑事司法特别是刑事审判不受一切不当干预。虽然刑事审判也是社会化活动，影响法官定罪量刑自由裁量权的是案件的社会结构因素②。民间融资越轨行为是否应该被犯罪化也是一个社会性的判断过程，但要避免受非正常的、与行为社会危害性判断不具有因果关系的因素的左右。比如，舆论、民意都

① 闭明雄、杨春学：《自由裁量权的经济学分析》，载《经济学动态》2017 年第 12 期，第 49 页。

② 汪明亮：《定罪量刑的社会学模式》，中国人民公安大学出版社 2007 年版，第 3 页。

会一定程度上都会对刑事审判产生影响，但要注意对这些因素做客观的、准确的理解，避免其中的非理性的情感宣泄对法官的正常认知产生消极影响。也正是从此意义上讲，要实现社会效果、法律效果的统一，不仅要发挥好法官的刑事自由裁量权，使得刑事审判合法、合理，更要在社会主义核心价值观的塑造上着手、努力。

其次，在刑事自由裁量权发挥方面，不仅要塑造社会理性，也要在法官主体能力、素质提高上下功夫。第一，法官要提高业务能力，改进知识结构。特别是，从事经济审判的法官，要努力提高经济学、心理学知识素养，对刑事审判的效率提升下大功夫进行专项研究。第二，刑事法官要确保刑事裁量过程和结果符合法律的规定。也就是说，要从整体意义上来理解刑事法律，确保程序法、实体法适用都符合规定。要实现这些方面的统一，刑事法官就要牢固树立刑事一体化的思想，将犯罪学、犯罪心理学、刑法学、刑事诉讼法学统一起来进行研究，确保刑事判决既符合罪刑法定原则，也能够在犯罪预防和罪犯改造上取得突破。第三，法官对案件的裁量结果和论证理由必须体现出规范性和社会性的统一。也就是说，不能出现审判结论符合刑法规定却脱离社会认知的情况。法官和社会公众虽然在法律知识的掌握上存在区别，但这不意味着两者在行为评价问题上会出现截然不同的结论。笔者认为，法官只是在论证知识的创新上实现了突破，但他仍然是用专业的知识阐述广为接受的社会性结论。也正是从此意义上讲，法官只是更“专业”的社会公众。两者不但不对立，反而是彼此共融。这就要求，一方面，法官要深入社会，要善于洞悉和体察犯罪行为的社会意义和社会价值对该行为的一般性评判，另一方面，法官要把该行为的社会意义和价值进行法律意义上的再创造和再解读，以体现社会性和法律性的和谐互动。那种认为要保障刑罚自由裁量的科学性、规范性就必须尽量隔绝社会力量的见解存在着相当问题。因为，法官作为现实的人总是生活在社会中，他无法自我屏蔽社会舆论。同时，法官对民意诉求和社会舆论动向的把握和认知未必就会影响刑事自由裁量权的正常适用，毕竟，一旦基于自由裁量权基础之上的判决违背法律规定和主流价值，法官不但会遭受心理上的谴责，他还会面对党纪国法的严厉制裁。

（二）合理运用酌定减轻、酌定免除制度

在民间融资犯罪罪名确定后，就要考虑罪犯的刑事责任承担问题。从刑法谦

抑的立场看，如果无法对罪犯做免罪处理，就要设法在其刑事责任承担问题上做重点考量。而这其中，对罪犯的刑罚做酌定减轻、酌定免除处理是两项非常重要的措施。对罪犯做此处理的基本理由是：首先，民间融资本身不具有“恶”的成分，即便其行为严重越轨也并非完全是基于行为人的自愿。犯罪发生原因的复杂性减缓了对行为人恶害的评价，所以，有必要从具体分析、区别对待的角度出发来看待罪犯刑事责任的承担。其次，与传统犯罪不同，甚至也有异于一般的经济犯罪，民间融资犯罪更具时代性。某些民间融资犯罪甚至会在很短的时间内就会被认为是正当性行为，这就要求我们必须从刑事政策的角度对其行为的可谴责性作出适当的调整。再次，惩治民间融资犯罪的目的是使相关人员产生心理变化，从而克制犯罪的再次发生。如果惩罚无法使罪犯和被害人信服，就无法实现上述目的。特别是，如果一味惩戒罪犯从而使其无法修复犯罪后果，那么，不但使被害人的经济利益受损，也会泯灭罪犯复归社会的希望，从而使民间融资犯罪一再发生。

1. 民间融资犯罪酌定减轻的适用

要发挥酌定减轻在民间融资犯罪刑事责任承担上的作用，最为重要的是进一步软化其特殊适用的条件。也就是说，要对《刑法》第 63 条第 2 款适用刑罚减轻的“特殊情况”从宽解释。笔者认为，首先，增设一款作为《刑法》第 63 条第 3 款，规定：本条第二款所谓特殊情况是指事关国防、外交、民族、宗教、统战、经济等国家重大利益而由国家规定予以明确的情况，以及由立法解释、司法解释明确规定的情况。其次，将酌定减轻情节的核准权下放到高级人民法院而非统一在最高人民法院。之所以如此，是因为，第一，由于“特殊情况”的内涵和外延均已有明确规定，所以，对此情况判定和运用并不需要特别高深的技术能力，高级人民法院足可胜任。第二，与基层人民法院和中级人民法院不同，高级人民法院的地位非常重要。一系列重要的决策部署都由其上传下达或主要由其贯彻落实，所以，其地位非常重要。由高级人民法院对“特殊情况”进行核准，完全能够体现审核的权威性。第三，从实际情况看，最高人民法院的工作任务繁杂、繁重，由其进行审核的现实可能性并不大。倒不如下放权力，从根本上扭转核准权行使困难的被动局面。

2. 民间融资犯罪酌定免除的适用

在民间融资犯罪治理上，要遵循经济犯罪规制的一般规律，即在可能的情况下，要扩大非刑罚刑事责任形式适用的范围，避免将能够通过柔和手段治理的行为进行刑罚打击。毕竟，经济犯罪作为一类独特的犯罪，其自身的一些特性决定了适用非刑罚处罚可以取得较好的行刑效果与社会反映①。而在这其中，酌定免除制度是一项非常有力的举措。酌定免除制度不但有利于犯罪预防和罪犯改造，也能够节省刑法资源，从而确保更加有效地控制其他犯罪。笔者认为，有必要在立法解释或者司法解释中进一步明确《刑法》第 37 条刑罚酌定免除适用的条件，从而确保制度适用的规范性、科学性。这些条件主要包括如下几个方面：第一，犯罪的刑罚较轻，且主要是人身犯罪、财产犯罪、经济犯罪。一方面，犯罪的法定刑中主刑最高是有期徒刑三年以下且必须存在有其他的主刑或附加刑②；另一方面，由于《刑法》第 37 条规定的非刑罚处罚方法主要是对人身、财产损害进行补救，所以，相应犯罪侵犯的客体必然要以人身权利、财产权利、经济秩序为主，也正是从此意义上讲，对包括民间融资犯罪在内的经济犯罪要尽可能多地考虑运用刑罚酌定免除制度。

第二，犯罪造成的损害轻微且社会伦理能够认可非刑罚措施的运用。一方面，要尽可能地将民间融资犯罪确定为结果犯，只有在构成结果犯且损害结果相当轻微的情况下才考虑运用刑罚酌定免除制度。另一方面，要用社会公众的一般认知来评价适用酌定免除的可能性。避免将社会危害较为严重或者造成重大间接损失的行为纳入刑罚酌定免除的视野。

第三，要明确规定刑罚酌定免除的程序要件。《刑法》第 37 条对酌定免除的规定相当抽象，并无程序性操作要件，这就容易造成刑罚酌定免除适用上的泛化。要避免此种情况的发生，笔者认为，可以在该条第一款中增加“免予刑事处罚必须报本级审判委员会核准”的规定。

---

① 柯葛壮、张震：《经济犯罪非刑罚处罚及程序研究》，载《政治与法律》2007 年第 9 期，第 65 页。

② 之所以强调必须有其他刑罚种类与三年以下的有期徒刑同时存在，是为了对轻微犯罪进行限制。如《刑法》第 233 条过失致人死亡罪规定：情节较轻的，处三年以下有期徒刑。这种犯罪就不能认定为轻微犯罪。而《刑法》第 234 条故意伤害罪第 1 款规定：故意伤害他人身体的，处三年以下有期徒刑、拘役或者管制。这种故意伤害罪就可认定为轻微犯罪。

（三）重视经济形势的社会影响

一般认为，社会形势就是由该社会经济基础决定和制约的社会生活各个领域之间及其自身矛盾斗争而发展变化的状况和态势①。在这其中，经济形势是影响民间融资犯罪认定和罪刑配置的重要因素。经济形势对民间融资犯罪刑法评价的影响在于：首先，经济形势影响到民间融资犯罪的发生概率。在国家实行扩张性金融政策，正规金融机构的货币存量较大的情况下，由于中小企业通过技术性处理手段很容易获得来自银行等方面的支持，所以，对民间融资的需求并不旺盛，在此情况下，民间融资及民间融资犯罪的发生频度并不强。但在国家对社会流通的资金进行限制和削减的紧缩性金融政策环境下，民间融资量便会大幅增加。在此情况下，从事民间融资中介的机构便会寻找套利空间，从而突破伦理和交易规则的限制，从而促发违法犯罪。其次，对民间融资犯罪的刑法评价也会受到经济形势的影响。第一，从消极的方面看，这突出表现为：出于地方保护主义的立场和对政绩的追求，政府会通过各种方式介入对民间融资犯罪的处理。这可能是为了在更大程度上增加民间融资交易的活力从而促进经济的进一步发展，也可能是在看到消极影响的情况下为了避免民间融资的恶化，从而避免祸及已取得的成就。第二，从积极的方面讲，国家对民间融资逐步肯定、逐步包容的态度显著地影响民间融资越轨行为的非犯罪化、非刑罚化，也会使大家对其危害性的认知变得不敏感。

刑事司法机关在对民间融资犯罪进行罪刑评价时要高度重视经济形势对行为认知的影响，但也必须对下列几个方面保持清醒的态度：首先，经济形势并非酌定量刑情节，不能单独依据经济形势来评价行为的社会危害性。要将因经济形势传导到的犯罪手段、犯罪时间、地点、犯罪对象、犯罪动机、犯罪造成的危害后果作为酌定量刑情节来看待，经济形势的意义在于深化了对这些情节的正确认识。其次，结合酌定量刑情节的经济形势有消极影响、积极影响两个方面。刑事司法机关要结合两方面的影响来综合评价行为的社会危害性以及行为人的主观恶性和人身危险性，只有这样，才能确保刑法评价的科学性、全面性。最后，刑事司法机关要和其他部门一起行动起来，根据经济形势的状况，结合民间融资犯罪

① 马克昌：《刑罚通论》，武汉大学出版社2002年版，第363页。

审判经验对未来的犯罪趋势进行预测和监控，并采取针对性的措施防患于未然。从实际情况看，刑事司法机关和行政执法机关行动链条的断裂使得犯罪预防变得非常困难，因为他们往往从本位出发而不是从系统性功能发挥的立场来进行制度和行为的配置，这很容易造成资源耗散，降低行为的效益。

第四章　民间融资犯罪解构及完善

第一节　理念问题及完善

一、破除刑法万能论

在理论界和实务界，都有迷信刑法，认为依靠刑法可以解决所有社会问题的见解。这种见解之所以错误，是因为刑法作为制度的一种有其作用范围、作用程度的限制。而且，刑法也不能解决引致犯罪发生的条件。对民间融资犯罪而言，也要旗帜鲜明地反对刑法万能论的思想。因为，正如前面章节论证过的那样，民间融资的异化具有非常深刻的经济动因，刑法既不能从根本上隔离触发民间融资犯罪的条件，也无法解决民间融资的根源性问题，所以，我们就必须对刑法的有限性保持足够清醒的认识。

首先，思想是行动的先导，只要从思想上无法杜绝道德风险和行为的机会主义，民间融资犯罪就会有市场。第一，我国民间融资市场的自发性催生了交易的活力，但也带来了风险隐患。由于缺乏足够完善的行业制裁体系，国家的正规干预也缺乏制度方面的支撑，所以，不以正当生产经营为目的的欺诈性、诈骗性民间融资总是存在着。巨大的利益诱惑导致违法犯罪行为人前赴后继、飞蛾扑火般地向民间融资犯罪聚拢。第二，只要犯罪收益足够大，罪犯就会丧失对犯罪成本的理性判断，从而缩小对犯罪成本的认知，放大犯罪收益。这种思想是助长民间融资犯罪的重要原因。第三，只要在共同的环境下产生了思想认知上的一致性，就会导致越轨行为一再发生。而且，行为的惯性和模仿都会无限放大此类犯罪。

其次，从博弈论的角度看，行为结果的对比会进一步强化从事民间融资犯罪的心理。由于民间融资的利息非常高昂，所以，民间融资的受资方将吸纳来的资金多用于短期的经营困难，而不是将其长期使用。而且，即便是短期使用，也未必会产生利润。这就意味着，民间融资中的许多资金并非生产经营性质的，当事人仅仅是通过资金的空转来层层加码地谋求利润。这种行为的最大风险是容易导致“庞氏骗局”，从而对社会经济造成极大冲击和侵害。也就是说，只要刑法设计不能从根源上解决行为博弈的均衡，对民间融资犯罪进行根源性治理就存在着障碍。

再次，刑法在民间融资异化根源性治理上的无力，导致其作用空间必然有限。第一，金融二元主义在思想和制度设计上都有明显的痕迹，这种二元主义导致民间融资备受歧视，既压抑了民间融资的发展，也使得对民间融资犯罪的认定极易泛化。由于刑法无法回避金融二元主义的影响但不能回溯性地改变金融二元主义影响下的制度设计，所以，刑法必然无法回避因此而致的民间融资犯罪化。第二，从现实情况看，民间融资犯罪是受资人、出资人的共同行为所致。只要民间融资市场有存续的必要性，只要正规金融市场对民间融资市场形成压制，只要民间融资市场的交易主体有强烈的交易需求，只要制度设计存在漏洞，都无法杜绝民间融资犯罪的出现，这是刑法无法禁止的现象。

最后，制度的内在规定性和效率性也要求刑法必须在一定范围内发挥作用。任何制度都有一定的调整对象、调整范围和较为独特的调整方式，这就意味着刑法也必须在一定场域内发生作用。刑法调整的理性状态是规制的边际成本等于边际收益。如果两者无法实现均衡，就意味着刑法调整既是无效率的，也可能是不公平的。毕竟，公平和效率总是互为条件。刑法的内在规定性和效率性对刑法功能的发挥形成了制约，这也意味着刑法只能将工作重点锁定在罪刑关系上，而无力对经济犯罪的防控实现全面调整。第一，犯罪治理从来都是一项系统性工程，刑法只是治理体系中的一个环节，这就决定了刑法只需做好自己的事情即可。只要刑法能够实现最优的罪刑配置，就意味着犯罪治理的这个特定环节受到了预期目的，确保了其他制度的有序运行。第二，包括民间融资犯罪在内的经济犯罪是各种社会因素综合作用的结果，发生原因的复杂性远远超出我们的预期。只要我们无法系统性地解构和把握影响因素和其影响因子，我们就无法获得对民间融资犯罪的全面理解。事实上，民间融资犯罪具有共同性因素，也有个体化特征，尤其是，我们对犯罪主体心理特征、环境因素、制度成本的认识和把握都存在着障碍，这就极大地影响了刑法制度的科学性，从而制约了其功能的发挥。

二、强化契约精神和平等交易的观念

民间融资属于典型的市场性行为，只要民间融资行为不违背国家的大政方针和基本法律，只要稍微背离具体规范的行为没有产生极为严重的社会危害后果，就不应对其进行犯罪化。这就像科研经费滥用行为一样，只要相关主体遵循合同约定完成了相关成果，就不应对其进行刑法打击。在这里，我们可以以科研经费滥用行为法律规制上的问题为例来阐述在民间融资越轨治理上为何要充分考量契约精神和主体行为的自治，因为，两者不仅在形式上具有非常大的相似度，而且从实质上具有共通性。

从整体上看，可以很明显地发现，科研合同具有极强的私法性质，科研行为和经费运用是在市场规则下来运行的。而且，在科研合同真实有效的背景下，即便是科研人员对科研经费进行了滥用，也往往是其规避制度不当干预的结果。造成这种结果事实上违背了国家发展、鼓励科研的精神，也违背了制度设计的初衷。为改变这种局面，就必须重申刑法谦抑的要求，将科研经费严重滥用入罪的条件设定为：从诈骗科研经费的目的出发来签订虚假合同而不实质性履行。同时，也要强调，有效规制科研经费滥用的途径应是强化个体的行为自律以及科研共同体的自治、行业监督，将对科研人员的行为预期和行为评价建立在现实的基础之上。

（一）科研经费滥用的发生原因

1. 制度的低效

首先，科研经费的实际开支非常广泛、多样，但按照我国的科研经费使用制度，这些开支无法与预期要求相吻合。为推进科研工作，科研人员只能通过挪用经费开支的形式来完成后续研究。其次，科研激励机制无法在实践中得到落实。如，2016 年 7 月，中共中央办公厅、国务院办公厅就曾联合下发《关于进一步完善中央财政科研项目资金管理等政策的若干意见》。该文件比较切合实际地对科研经费的运用、管理做了相对宽松的规定，尤其是进一步扩大了劳务费开支，提高了间接费用的占比。但，从实际情况看，该文件的内容在实践中仍然面临难以全面执行的尴尬。第一，文件也仅仅属于框架性方案，而且其针对的是中央财政科研项目经费。虽然“两办”要求地方参照文件精神加以有针对性的改革。但，出于风险规避的考虑，地方执行、贯彻的力度并不大。第二，文件中的劳务费主要针对项目主持人外的参与人，间接费用中对主持人绩效奖励的支出规定得非常狭隘，仍然无法包括必要的特殊而正当的开支。由于无法真正匹配、满足科研人员的智力付出，也无法全面涵括科研人员的其他正常开支，科研经费滥用就无法真正避免。

2. 信息不对称状况下的行为博弈

风险往往来自信息不对称条件下的行为滥用，科研经费使用也往往面临此项问题。有学者指出，科学研究毕竟超出了社会公众的一般视野，再怎么对待专业性学术问题方面，公众存在着知识和能力上的欠缺，其基本上无法对这些专业问题进行研判。由于公众难以判断学者的诚恳度和行为的公正性，就使得学术探讨更加封闭，学者们日益成为自己道德和自身能力的评判者①。事实上，不但公众监督困难，即便是科研主管部门的专业性的监管人员也无法对科研人员的科研活动和科研成果真正理解和掌握。信息上的不对称、专业认知上的差距进一步扩大了人与人的距离，也使得包括监管人员在内的公众无法对科研经费的运用真正形成科学的判断，这就进一步强化了科研人员自身行动而不受制约的冲动，使其更倾向于做自己科研行为的裁判者。由于这种能力的扩大，科研项目的主持人能够提供各种理由来论证经费开支的正当性，从而使得项目委托方和社会公众无法对其经费滥用行为有效辩驳。

3. “劣币驱逐良币”现象

经济学中“劣币驱逐良币”的现象在科研活动中同样存在，而在这其中，科研经费滥用发挥着重要作用。由于科研活动体现为不停循环的行为，所以，项目主持人往往通过挪用其他项目经费的方式来支持另外一个项目的申报。由于研究项目总是有限的，为了争取这些特定的科研资源，项目申报人往往需要用自己的

① 乔元正：《教育与政治场域中大学、政府关系的冲突与融合》，载《高校教育管理》2012 年第 4 期，第 43~47 页。

科研经费来与项目主管部门建立联系。虽然项目申报人中标后的研究未必突出，但其却可以更容易地获得科研项目立项。因为，项目立项后的研究成果是一个事后形成的事物，在立项时立项部门无法对其进行实质性审查，也无法对研究成果形成明确的判断，这就使他们更倾向于通过对申请材料的事前审查来判断能否立项。这种判断依托的材料总是有限、单一，且未必可行，这就进一步增加了项目立项部门行动的主观性。

（二）滥用科研经费行为的法律评判

笔者主张，只要同时符合以下两个条件，就有必要对行为进行犯罪化。首先，在科研合同成立之前或成立之时，科研人员就具有骗取科研经费的目的；其次，科研合同成立之后，科研人员缺乏实质性的科研活动，其行为根本不能确保结项或者结项时不合格。除去这些情形，对其他各种滥用科研经费的行为原则上都不应进行犯罪化，不予犯罪化的理由如下：

1. 刑法泛化的弊端

刑法与其他制度规范不同，其对行为规制产生的外部性很强，这使我们有理由进一步反思刑法泛化的恶果。首先，对滥用科研经费行为进行犯罪化缺乏足够的正当性。因为，滥用科研经费行为之所以屡禁不止，从根本上讲不是因为科研人员自身的行为达到了刑法所要求的“恶”，而是因为主管部门对经费管得过多、管得过死，甚至到了压制科研行为的地步。如果此项形势不得到根本扭转，如果无法在科研主动性、自由性上取得实质性突破，如果科研管理制度仍然不能建立在科研规律之上，即便不断通过刑法来管控科研经费滥用行为，也未必能从根本上改变局面。其次，简单地对滥用科研经费行为进行犯罪化的外部性很大。一般情况下，对一项行为进行犯罪化和刑罚化要同时满足以下条件：（1）社会中的大多数人普遍无法容忍这种行为，认为这种行为给社会造成了显著且严重的威胁和侵害；（2）对这种行为进行刑罚处罚能够实现一般预防和特殊预防的目的；（3）对这种行为的犯罪化和刑罚化不会对社会的积极行为产生消极影响和禁止；（4）对这种行为科以刑罚可以通过量化的、公平的方式执行；（5）用刑罚对行为进行惩治不会加重程序运行的成本；（6）刑罚适用必须具有补充性、最后性①。而对

① 赵秉志：《外国刑法原理（大陆法系）》，中国人民大学出版社2004年版，第7页。

滥用科研经费行为进行刑法规制未必符合上述条件，这突出地表现为：第一，滥用科研经费行为往往是“便宜”行事的结果，其服从于更好推进科研活动的目的。由于科研目的、科研成果的正当性，此种行为很难被普遍性谴责。第二，法律规范的重要功能是为后续性行为、他人的行为产生指引，避免其他人重蹈覆辙。如果刑法对滥用科研经费行为严重打击，不但会使科研活动收缩，也会使刑法的正当性、科学性遭受质疑。毕竟，刑法无法有效规制此类行为，也无法减少类似情况的发生，这不但降低了刑法的权威，也使得科研活动合法与非法的边界变得更加难以掌握。

2. 刑法介入的成本和收益

“是否是从成本—收益比较的角度对法律进行分析，是区别法律的经济分析和其他如社会学、心理学分析的一个根本标志。”① 对滥用科研经费行为进行刑法规制之所以饱受质疑，很大程度上也是这种处遇方式并不经济。首先，刑法规制是通过威慑、报应等功能的实现来收到预防犯罪的目的。但对滥用科研经费行为进行刑法规制却未必能够实现上述目的，因为其行为的社会危害性并未得到大众的广泛承认，这就影响到了刑法价值的实现。其次，由于刑法的不当介入，很容易会阻隔科研活动的继续进行，这不但对社会的整体福利造成了损害，也使得国家无法充分发挥人力资本的作用。因为，从实际情况看，被纳入刑法进行评价的科研工作者多是著名学者或在自己专业领域享有较高地位的人。这些人掌握着大量科研经费，囿于制度限制，其往往需要通过各种途径将科研经费消化、利用，否则，其结项往往会遭遇各种困难。再次，是否是科研经费行为是一个动态评价的过程，这意味着在不同的时期，甚至在很短的时间内，经费利用行为往往会被给出不同的评价。这使我们更加清醒地认识到，要谨慎地评价、对待滥用科研经费行为，否则很容易造成付出大量司法成本却使打击行为无法实现政治效果、社会效果、法律效果的局面。毕竟，刑法对人身自由的威胁和侵害足以颠覆人对生存价值的认识，它的不当利用很容易遭到受刑的科研人员内心的抵触和反对，他会对法律产生愤懑，并在可能的情况下抵触、抗拒法律对他的改造，这必然会影响特殊预防目的的实现。

① 魏建：《法经济学：效率对正义的替代及其批评》，载《甘肃社会科学》2002 年第 1 期，第 71 页。

3. 对问题的具体分析

在是否应该对滥用科研经费行为进行刑法打击方面，学界有着两种不同的见解。第一种意见主张应尽可能地通过其他制度来解决。如，刘科教授认为："在未建立合理的劳务报酬和经费使用制度的情况下，对情节一般的套取科研经费行为直接追究刑事责任并非明智之举；在建立合理的劳务报酬和经费使用制度之后，对于以非法占有为目的的套取科研经费的行为，才应依法追究刑事责任（即使不能按照贪污罪定罪处罚，也可以按照诈骗罪定罪处罚）。"① 而另一种观点则认为，依靠刑法进行规制也有一定的必要性。如，卢建平教授主张：第一，虽然科研人员有套取科研经费的行为，但是，如果科研人员具有良好品行、在相关领域富有声望、贡献卓著，完成了科研项目且成果被鉴定为优秀成果，并且在司法机关刑事介入前退还了经费，没有造成国家损失，那么，对此类人员进行行政处罚即可，不必按贪污罪定罪处罚。第二，前述人员如果套取科研经费数额巨大，实际进行了具有较大价值的科学研究但项目没有完成，对此种情况可以按照贪污罪定罪但要减轻或免除处罚。第三，对于品行恶劣，套取科研经费数额特别巨大且恶意不完成科研项目的科研人员，如果其具有拒不退还科研经费的行为，那么，可以对其按照贪污罪定罪处罚②。孙国祥教授认为："在当下的管理架构下，进入国有单位管理渠道的科研经费本质上应是公款，科研人员支取和核销科研经费的行为是科研经费管理活动中的重要环节，具有公务活动的性质，非法占有的套取科研经费，可以为现行刑法中的贪污罪所评价。套取的科研经费的行为不应一律入罪，在仍用于科研项目的情况下，则可以阻却犯罪的成立。"③

笔者认为，虽然上述三位学者的观点都有一定的合理性，但也都有这样那样的问题存在。首先，刘科教授以"建立合理劳务报酬和经费使用制度"的时间节点为标志来界定是否应该犯罪化存在着操作上的困难，也无法应对制度是否具备公平性的质疑。第一，时间节点如何确定是一个富有挑战性的工作，而且，在对时间节点认定存在质疑的情况下必然使刑法规制变得愈加脆弱。第二，规定"合

① 刘科：《我国台湾地区套取科研经费行为的定罪争议及其启示》，载《刑法论丛》2015 年第 4 期，第 57 页。

② 卢建平：《论科研腐败的惩治与预防》，载《刑法论丛》2015 年第 4 期，第 11 页。

③ 孙国祥：《套取并占有科研经费的刑法性质研究》，载《政法论坛》2016 年第 2 期，第 145 页。

理劳务报酬和经费使用制度”的规定往往不具有法律的性质，以政策性、规则性意见来认定行为的违法性似乎与刑法理论不相符合。其次，卢建平教授将“行为人科研贡献”作为认定行为是否具备刑事违法的标准有违“犯罪是危害行为”的基本判断，也难以体现刑法面前人人平等的原则。还有，以“事后行为人是否退还套取科研经费”为标准来认定是否可以对行为人刑法规制的见解也与“犯罪是事中行为，而非事前行为、事后行为”的普遍性认识不相符合。因为，当事人的事后行为并不影响对犯罪事实的评价，也不影响罪名的确定，他只是影响量刑的酌定情节而已。再次，孙国祥教授虽认为挪用科研经费后将此经费用于科研行为可以阻却犯罪的成立，但其认为滥用科研经费行为就是贪污罪的立场仍然有值得商榷之处。毕竟，滥用科研经费行为能否与“公务”产生连接存在着较大争议。

必须明确，讨论问题的基础是：科研合同真实有效，科研人员不存在通过虚构项目骗取科研经费的情况。在此前提下，笔者之所以强调不应用刑法来规制科研人员挪用科研经费的行为，主要出于以下几个方面的考虑：

首先，科研人员并非刑法意义上的国家工作人员，用职务犯罪来定性科研人员的行为明显失当。科研人员非公务活动的性质是由科研合同的性质决定的。“将项目合同纳入私法契约范围内才能给科学研究者提供真正自由的空间，才能实现科技创新和科技突破。毕竟，自由是科学研究的天性和必具的品质，也是创新者实现超越的环境。只有给思想者以自由，我们才能站在科技的最前沿。”① 科研合同之所以是私法性质，是因为这种合同的主体平等，不同于行政机关与管理对象签订的行政指导合同，双方以科研结果和科研经费为连接纽带进行自由协商并达成合意。从实际情况看，只有建立在平等基础上的科研合同，才能真正激发科研人员的创造活力和积极性，才能确保其尽最大可能实现合同目的。在这其中，对科研经费的自由运用是一项重要的激励措施。另外，“科研自由是目的，科研经费是手段，依据‘目的决定手段、手段服务于目的’的法理，科研经费也不具有单独评价的规范意义，应当依附于科研自由”。② 总之，由于科研合同本

① 谭启平、朱涛：《论国家科技计划项目合同的私法属性及制度构建》，载《现代法学》2013年第2期，第176页。

② 姜涛：《科研人员的刑法定位：从宪法教义学视域的思考》，载《中国法学》2017年第1期，第181页。

质上属于民事合同的范畴，合同当事人之间是非常典型的自由交易行为，彼此之间不存在明确的权力管辖关系，所以，就不应以贪污罪以及其他职务犯罪为理由来对科研经费利用行为进行犯罪化。

其次，建立在科研合同基础上的真实的科研活动无法被诈骗罪所涵括。一方面，合同真实、科研活动真实使得挪用经费行为无法被诈骗类财产犯罪评价。因为，科研人员的活动都是朝着合同规定的内容迈进，即便因各方面原因科研人员不得不通过挪用科研经费的方式来推进科研活动，即便挪用后科研结果差强人意，也能够杜绝诈骗犯罪成立的空间。毕竟，科研人员的科研过程和科研结果能够充分证明行为的真实性。另一方面，即使立项后科研人员无法全面实现合同规定的目的，也不应对此行为通过刑法来规制。因为，科研活动总是存在着不确定性，也正是存在着这种不确定性，所以，才有科学研究的必要和可能。科研活动本身就暗含着科研结果的非圆满性。对这种结果，事实上合同双方都有着明确预见，这就要求我们对科研活动和经费运用保持足够的宽容，即便有一定的危害结果出现，也应尽可能通过民法等前刑法制度进行调整。

最后，与过去不同，科研经费供给方的监控能力已经日益强化，这进一步限制了科研经费使用方自由决定的能力。虽然科研人员的信息优势、知识优势使得管理方的监管面临非常多的困难问题，但科研合同的招标方和评审方的能力都在逐步提升，他们都可以通过各种方式来明确科研合同的内容，进一步强化其对科研人员的管理能力。特别是，在科研项目申请中的同行评议制度日益规范、日益成熟，这就进一步增加了对科研人员经费运用的监管能力。事实上，科研合同都会在一定程度上赋予科研人员经费运用上的自由裁量权。这就降低了滥用科研经费行为的社会危害性，因为，许多对科研经费变通使用的行为事实上是科研合同暗含乃至明确规定的内容。

（三）规制滥用科研经费行为的对策

1. 以市场理论规制科研经费运用

科研合同与行政合同的最大不同在于其私法性、市场性，所以，我们在科研合同履行和经费使用中都要严守契约精神，重视以平等的眼光来看待科研经费的使用。也就是说，要特别重视科研人员对科研经费的自由运用，只要其能够严格遵循科研合同的规定进行科研行为，只要其能够实现科研目的，完成了科研成果，就不应过度关注其是否滥用了科研经费。实际上，能否以开放、平等、自由、经济的视野来确立科研经费正确运用的观念和思路是进行制度化建设的前提。只有真正确立了对科研经费私法调整的思路，滥用科研经费行为规制制度转型才能真正提上日程。而之所以要高度重视私法调整的思路，是因为，首先，科研活动总是存在着一定的风险和不确定性，要努力克服此项弊端，就必须尽量减轻人对其行为后果的不必要的担心，从而有足够的积极性、主动性来推进工作。只有以足够自由、足够宽容的态度来积极认同科研人员的科研行为，才能真正推进科研的提升和进步。其次，由于科研结果总是在最后才能出现，而合同委托方和监管部门对科研活动本身缺乏足够的专业认知和专业能力，所以，其在科研过程中要充分尊重科研人员活动的自主权，这是合同的约定，也是科研活动的性质使然。再次，科研活动与其他活动不同，其本身没有“恶”的成分，在合同真实有效的情况下，滥用科研经费也是服务于进一步推进科研活动的目的。所以，无论是科研活动还是科研经费运用，都远远达不到用刑法调整的标准。在刑法介入前，行业自治和民法、行政法调整具有更大的作用空间，所以，应以谨慎和包容的态度正视滥用科研经费行为。

2. 强化科研人员的自律意识

“在学术研究领域，学术活动的管理模式首先应当强调学术界和学术人的自律，将学术自律作为学术行为规范的首要手段是由学术活动独特的自治性和自由性等属性所决定的。”① 人的行动是内心的外化，违法犯罪行为同样如此，所以，要真正规制人的违法犯罪行为，就必须在强化内心规范方面下功夫。在制度经济学的眼中，法律等外显的正式制度和伦理约束等内在的非正式制度都是规范人类行为的重要方式，而且，相较于法律，伦理习惯具有更持久、更深刻的影响力。所以，如何强化科研人员自己的自律意识有时比靠法律制度进行处罚更具现实意义。一旦科研人员认识到只要其突破自律意识就会从根本意义上削弱乃至剥夺其科研权利，并在科研共同体中存有不良记录，其必然会对自身的行为保持谨慎的态度。因为，行业内的认可和支持是科研人员从事科研活动的前提，科研人员要保持学术生命，就必须要获取行业的支持。当前，滥用科研经费行为之所以不能

① 胡志斌：《学术不端行为的法律规制研究》，中国法制出版社 2014 年版，第 98 页。

被严厉惩罚，一个重要的原因就是此种情况在行业内广泛存在。要真正使科研人员保持对科研经费的正确认识和合理使用，就必须在行业内形成共识，制定出明确的行业规则。

3. 以效率的视角看待制度建构

“当他们在实验室门口穿上白大褂时，他们并没有摆脱其他行业的人们所具有的感情奢望和弱点。”① 可以看出，科研人员与普通人一样，他们也有感情好恶等人类行为的共同特征。所以，在科研人员经费运用方面，我们也要以“经济人”的视角来正确看待制度配置。

首先，要准确测算项目经费总额，严格规范经费拨付、使用制度。之所以要高度重视这些工作，是因为，从自利的角度讲，科研人员都希望尽可能多地从科研活动中获得经济利益，这其中就包括人为增加经费预算总额，将预算扩大到不合理、不合法的领域。也正是从此意义上讲，我们有必要进一步规范经费使用、管理制度，减少乃至杜绝科研人员行动中的机会主义。第一，改变过去重视对项目本身审查，轻视对项目资金动用审查的传统做法，在经费预算上引入第三方力量进行科学评估、准确判断，避免拨付过量的科研经费，从而堵塞经费滥用的漏洞。第二，重视项目经费的跨年度使用，重视项目绩效支出的制度建设。很长时间内，科研经费都要求在项目结项时必须支出完毕，而且在科研活动持续期间都有年度支出数量的限制，这就在一定程度上迫使科研人员必须想方设法将科研经费花出去，为其行为的违法评价创造了条件。所以，有必要根据《关于进一步完善中央财政科研项目资金管理等政策的若干意见》的规定，不再明确规定项目的年度支出比例，允许科研人员将项目研究完毕的若干年内自由使用原来的科研经费从事其他科研活动。另外，还要单独在间接经费中充实、完善有关科研人员绩效支出的项目，通过物质奖励的方式提高科研人员的积极性和获得感。

其次，强化科研项目招标管理的透明化、规范化，以压缩权力寻租的空间。强化科研项目全过程管理制度，堵塞权力寻租的空间。在我国，职称评审、科研评奖是影响科研人员地位提升的重要因素，而这些能否实现，在很大程度上取决于科研人员能否获得科研项目的支持。所以，科研项目承载着众多的利益关系。

① ［美］W. 布劳德、N. 韦德：《背叛真理的人们——科学界的弄虚作假》，朱进宁、方玉珍译，科学出版社1988年版，第10页。

有利益就有需求，在科研项目获取上，科研人员之间必然具有竞争。这体现为项目总是有限，但需求者甚众。为了获取科研项目，许多科研人员需要通过利益输送的方式来寻求供给者的支持，这些寻租的费用许多都是科研人员在以前科研项目中获取的科研经费。为避免此种情况的发生，就需要进行制度设计来减少不必要的交易成本。为此目的，笔者建议，第一，科研合同招标方要将项目委托给第三方来招标，以切断招标方和投标方的联系。第二，第三方要进一步规范招投标程序，全程进行匿名评审，避免评标专家与招标方投标方中的任何一方产生联系，以确保招投标的公开性、公正性、公平性。另外，要重视中标后的过程检查，通过中期检查、不定期抽查等方式进一步强化资金的科学利用，并为后续的管理科学化的改进创造条件。

最后，用刑法谦抑的立场来审视科研活动的犯罪化，避免刑法适用的泛化。“科研评价体制不合理是导致科研不端行为产生的深层次原因，刑罚不可能触动或消除这一原因。刑罚自身的局限性也决定了它在防治科研不端行为方面的作用是有限的。用刑法规制科研不端行为，应该坚持刑法的谦抑性原则，只有在道德及民事、行政的法律手段不足以抑制时，才能动用刑罚的方法对其进行惩处。而且，应该用理性的刑罚观对待科研不端行为，警惕‘泛刑法主义’或‘泛刑罚主义’。”① 当然，强调刑法的有限性并不意味着刑法不能规制所有的科研行为，只是说要充分考虑刑法对个体权利的严重伤害，将刑法规制的重点放在虚构科研合同，骗取科研经费，没有实质性履行科研义务的事项上。同时，刑法还应在贪污贿赂犯罪和职务犯罪惩治上加大工作力度，尽可能避免科研项目上的权力寻租现象，确保科研合同和科研经费利用都符合国家的要求。

三、全面实现刑法宪法化

民间融资越轨行为之所以很容易被犯罪化，一个重要原因就是对民营经济成分的经济活动缺乏宪法层面的审视和重视。其实，从宪法的层面看，民营经济成分间的民间融资的正当性、合法性都不是问题。之所以出现此种情况，还与刑法和宪法的隔离存在着密切联系。也就是说，宪法没有从基础的层面给刑法以指

① 张娜：《刑法规制科研不端行为之我见》，载《西安电子科技大学学报（社会科学版）》2014年第4期，第104页。

导，刑法主体平等的制度也未在宪法中圆满实现。笔者认为，当前急迫的问题不是宪法规定的刑法实现，因为刑法条文已经渗透了宪法的精神。需要引起我们高度重视的是刑法宪法化问题，也就是说，宪法并未对刑法中具有宪法意义的规定进行提纯和条文化。正是刑法宪法化的缺失，使得民营经济成分的刑法权利难以真正落到实处。所以，要树立刑法宪法化的思想，确保刑法主体平等的观念上升为宪法的规定，已真正避免民间融资犯罪认定中的错误和偏差。从法律经济学的角度看，宪法通过简短的条文将刑法的精神进行抽象也能够提升刑法调整的效率。因为，它能确立刑法调整的基本界限，在人与人之间形成很强的行为引导，这无论是对立法、司法、执法、守法都极具规范价值。

（一）刑法宪法化的意义

1. 刑法宪法化的本质规定性

学界认为，刑法宪法化是指将刑法的一些保护人权的基本理念和价值写入宪法，用宪法条款对刑事领域进行全方位的控制，指导和限制刑事立法和司法，在刑事立法和司法领域建立起违宪审查制度以限制国家刑罚权①。从概念中可知，刑法宪法化具备以下内容：第一，宪法效力最高，在法律体系中具有最高的权威，这是考量刑法宪法化的基点。正是宪法具有最高的法律地位，才有必要将刑法的精神在宪法中内化，从而确保刑法执行的顺畅和便捷。第二，刑法宪法化是为强化刑法地位服务的，这种形式是目的是为了提升刑法运作的科学性、权威性。虽然在刑法第一条“立法目的”中已经明确了制定刑法的法律依据是宪法，但这仅仅是形式上的规定。现行刑法并未通过制度化的形式与宪法形成很好的互动。要使两者形成良好的互动，特别重要的是，将刑法积累的基本经验充实、完善到宪法条文中。第三，虽然从理论的角度看，刑法宪法化和宪法刑法化都有必要。但现实的问题是，宪法刑法化并无多大障碍，反倒是刑法宪法化问题需要正视和强化。

2. 刑法宪法化的价值

首先，刑法宪法化有助于增加宪法的内涵，使得宪法内容更加具体、完善。

---

① 马长生、李莎莎：《刑法宪法化有利于法治建设》，载《检察日报》2008 年 1 月 12 日。

如，我国宪法虽然规定了法律面前人人平等的内容，也确立了民营经济的法律地位，但其规定却过于原则、过于抽象，可操作性并不强，这很容易造成部门法侵蚀宪法的情况。因为，部门法总是在应用中实现其价值，其在应用中往往会扩张其权力的触角，从而造成部门法的对立和抵触。通过刑法宪法化，不但能够将刑法的科学治理经验提高到新的层次，也能够丰富宪法的内容，使得宪法更加贴近社会实际。

其次，刑法宪法化能够避免刑法的肆意扩张，从而强化其谦抑性和保守性。从法律经济学的角度看，任何执行制度的人或团体都有扩张其权力从而增加收益的冲动。特别是，刑法对公民基本权利的侵犯最为严重和剧烈，要确保公民基本权利不被非法侵犯，就必须在强化刑法约束上做好文章。虽然现在与过去已经明显不同，刑法的触角已经得到了足够控制，但刑法的政策性特征仍然使刑法随时处于扩张的状态中。通过刑法宪法化能够确立刑法调整的基本原则、基本范围，这无疑能够有力地压制刑法的扩张。

最后，刑法宪法化有助于协整刑法思想、统一理论认识。从刑法理论发展的历程中可以看出，刑法中的新派和旧派，客观主义、主观主义等各种思潮一直处在斗争中，如何统一理论认识从而最大限度地服务于刑法制度建设一直是学界为之奋斗的目标。实际上，刑法宪法化就是大众容易忽视却功效强大的抓手。因为，一旦将刑法中涵括的、行之有效的理论上升到宪法层面，就意味着从根本法的角度确立了刑法治理的基本思想，这就避免了理论界、实务界无谓的争执和摩擦，从而更加高效地实行刑法制度的科学化、公正化。

（二）刑法宪法化中的问题

在如何对待刑法和宪法的关系问题上，既有通识也有争议。当下，有三种不良倾向需要检讨和避免。第一种倾向主张部门法脱离宪法，在部门法自身的语境下探讨问题；第二种则主张“泛宪法化”，试图尽可能多地将部门法的内容充实在宪法中；第三种则宪法学者的“单边主义”，没有充分关注到宪法在部门法中的表现以及如何把宪法的价值体现在部门法中①。笔者认为，从法律互动的角度

① 韩大元：《行宪以法，驭法以宪：再谈宪法与部门法的关系》，载《中国法律评论》2016年第2期，第5页。

审视，的确宪法和刑法都有值得检讨的地方，但，当前最紧迫的问题并非是宪法刑法化，而是刑法宪法化。

1. 宪法对罪刑法定原则缺乏明确、具体的表述

罪刑法定原则连接着公权力规范运用和私权合法保护的两端，它最能体现公民权利的保护程度。此项原则不但能够有效限制公权力的肆意扩张，也能够最大限度地实现对公民权利的保护。从此意义上讲，罪刑法定原则已经不仅是刑法基本原则，其更具宪法价值。宪法中罪刑法定原则的缺失会带来一系列问题。首先，罪刑法定原则如果无法实现宪法化，就无法从根本上扭转公权力至上的基本观念，无法实现观念、制度上的深层次变革。因为，“我国的刑法价值诉求仍然偏重于保护社会秩序，这显然与刑法宪法化所倡导的民权刑法理念相距甚远，因此导致我国刑法宪法化的状况不令人乐观”。① 所以，要真正实现刑法权利保护价值的实现，要实现刑法价值与宪法价值的契合，要实现权力拥有者观念的改变，要弱化威权主义的影响，就必须将罪刑法定原则的宪法化提上日程。其次，罪刑法定原则无法上升为宪法规定就容易导致刑法运用的违宪、违法。这种对宪法和其他部门法的侵蚀，集中表现为犯罪认定中的机械化、随意化。如，从立法上讲，刑法中有关非法行医罪、生产、销售假药罪的规定都是以现代医学为参照标准。也就是说，都是以现代医学的技术性规范作为前期违法的认定标准，这必然导致从事我国传统医学的人很容易进入刑法打击的范围。毕竟，按照现代医学的标准和技术规范的要求，其行为很容易构成前期的行政违法，在此情况下就增大了其构成犯罪的可能性。很明显，这种犯罪化严重违背我国宪法的规定，存在着相当的问题。因为，我国《宪法》第 21 条明确规定：国家发展医疗卫生事业，发展现代医药和我国传统医药，鼓励和支持农村集体经济组织、国家企业事业组织和街道组织举办各种医疗卫生设施，开展群众性的卫生活动，保护人民健康。而一旦在宪法中规定了罪刑法定原则，就能在最大程度上弥补规范解释的不足，增加罪刑法定原则适用的科学性和针对性。

2. 刑法面前人人平等原则不能宪法化的弊端

在法律体系中，人的主体地位必须得到强化。但由于刑法面前人人平等的原

① 储槐植、李莎莎：《中美刑法宪法化比较研究》，载《刑法论丛》2010 年第 3 卷，第 415 页。

则并未规定在宪法中，导致刑法适用过程中往往出现背离此项原则的情况。首先，刑法对民营经济过分歧视、过度打击、缺乏保护的情况还非常普遍。之所以出现此种情况，很大程度上是未从根本法的角度审视刑法面前人人平等原则，没有将主体平等的观念内化于心、外化于行。其次，贪污贿赂犯罪没有分别规定也面临着质疑，毕竟，贪污罪和贿赂犯罪性质不同，对两种犯罪的刑罚做同样处理也无法应对罪责刑相适应原则的挑战。还有，贿赂犯罪中的行贿罪和受贿罪应是对合性犯罪，现行刑法对其刑罚作出了完全不同的规定，这些规定也有违背刑法面前人人平等原则的嫌疑。另外，在经济犯罪中的死刑规定普遍被废除的今天，贪污贿赂犯罪中仍然有死刑的规定。在政治领域，对腐败分子的过度刑罚化面临着不小质疑。一方面，经济犯罪普遍废除了死刑适用，但对贪污贿赂等腐败犯罪仍然强调死刑的适用。对腐败犯罪主体的惩罚是否应该提高到严重超越对一般主体的惩罚幅度，是一项需要认真反思的问题。再次，刑法对女性特别保护的部分条款值得进一步探讨。如，强奸罪的犯罪对象只能是女性，但现实生活中许多男性往往成为受害者，由于无法突破刑法关于犯罪对象的规定，这些男性的性自由权往往无法得到有效保护。又如，我国的拐卖妇女、儿童罪的犯罪对象只能是妇女、儿童，拐卖成年男性的行为虽然时有发生，但却无法用拐卖妇女、儿童罪进行打击、惩治。笔者认为，在《刑法修正案九》已经将强制猥亵、侮辱妇女罪修改成强制猥亵、侮辱罪的背景下，立法者应该进一步将刑法面前人人平等原则的宪法化问题提上日程，并深度反思强奸罪、拐卖妇女、儿童罪存在的问题，进一步扩大犯罪对象方面的局限，真正贯彻好刑法面前人人平等原则。

3. 刑法宪法化的缺失导致刑法精神无法真正体现

理念是行动的先导，思想观念决定行为构成。当前，由于“坚持法治，摒弃人治；坚持平等，反对特权；讲求公正，反对徇私”① 的刑事法治精神并未在宪法中得到明确，导致一些错误的观念仍然存在，一些错误的立法司法活动仍然时有发生。首先，重刑主义思想、疑罪从有的观念仍然难以根除。比如，于欢案、昆山反杀案、赵宇案、涞源反杀案等典型的涉及正当防卫的案件之所以被重判、错判，根子里还是法官头脑里缺乏对宪法精神的敬畏，没有从宪法的高度认真理

① 高铭暄、马克昌：《刑法学》，北京大学出版社、高等教育出版社 2018 年版，第 25 页。

解我国刑事法治的基本精神。又如，在过去，出租车司机驾车追赶“飞车抢夺”犯罪嫌疑人致其伤残的行为之所以屡屡被认定为构成防卫过当，也与没有将刑事法治精神提高到宪法的角度进行理解有关。

其次，由于刑法基本精神未曾在宪法中明确体现，导致刑事立法随意化的情况时有发生。比较突出的问题就是不当扩充犯罪化的范围。“如将诸多恐怖活动的预备行为增设为独立的罪名（预备行为正犯化）；将校车、客运车超载、超速的行为入罪。”① 笔者认为，此种情况的出现不利于刑法功能的实现，也不利于其他制度效用的发挥。第一，法律资源配置总是遵循比例原则，只有在其他制度资源效率无法实现的情况下才应考虑运用刑法资源来实现行为调整。将简单的超速等交通违章进行犯罪化意味着行政上的怠政，也给刑事司法资源造成了负担，更无助于犯罪行为的防控。第二，风险社会中的风险有不同的类型，其发生的原因也有着显著不同。而且，风险社会中的技术性风险绝非刑法能够掌控，对其进行刑法打击背离了行为预防的根本目的。虽然，“在人工智能技术取得突破性发展的同时，诸多法律风险也伴随而生”。② 但最急迫的法律风险并非刑法风险，而是前刑法制度存在着缺失。笔者认为，在人工智能时代尚未到来，人工智能的技术规范仍然缺乏的情况下，贸然对其进行刑法规制并非明智的选择。

（三）刑法宪法化的制度完善

1. 确保刑法的合宪性

“宪法的效力并不一定要表现在惩罚上，而是要表现在它是判断一切纠纷的最高标准上。”③ 由于宪法是刑法的上位法，所以，要实现刑法宪法化，就必须确保刑法制度本身符合宪法的规定精神。也就是说，刑法合宪是刑法宪法化的基础和前提。只有刑法确实贯彻了宪法规定，契合了宪法精神，才能进一步对其宪法化。当前，“面对功能主义刑法的极度扩张，现代刑法理论应当强化合宪主义刑法观，重视刑法体系的合宪性控制：（1）刑法修正的主体应由全国人大常委会

---

① 邹菲菲：《风险社会视域中刑法修正之应对》，载《人民检察》2018 年第 4 期，第 79 页。

② 姚万勤：《对通过新增罪名应对人工智能风险的质疑》，载《当代法学》2019 年第 3 期，第 3 页。

③ 王磊：《 宪法的司法化》，中国政法大学出版社 2000 年版，第 27 页。

回归全国人大，以实现刑事立法权的定型化；（2）现代刑法不可以为预防主要犯罪而规定次要犯罪，犯罪设定需要重视二元化犯罪模式的创新价值，量刑制度需要关注犯罪后的合作带来的变革意义；（3）刑法解释应当立足于法益论的宪法化改造，重视合宪性解释的制度建构及运用”。①

2. 将刑法谦抑主义和刑法基本原则宪法化

首先，要确保刑法谦抑主义的宪法化。因为，刑法调整的社会关系最为广泛、其对人的制裁最为严厉、其直接决定了刑罚对人惩罚的范围，所以，要确保刑法谦抑在宪法层面得到实现。此外，确保刑法谦抑主义的宪法化还基于以下事实：第一，国际通行的经验。如，法国 1791 年《宪法》第 8 条就明确规定：法律只应规定确实需要和显然必不可少的刑罚。将此项理念在我国宪法中固化不但可进一步提升制度刚性，还有助于国际刑事司法协助的顺利进行。毕竟，在制度顺利对接的基础上，能够极大地减少司法交易成本，确保制度交流、文化交流的便捷性。第二，刑法谦抑主义的全面推行能显著地提高刑法的效率。它不仅意味着，该刑法调整的还给刑法，该其他法律调整的交由其他法律调整，法治的分工得到了实现。还意味着，它能够有效制约行政犯的肆意扩张，切实体现出刑法的保守性。

其次，将刑法基本原则入宪。将刑法基本原则入宪的经济性在于：刑法基本原则是指导、统领刑法规范的上位概念，其内容是全部刑法条文的高度浓缩，它最集中、最本质地体现了我国刑事法治的基本精神。也正是从此意义上讲，刑法基本原则入宪就意味着刑事法治的基本精神入宪，也意味着刑法规范切实得到了宪法首肯。另外，之所以要将刑法基本原则入宪，也是因为其已经成为国际刑事立法的趋势和潮流。国际刑法学协会前任主席 M. 谢里夫·巴西奥尼曾对 139 个国家的宪法进行了专门研究，其得出结论：65 个国家的宪法规定了生命权；13 个国家的宪法规定了公民人身不受侵犯的权利；有 81 个国家宪法规定公民不得被任意逮捕，不受酷刑、非人道或有辱人格的刑罚；48 个国家规定不得自证其罪；67 个国家宪法规定了无罪推定；38 个国家规定了公平、公正的审判程序②。

---

① 姜涛：《在契约与功能之间：刑法体系的合宪性控制》，载《比较法研究》2018 年第 2 期，第 156 页。

② 卢建平：《刑法宪法化简论》，载《云南大学学报（法学版）》2005 年第 4 期，第 7 页。

英美法系和大陆法系的主要国家最初都在宪法中规定了罪刑法定原则，时至今日，英美等国依然保留了这一做法，而大陆法系国家则在宪法和刑法中对罪刑法定原则都作出了规定①。

3. 将死刑入宪

在所有刑罚种类中，死刑是最严厉的一种。由于死刑具有剥夺最为严厉、事后难以修复等特点，所以，如何在赋予其合理性的同时进行适度的限制需要我们高度重视。特别是，在死刑没有宪法化的国家，对死刑制度的拷问变得日益强烈，所以，如何从宪法上对死刑制度进行规定便需要提上议事日程。在我国宪法中，第二章虽然集中规定了公民的平等权、选举权与被选举权、宗教自由、人身自由、人格尊严等基本权利，但却对公民权中最重要、最核心的权利——生命权未加规定。这种缺失为死刑的滥用打开了方便之门。在没有宪法约束的情况下，立法者就可以便宜的方式将死刑进行功利主义的利用。另外，死刑适用条件正变得日益严格，要切实把死刑适用在“罪行极其严重的”的行为上，就必须对当下的死刑罪名进行清理。而清理的前提是在宪法层面上对死刑对应的犯罪的性质予以明确，从根本上杜绝将死刑适用于非暴力犯罪的情况。显然，这需要宪法对死刑适用制度予以明确。笔者建议，可以在《宪法》第二章第 33 条和第 34 条之间创设两款，作为第 33 条之一，规定，中华人民共和国公民的生命权不受非法侵犯。除非是罪行极其严重的暴力犯罪，否则，非经最高人民法院核准，不得对任何人判处死刑。

4. 在宪法中增加刑事违宪审查制度

“合宪性解释既对刑法具有重要意义，也对宪法具有重要作用。既存在源于宪法的刑法原则，也存在源于刑法的宪法原则。从刑法的角度解释宪法可以发现，罪刑法定主义、法益保护主义、责任主义是源于刑法的宪法原则。从宪法角度解释刑法，不仅使刑法解释多了一个新的视角和有效的解释路径，而且有利于根据宪法对刑法进行违宪判断；对空白刑法规范、终身监禁、剥夺言论自由以及没收财产都需要进行违宪判断。”② 事实上，刑事违宪审查是确保刑法立法、司

① 彭凤莲：《宪政：罪刑法定原则的基础》，载《新疆社会科学》2007 年第 4 期，第 78 页。

② 张明楷：《宪法与刑法的循环解释》，载《法学评论》2019 年第 1 期，第 11 页。

法科学性、规范性的必要形式，是增加国家权力机关宪法审查的重要内容。在刑法中明确规定刑事违宪审查制度的基本要求是赋予全国人民代表大会违宪审查权。之所以将此项权力赋予全国人大而非全国人大常委会，主要理由是：第一，虽然宪法规定全国人大和人大常委会都有监督宪法实施的权力，但其监督形式并不相同。全国人大可以通过违宪审查直接监督宪法的实施，而全国人大常委会更多地通过解释宪法的方式来确保宪法实施落到实处。第二，刑法最强烈地体现了国家权力对个体利益的侵入，所以，如何最大限度地平衡这一公共权力和个体利益，涉及更为根本的制度设计。这也就是笔者主张由全国人大而非全国人大常委会进行利益平衡的重要原因。毕竟，根据《宪法》第 67 条第 7 项的规定，全国人大常委会只能“撤销国务院制定的同宪法、法律相抵触的行政法规、决定和命令”，对刑法这一基本法律运作过程中是否违宪的情况，全国人大常委会没有自行审查的权力。

另外，刑法违宪审查的范围包括立法和司法。一方面，要强化立法的合宪审查，确保刑法规范符合宪法规定的刑事法治的基本精神和基本原则，避免立法过度地通过兜底条款、法律拟制的形式扩张刑法的调整范围。另一方面，确保司法审查的最后性、补充性。全国人大进行刑事司法审查的前提是：充分发挥最高人民检察院、最高人民法院监督职能，但仍然无法解决问题。这种操作模式的优点在于，既能有效配置法律资源，充分发挥各个职能部门的作用，又能查漏补缺，确保所有的刑法违宪都能纳入制度规范之内。

第二节　民间融资犯罪化的完善

一、民间融资犯罪化上的问题

（一）合法与非法的界限不清晰

学界一般将民间融资分为民事民间融资和商事民间融资，划分的标准是参与主体的不同以及是否存在营利性目的。我国立法上也按照这一分类进行不同的法律评价。民事民间融资法律关系的参与主体主要是公民，也有少量的非金融企业。民事民间融资主要是公民与公民之间的借贷，立法对民事民间融资的基本态度是，只要其不超出四倍基准利率，法律都予以保护。而且，即使超出了利率，国家也只是对超出的利益不加保护，但并不否定此种民间融资的合法性。而商事民间融资则不同，国家对商事法律主体（通常是企业）之间或民事法律主体（主要是公民）与商事法律主体之间以营利为目的的融资行为，原则上不承认其合法性。如，根据《非法金融机构和非法金融业务活动取缔办法》对“非法金融机构”和“非法金融业务活动”的界定，只要这种商事民间融资未经中国人民银行批准，就会被认定为违法。虽然从理论的角度看，两种民间融资的合法与非法的界限非常明显，但现实中却很难分得清。第一，营利性并不能有效区分民事民间融资和商事民间融资，因为两者中的出资人都有通过融资行为来谋取利益的目的。更为重要的标准应当是看这种有偿融资是否具有连续性、职业性。只要以融资为职业从而进行常态化操作，就应当将其向商事民间融资类型靠拢。第二，传统的区分标准难以真正解决行为的类型归属。比如，如果仅从参与主体的角度考虑，企业间的借贷往往可以被归类为商事民间融资。但有时候此类企业间的融资并非常态化，彼此也不以此为职业，而且，他们的融资也主要是服务于正常的生产经营，所以，从行为的性质上看，它更像是民事民间融资。我国立法将其作为商事民间融资，就否定了行为的合法性。第三，现行的法律法规以行为的形式违法来判定民间融资违法性的做法难以应对现实的拷问。这种形式性审查不但使民间融资很容易被认定为行政违法、民事违法，也使得民间融资越轨的犯罪化变得非常突出。

所以，要确保民间融资的稳健运行，就必须排斥金融二元主义，通过法律制度的完善为民间融资行为提供准确的制度预期，改变民间融资夹缝求生的尴尬局面。要一改以政策、命令引导行为配置的传统做法，进一步强化政策的法治化、法律的明确化和稳定化，为民间融资的合法化认定提供明确的标准。这不仅对民间融资的健康发展有益，也对违法犯罪的认定有益，因为，制度的规范性、明确性能够为行为判断确立一个客观的操作标准。

（二）罪与非罪、此罪与彼罪的界限不清晰

民间融资犯罪触犯的罪名主要是非法吸收公众存款罪、集资诈骗罪。根据我

国刑法规定，从事非法吸收公众存款或者变相吸收公众存款的行为，扰乱金融秩序的，根据行为情节的不同程度，有可能处以拘役、三年以下有期徒刑或三年以上十年以下有期徒刑。而使用诈骗方法非法集资且数额较大的，则根据行为情节的不同，处以拘役、不同期限的有期徒刑乃至无期徒刑。刑法对非法吸收公众存款罪、集资诈骗罪的罪行描述貌似非常客观、非常具有操作性，但仔细审视，仍然存在着不少问题。首先，罪与非罪的界限非常模糊。如，在描述非法吸收公众存款罪的犯罪构成要件时，刑法以“非法吸收公众存款或者变相吸收公众存款，扰乱金融秩序的”用语一带而过，这实际上并未给司法提供明确的认定标准。虽然最高司法机关通过司法解释的形式对罪名作出了一系列说明，但“面向公众”如何理解以及此罪是结果犯还是情节犯等问题仍需要进一步解决。其次，在非法吸收公众存款罪和集资诈骗罪的区分上也并非没有问题，虽然传统上以行为侵犯的是所有权还是使用权为标准能够进行合理的区分，但“以非法占有为目的”识别上的困难仍然存在，能否以更科学的标准来进行准确区分也需要进行调查研究。再次，就是对民间融资犯罪的法定犯性质缺乏关注。“在现代社会，和自然犯不同，经济犯罪具有弱伦理的性质，它是法定犯。对法定犯的惩处归入行政刑法的范畴。而行政刑法规范绝大部分是空白刑法规范，其空白需要刑法之外的行政法规来填补。”① 由于缺乏对民间融资犯罪法定犯特征的认识，在司法过程中往往径直按自然犯处理，造成犯罪认定上的错误。这就要求我们在犯罪化过程中必须牢记下列认定原则：第一，民间融资犯罪首先必须是行政违法，然后才能构成刑事犯罪。第二，即便相关的行政法存在，若没有明确的禁止规范和法律责任存在，也不能认定其构成行政违法，更不能对其犯罪化。总之，要充分考量民间融资犯罪的法定法性质，通过对行为的双重违法性的审视来确保刑法介入的谦抑性。

（三）犯罪化的政策性、主观性、随意性较大

首先，以涉案人是否跑路来判断是否应该犯罪化。认为只要涉案人不跑路就不宜犯罪化的主张之所以不正确，是因为，第一，刑法判断具有很强的规范性。

① 刘遇、尹振国：《非法集资刑法规制应理顺的八大关系》，载《云南大学学报（法学版）》2016 年第 4 期，第 125 页。

在罪刑法定的题旨下，只要行为与民间融资犯罪的相应罪名符合，就应当依法认定为犯罪。虽然以涉案人是否跑路作为刑法介入的前提充分照顾到了行为对社会的震荡，但这种侧重于社会政策的考虑显然淡化了刑法规范的存在意义。第二，从长远的眼光看，以此为标准不但难以有效规制此类犯罪，也使得民间融资犯罪更加难以预防。因为，一旦此种情况在社会中扩散，就很融合产生不正确的行为引导，它会引导更多的人从事民间融资犯罪，只要罪犯不跑路即可。

其次，以有碍经济发展为由尽量限缩犯罪的成立范围。这种错误观念有时候的确是从服务社会经济发展的目的出发来考虑问题，但更多的时候是服从于权力寻租等金融腐败的不当目的。事实上，惩治民间融资犯罪与服务经济发展不当不相矛盾，反而是相得益彰。只有有效惩治民间融资犯罪，确保民间融资健康发展，才能提高金融服务经济的能力，从而极大提升社会的整体福利。

最后，刑法规制随意化、主观化。“在我国金融发展尚不健全的情况下，金融刑法处于一种尴尬境地：一方面，由于金融法制不健全，金融刑法难以进行遏制性的事前规制，着力于规制表现为结果之恶的金融犯罪，而对大量表现为手段之恶的金融违法行为听之任之，结果在整体结构上陷入事后主义泥潭。另一方面，金融刑法对一些造成严重后果的金融违法行为，在缺乏金融法事先调整的情况下，一马当先进行调控，结果驶入背离刑法谦抑性的轨道。”① 可以看出，金融刑法存在的问题主要是提前介入和事后过度打击并存。提前介入表现为无视金融法调整方面的缺失径直进行犯罪化，事后过度打击表现为对国家金融统制秩序的过度维护。这两种情况都使得刑法调整过于随意、过于主观。

（四）偏离刑法的基本原则

首先，刑事司法机关从减轻社会震荡、确保政绩角度出发规避犯罪化的情况往往严重背离罪刑法定原则。其次，其通过政策性司法将罪名倒置的行为往往使犯罪化失去了公平性，这无疑严重地挑战了罪责刑相适应原则。最后，出于对民营经济成分歧视的动机对民间融资擅自犯罪化不但不能提升公有制金融主体的市场竞争力，还会进一步压制民间金融服务国家整体经济发展的能力，这种不公平对待与刑法面前人人平等原则完全背离。

---

① 刘远：《金融欺诈犯罪立法原理与完善》，法律出版社 2010 年版，第 104～105 页。

二、民间融资犯罪化的完善

（一）坚守民间融资犯罪二次违法的底线

由于民间融资犯罪属于典型的经济犯罪，其与其他财产犯罪的根本区别是其鲜明的法定犯属性。所以，要正确判定民间融资犯罪，就必须首先从其二次违法的角度进行审视。第一，要明确其初次违法必须是违背基本法律或者普通法律，不能将这里的“法”理解为行政法规、地方性法规等低位阶的制度规范，做此界定的目的是提高法律的权威，减少犯罪成立的范围。第二，正像前面提及的那样，初次违法中的“法”中必须有对应的义务性规范、禁止性规范和违法行为所必须承担的明确的法律责任。第三，无论是初次违法还是刑事违法，都必须有法益上的实质性损害，决不能以单纯的形式违法为依据来对行为进行犯罪化。

（二）压缩象征性立法的范围

象征性立法是一种对犯罪积极防御的姿态，其最大问题是缺乏对法益侵害的关注，而将刑法关注的重点放在较为抽象的社会安宁上。“象征性立法使得法益抽象化。象征性立法所保护的法益出于危险防范，保护的都是弥散性或集体性法益，如恐怖犯罪保护的是社会安全，网络犯罪保护的网络安全，环境犯罪保护的生态环境，经济犯罪保护的是市场公平与秩序等。弥散性法益的特点是，它具有高度的广泛性、扩散性和蔓延性……如此一来，法益不再以某种具体客体的存在为前提，只要有抽象的客体如‘安全’存在就可以动用刑法；为了保障社会的安全，刑法不再是在发生了法益侵害的危险或者威胁的情况下才介入，只要有抽象的危害公共安全的危险存在就可以介入，有时甚至连这种危险都不必存在，只要有某种行为，就可以推定侵犯了抽象的安全法益。”① 象征性立法在危害公共安全犯罪和经济犯罪中都有体现，在民间融资犯罪涉及的罪名上也可发现象征性立法的影子。如，擅自发行股票、公司、企业债券罪、非法吸收公众存款罪、擅自设立金融机构罪实质上都缺乏对具体法益侵害的关注，而将金融管理秩序的保护

---

① 刘艳红：《象征性立法对刑法功能的损害》，载《政治与法律》2017 年第 3 期，第 45~46 页。

放在最高的位置上。立法者之所以设立这些犯罪主要是此类行为非常常见，且对金融管理秩序造成了威胁。但仔细分析可以发现，这些罪名主要是手段性罪名，其主要服从于危害更大的目的性行为。如，非法吸收公众存款罪实际上从来不是目的，其终极目标是集资诈骗罪。这些立法即便上体现了国家对金融管理秩序的担心，也体现出强烈的公权至上的思想，也透露出政府机关在金融管理方面的本领恐慌，对这些立法实际上有许多方面都要检讨。

从实定法规定的罪名看，民间融资犯罪主要包括欺诈发行股票、债券罪、擅自设立金融机构罪、非法吸收公众存款罪、擅自发行股票、公司、企业债券罪、集资诈骗罪、高利转贷罪、非法经营罪等。依据犯罪客体的类型不同进行分类，民间融资犯罪可以分为规范违反型和实体侵害型。象征性立法更多地体现为规范违反型而非实体侵害型。对此类犯罪来说，只要行为人的行为违背了刑法规范就意味着给国家的金融管理秩序造成了抽象危险，就可以对行为人进行刑事处遇。

将民间融资犯罪划分为规范违反型和实体侵害型意义重大。规范违反型民间融资犯罪主要侵害的金融管理秩序，实体侵害型民间融资犯罪主要涉及金融诈骗。做此区分的意义在于：第一，要尽可能减少规范违反型犯罪，并对规范违反型犯罪的法益进行深刻检讨，将其罪名设立服务于平等的金融交易秩序方面。同时，要对规范违反型犯罪尽可能地进行轻罪化、非罪化、非刑罚化处理。第二，要尽可能减少象征性立法的影响，将刑法规制的重点放在金融诈骗犯罪上。此类犯罪的实害不仅体现为大量民间融资出资人的财产损失，还体现为此类行为会造成连锁性反应，造成极大的社会恐慌和政治性冲击。

（三）积极运用制度化形式对民间融资犯罪免罪、免刑

民间融资犯罪与其他犯罪的不同之处在于被害人对犯罪的成立起着重要作用。正是由于被害人对高额利息的追求促使罪犯的投机性犯罪能够轻易完成，所以，如何确定被害人过错的法律责任就显得非常必要。由于被害人过错是减轻罪犯刑事责任乃至影响其行为是否应该犯罪化的重要因素，所以，第一，有必要将被害人过错作为影响民间融资犯罪罪刑评价的指标进行特别关注。第二，有必要运用自损行为、被害人承诺的损害、期待可能性理论、被害人风险偏好等理论对犯罪的危害进行减轻。第三，要根据案件情况，及时运用《刑法》第 13 条“但

书”来压缩民间融资犯罪的成立范围。在这里，笔者认为，尤有必要对刑法第13条的“但书”进行专门研究。

改革开放以来经济的巨大发展给刑法以巨大压力。经济的发展变化要求刑法必须迅速作出调整。1997年刑法出台后增加了十个刑法修正案，就能够说明经济发展对刑法制度的巨大需求。新刑法出台后的局部修订主要是经济犯罪的修订，其趋势是大量的经济违法被纳入刑法调整的视野。“历经如此高密度、高强度地对经济违法行为进行犯罪化的进程，使得刑法对经济活动的调整范围得以大大扩张。有些学者对此提出批评或者质疑，诟病经济刑法患上了‘肥大症’。”① 所以，学界要高度关注包括民间融资犯罪在内的经济犯罪扩大化的趋势。一方面，根据社会经济的演进，对新出现的经济违法准确进行犯罪化；另一方面，还要根据经济条件的变化，适时通过《刑法》第13条“但书”进行出罪。

笔者认为，“但书”出罪的标准是：通过对行为具体情状的实质考察，行为已经不再具备犯罪构成所要求的社会危害性。刑法之所以规定“但书”，是想在国家刑法权力介入和公民自由保障间求得平衡，以最大限度地减少公权力的干预，尽可能地危害个体的利益。首先，我国《刑法》第13条的“但书”实际上是西方社会相当性理论、期待可能性理论在中国刑法中的展开。其目的是以一种能够为社会认可的方式来减少犯罪成立的范围。其次，《刑法》第13条“但书”也是一种节约司法资源，提高司法效率的重要举措。他通过赋予法官一定刑事自由裁量权的方式来节约司法成本，增加司法收益。毕竟，刑事犯罪特别是其中的经济犯罪具有非常强的流变性，行为的犯罪化和非犯罪化可能需要在很短的时间内完成，这既要求法官的行为机动灵活，也需要《刑法》第13条“但书”这样的便宜性条款。在罪名无法修改、废除的情况下，法官可以对符合“但书”规定的犯罪行为进行无罪化处理，如，在重婚罪仍然存在的情况下，可以运用“但书”对情节显著轻微的行为进行无罪化处遇。又如，根据时代的需求，也可以对窝藏、包庇罪中的特定亲属间的窝藏、包庇行为不追究刑事责任。

笔者之所以特别强调要充分运用《刑法》第13条“但书”来限制民间融资犯罪的成立范围，是因为：第一，当前调整民间融资的法律体系缺失，民间融资

① 王良顺：《保护法益视角下经济刑法的规制范围》，载《政治与法律》2017年第6期，第44页。

行为很容易与其他金融法的规定相冲突，要避免民间融资越轨行为遭受刑法的过度打击，就必须充分运用刑法中的免罪、免责条款来限缩犯罪成立的范围。这种限缩符合国家对民间融资的肯定态度，也必将与国家的金融政策和未来的体系性立法相符合。第二，对违法犯罪的判定是一个动态的过程，法律和事实的变化都会影响到法律评价的结果。如何缓冲法律和事实的变化是一项需要认真对待的课题，这其中，《刑法》第 13 条“但书”能够发挥显著的作用。在民间融资犯罪行为本身对被害人的财产不会造成太大损失的情况下，可以考虑运用此项规定来督促行为人成本息支付，修复社会关系，挽回各项损失。此项规定能够使行为人迷途知返，将自身行为造成的后果控制在一定的范围之内。

第三节　民间融资犯罪的罪名完善

一、重新界定非诈骗型金融犯罪

民间融资犯罪是金融犯罪，其涉及的罪名分别规定在破坏金融管理秩序罪、金融诈骗罪中。要对民间融资犯罪进行罪名上的完善，就必须对这两类犯罪进行重新审视、检讨。特别是，民间融资犯罪中的多数罪名都是破坏金融秩序罪，所以，有必要对破坏金融管理秩序罪这一非诈骗金融犯罪进行重点关注。破坏金融管理秩序罪涉及的罪名有 20 多个，这些犯罪基本上都破坏了金融行业准入制度。如，《刑法》第 174 条规定了擅自设立金融机构罪和伪造、变造、转让金融机构经营许可证、批准文件罪，这些犯罪都违背了相关的金融法律法规，破坏了金融专营制度。我们需要深思的问题是：第一，伪造、变造、转让金融机构经营许可证、批准文件行为本身不过是其他犯罪的手段，对其入罪是否合理？如不合理，我们又该如何对此制度进行改造？第二，“金融活动的核心是以信用为基础的金融交易，因而金融刑事政策应以金融交易本位为导向，而并非金融管理本位”。①那么，将“金融管理秩序”确定为独立的法益进行专门保护的是否恰当？如果，“金融管理秩序”不应作为独立的法益存在，那么，破坏金融管理秩序罪中各个

① 张东平：《民间融资罪刑边界的扩展与反思》，载《华中科技大学学报（社会科学版）》2014 第 2 期，第 97 页。

罪名的法益又该是什么？正是这些疑问，促使笔者对破坏金融管理秩序罪的刑事立法进行了拷问和反思。

（一）对破坏金融管理秩序罪立法的拷问

1. 立法滞后于社会生活

首先，计划经济时代的立法观念仍然很有市场。“反观当前我国金融法制，一方面是行政主导色彩浓厚和管制中心主义倾向明显，阻碍了市场机制在金融资源配置中的充分发挥，金融抑制的情况比较严重；另一方面是金融活动中营利至上理念盛行，弱势主体获得并受惠于金融服务的渠道有限，金融排斥的问题比较突出。”①“在我国市场体制趋向进一步完善之时，将金融刑法的重心放在‘破坏金融管理秩序罪’而不是‘破坏金融交易秩序罪’实属陈旧观念，这是计划经济体制主导下的对金融管理秩序优先维护考虑的刑事立法残留。”② 1992 年，党的十四大明确提出建立社会主义市场经济体制；2002 年，我国初步确立社会主义市场经济体制；2010 年“十一五”规划完成之时，我国基本建立起社会主义市场经济体制。我国 1997 年刑法出台后虽有十次修改，但基本上对破坏金融管理秩序罪没有做根本性改动。虽然市场呼吁刑法要重点保护金融交易秩序，但这些并未在刑法上得到回应。刑法仍然以保护金融管理秩序为主，仍然服从于国家对金融的控制，仍然服从于压制民间融资的立场。

其次，重国家统制，轻交易自由。也就是说，在金融犯罪立法上存在很大的偏差，金融管理目的、管理范围、管理方式上仍然停留在计划经济的年代，仍然从侧重服务国有企业、国有单位的角度来看制度和资源的配置。认为国家进行金融管理的目的是纯粹为了国家利益，忽视了服务市场平等交易的基本职能；认为促进国有金融主体的发展是自己的职责使命，要促进国有金融主体的发展，就必须压制民间融资。这种重国家利益，轻民生利益的观念集中反映在我国《刑法》第 176 条非法吸收公众存款罪上。根据该条规定，只要非法吸收公众存款、变相吸收公众存款的行为扰乱了金融秩序，就可以按照此项罪名对行为人进行刑事处

---

① 冯果、袁康：《走向金融深化与金融包容：全面深化改革背景下金融法的使命自觉与制度回应》，载《法学评论》2014 年第 2 期，第 72 页。

② 邵明：《从刑事立法框架辨析金融诈骗罪的去与留——以比较法研究为视角》，载《广西政法管理干部学院学报》2012 年第 2 期，第 38 页。

罚。这一条文的问题在于：第一，该罪的犯罪构成不够严谨，由于罪状中没有危害后果的规定，也没有数额、情节等方面的限制，所以，很容易将此罪理解为行为犯。在行为犯中，只要行为完成即成立既遂，这样一来就使刑法的触角无限扩大，违背了刑法的谦抑性。第二，非法吸收公众存款罪对民间融资是一个高悬的“达摩克利斯之剑”。从立法的角度看，由于缺乏刚性约束，司法机关很容易将民间融资中的越轨行为视作非法吸收公众存款罪。第三，此罪的消极意义还在于，其产生了一种与国家助推金融平等竞争相反的行为引导，事实上否定了民营经济成分进入银行等金融行业的资格，使民间融资变得愈加困难。

2. 法益模糊、虚化

“虽然我国刑法分则第三章规定的是‘破坏社会主义经济秩序罪’，但是却不能望文生义因此得出经济刑法的保护法益就是经济秩序的结论。因为，第一，经济秩序难以成为刑法的保护对象；第二，将经济秩序界定为经济刑法的保护法益，不利于对公民和法人的经济自由的保护；第三，将经济刑法的保护法益界定为经济秩序，还有阻碍经济发展和社会进步的可能。”① 金融管理秩序罪作为经济犯罪的一种，存在着同样的问题，这主要体现为法益保护虚化、错位，侵害了民间融资交易主体的利益，压制了金融交易的活力。首先，“我国《刑法》对破坏金融管理秩序犯罪行为的规制只限于金融市场准入阶段”。② 也就是说，该节犯罪主要是保护国家的金融准入制度和国家的货币专营权。所以说，即便是将法益视为管理秩序，也应当是金融准入管理秩序，而非全面的金融管理秩序。也就是说，即便不论其他，仅仅将金融准入管理秩序视作全部的金融管理秩序就存在逻辑上的问题。其次，将“金融管理秩序”而不是“金融交易秩序”视作保护的法益显然服务于金融控制的需要，而这显然与国家积极推进金融自由的基本态度不相吻合。如果仍然不对法益进行修改，很容易会进一步强化立法者、司法者干预、压制民间融资的思维惯性，从而使金融自由变得更加不可能。最后，将“金融管理秩序”确定为法益使得行政违法与刑事犯罪的界限变得愈加模糊而不可把握，这对刑法发动的被动性、补充性、最后性是一个沉重打击。

① 王良顺：《保护法益视角下经济刑法的规制范围》，载《政治与法律》2017 年第 6 期，第 45 页。

② 刘宪权：《我国金融犯罪刑事立法的逻辑与规律》，载《政治与法律》2017 年第 4 期，第 31 页。

3. 过度犯罪化

在国家本位、国有经济保护、管理至上、法益泛化的共同作用下，破坏金融管理秩序罪的适用范围愈加广泛，刑法触角逐步向行政违法领域扩展。首先，破坏金融管理秩序的多数罪名均已行为犯、情节犯的形式出现。行为犯的弊端在于其无法实现与行政违法的隔离，情节犯中“情节严重”的兜底条款事实上与行为犯无疑，其并不能发挥明确的区分职能。这都使得司法中的过度犯罪化情况非常严重。由于刑事违法和行政违法的最大不同在于其行为情状的“量”的积累，一旦对此无法区分，就会严重冲击刑法的保守性。

其次，象征性立法进一步强化了刑法扩张的冲动。“如果立法只是为了作一份‘规范申明，其规范的目的只是国家期待在社会大众之间形成一定的合法与不法意识，实质上并不想影响任何个人的行为取向’，那么这样的立法就是‘象征立法’。”① “象征性立法重视的是对犯罪的积极预防，通过刑事立法拦截风险以防患未然；是事先预防，而不是对法益侵害行为造成的危害后果进行惩罚。”② 在破坏金融管理秩序罪中，《刑法》第 175 条、第 175 条之一非常鲜明地表明了“象征性立法”的倾向。我国《刑法》第 175 条高利转贷罪规定：以转贷牟利为目的，套取金融机构信贷资金高利转贷他人，违法所得数额较大的，即构成犯罪。第 175 条之一骗取贷款、票据承兑、金融票证罪规定：以欺骗手段取得银行或者其他金融机构贷款、票据承兑、信用证、保函等，给银行或者其他金融机构造成重大损失或者有其他严重情节的，即构成犯罪。这两条规定的问题在于：第一，高利转贷的犯罪构成告诉我们，借款人和银行间的借贷行为并未构成刑事违法，两者之间的金融交易完全可以建立在合法的基础上，刑法惩治的是借款人将借贷来的资金转贷他人从而牟利较大的行为。很明显，对后者的犯罪化存在着理论解说上的困难。其一，借款人的转贷行为对金融自由并无损害，银行也并未因转贷而受损失，通过刑法手段来介入正常金融交易的行为侵害了市场主体的合法利益。其二，刑法介入的前提是行为人的行为显著地损害了金融交易的平等性，造成了严重的损害后果。但高利转贷行为没有改变银行的强势市场地位，也并未

① 刘艳红：《象征性立法对刑法功能的损害——二十年来中国刑事立法总评》，载《政治与法律》2017 年第 3 期，第 36 页。

② 刘艳红：《象征性立法对刑法功能的损害——二十年来中国刑事立法总评》，载《政治与法律》2017 年第 3 期，第 35~36 页。

严重威胁金融交易秩序，所以，没有利益对借款人的行为过度追究。而且，如果非要改变此种局面，通过行政取缔或者民事合同约定的方式即可解决，没有动辄动用刑法的必要性。第二，刑法对骗取贷款、票据承兑、金融票证罪的规定也存在过度干预、客观归罪、违的情况。以骗取贷款罪为例，该罪与贷款诈骗罪不同的地方在于其是用欺骗的方法获取贷款使用权而非所有权。但此罪的设计仍然有一定的问题，特别是，他没有考虑到借款人借款当时没有非法侵害使用权目的，仅是事后因经营困难无力偿还资金的情况。将当事人借款时虽有一定的行为瑕疵而事后因经营困难或不可抗力无法还款的情况入罪无法从伦理上获得认可。其一，刑法评价的重点是行为当时的危害和结果，不能以事后的非刑法意义的后果来评价此前的行为。将民事欺诈与非刑法意义的经济损失进行对应，人为地在它们之间架设刑法因果关系，从而将民事违法认定成犯罪行为不可避免地会使犯罪化泛化。其二，如果做此理解并进一步类推，骗取贷款罪很容易向贷款诈骗罪转化。因为，在借款人无法还款的情况下，借款时客观上的瑕疵很容易被推定为借款人具有意图诈骗的主观目的，这样一来，骗取贷款罪和贷款诈骗罪之间基本上就不存在无法逾越的鸿沟。这不但破坏了法的安定性，也偏离了人的行为预期，降低了人们主动融资的积极性。

（二）破坏金融管理秩序罪的入罪思路

1. 将金融自由交易保障权确定为该罪的法益

将金融自由交易保障权而非金融管理秩序确定为犯罪的法益更加贴近金融发展的规律，也更能充分保障金融市场主体的利益。一方面，金融自由交易保障权与金融自由交易权不同，权力拥有者仍然是国家而非个体，但其目的并非为了国家利益计，而是为了更好地保护个体的利益。“不能将一切利益当作刑法的保护法益；不能分解成或者还原为个人法益的所谓公法益，不是刑法保护的法益。”① 所以说，将金融自由交易保障权确立为犯罪的法益，就从解释论上增加制度设计的合理性。另一方面，从法益的角度看，纯粹的“秩序”非常模糊，其很容易沦为国家权力不当介入的工具。由于金融自由交易保障权相对具体，权力归属明

① 张明楷：《避免将行政违法认定为刑事犯罪：理念、方法与路径》，载《中国法学》2017 年第 4 期，第 37 页。

确，其本身也是确保金融自由的必要方式，而且，破坏金融管理秩序罪中的具体罪名实际上也是侵犯的国家金融自由交易保障权，所以，有必要将金融自由交易保障权确定为破坏金融管理秩序罪的法益。

有学者指出，“刑法的根本目的在于法益保护，秩序不具有成为刑法法益的当然性。在自由经济社会，经济犯罪的法益应当是经济自由，但在国家经济管制的背景下，经济刑法的范围最终是经济自由与经济管制调和、平衡的产物。没有具体法益侵害的场合，国家要慎重以危害经济秩序为由，将一定的行为规定或认定为犯罪”。① 笔者赞同以上学者主张法益必须具体化、实质化的立场，但对其认为经济犯罪法益就是经济自由、金融犯罪法益就是金融自由的观点不敢苟同。因为，无论是在市场经济高度发达的国家，还是在经济统制占主导的国家，金融犯罪的法益都有复合性。也就是说，犯罪规制的目的既是为了确保金融自由，也是为了确保将金融自由控制在一定范围内。换句话说，设立金融管理秩序罪的目的既是为了保障金融自由交易权，也是为了体现国家的金融自由交易保障权。前者是私权利，后者是公权力。

2. 对违法性进行双重审视

首先，“金融犯罪系法定犯，金融犯罪罪刑的裁量与认定必须以金融法律法规的规定为前提”。② “坚持法秩序统一原理，根据行政管理法规确定法定犯的违法性，是法定犯坚守罪刑法定原则的重要路径。”③ 其次，建立在双重违法基础上的破坏金融管理秩序罪必须具有实质内容，也就是说，要摒弃将此种犯罪界定为举动犯、行为犯、危险犯的立场，尽可能将犯罪评价建立在物质损害基础之上。实现这种思路转化后可以收到以下效果。第一，将单纯违背行政法的金融创新撇除在犯罪之外，因为，其无法从双重违法性和实质损害上进行犯罪化。第二，与危害国家安全犯罪等罪名不同，破坏金融管理秩序罪并不能对社会造成不确定的威胁，因此，此种犯罪只有构成与否的问题，没有停止形态的问题。第

① 何荣功：《经济自由与经济刑法正当性的体系思考》，载《法学评论》2014 年第 6 期，第 56 页。

② 刘宪权：《我国金融犯罪刑事立法的逻辑与规律》，载《政治与法律》2017 年第 4 期，第 30 页。

③ 刘艳红：《法定犯与罪刑法定原则的坚守》，载《中国刑事法杂志》2018 年第 6 期，第 60 页。

三，将金融自由交易保障权这一公法益与物质化的私法益统一起来进行规定能够更有效地实现刑法谦抑的目的。这对公权力约束和私权利保护都是一种有益尝试。

（三）罪名上的改革

总体思路是：严格区分金融违法和金融犯罪；尽可能对金融犯罪保持谨慎态度，高度重视破坏金融管理秩序罪的非犯罪化，对其中的大量犯罪实现废改立。具体来说：首先，保持侵害货币犯罪的各项罪名不变。但需要注意强化对伪造货币犯罪的实质解释，特别是，要对伪造货币的数量、数额高度重视，并进行动态解释。尤其是，我国人民币的购买力已经不同于过去，要在司法解释方面对其幅度做出变动。

其次，保持洗钱罪犯罪构成不变。主要理由在于：第一，洗钱罪的犯罪构成清楚表明，此罪客体是复杂客体，既包含货币真实交易权，也包含了国家的货币真实交易保障权，与我们前面对破坏金融金融管理秩序罪的法益认知一致。第二，洗钱罪属于典型的下游犯罪，其所洗财物属于上游犯罪所得，上游犯罪也属于危害非常巨大的犯罪。而且，上游犯罪的罪犯很可能将“洗白”的犯罪所得用于后续的犯罪。所以，切断上游犯罪再次犯罪的条件就显得非常重要。洗钱罪犯罪构成设计的科学性在于：其不仅对洗钱罪本身能够有效规制，而且其削弱乃至剥夺了上游犯罪再次犯罪的能力。很显然，国家对洗钱罪的设计服从于经济学原理，未来着力的重点是根据时代发展对其上游犯罪进行有针对性的扩展。

最后，删减罪名，改革个别犯罪的犯罪构成。第一，删除高利转贷罪和骗取贷款、票据承兑、金融票证罪。第二，对其余的非诈骗型金融犯罪，统一增加“后果严重”的规定。做此设计的目的，一方面是为了避免司法机关从政策司法的角度人为进行犯罪化、非犯罪化；另一方面是增加法益的确定性，从而增加刑法的规范性、科学性。

二、规范非法吸收公众存款罪

（一）明确行为规制的基本原则

1. 旗帜鲜明地鼓励、支持民间融资的正常发展

在民间融资犯罪的立法态度方面，要旗帜鲜明。也就是说，之所以要对民间融资犯罪进行追究，不是为了打压民间融资，而是为了通过对其越轨行为的治理来形成正向引导，进一步鼓励、支持民间融资朝着健康的方向发展。刑法也要像其他部门法那样改变传统的专政思路，从为民营经济发展尽心出力的角度来审视自己的立法。刑法要树立对各金融成分一体保护的思想，避免从维护国有金融主体特殊利益的角度来打压民间融资的正常发展。在民间融资犯罪涉及的罪名中，非法吸收公众存款罪是最为常见的一个。所以，要对非法吸收公众存款罪进行认真检讨，将罪名设置牢牢建立在正确的价值观之上。

2. 正视象征性立法的危害

“如果立法只是为了作一份规范申明，其规范的目的只是国家期待在社会大众之间形成一定的合法与不法意识，实质上并不想影响任何个人的行为取向，那么这样的立法就是‘象征立法’。”① 象征性立法具有以下基本特征：立法代表着一种行政谴责的立场，其服务于行政管理的需要，为着行政管理的主动性而不是司法的被动性服务；其更多的是一种政策方面的宣示，而非建立在对犯罪特征的科学把握之上；在象征性立法主导下的犯罪具有鲜明的手段性、方式性特征，其后续性、结果性行为往往有确定的罪名；象征性立法的功利性使得其很容易侵蚀公民权利，其事前立法、超前立法的特征明显。虽然非法吸收公众存款罪存续已久，但其象征性立法的特征依然明显：司法机关总是根据国家对待非法吸收公众存款的态度来扩张或限缩犯罪的适用；非法吸收公众存款的行政违法特征明显，但这种违法主要表现为规范的违反，但一般缺乏可以进行物化考察的实质危害。

3. 强化非法吸收公众存款的前刑法治理

首先，作为法定犯，非法吸收公众存款罪与一般的违法区别并不明显，这就为强化前刑法治理提供了条件，创造了可能。这种前刑法治理一方面可以体现为对行为进行非罪化处理，另一方面也可以通过非刑罚化的方式体现。其次，行政违法中的“法”总是处于时常变动的状态，这种特征让我们有理由时常对非法吸收公众存款罪进行反省，并根据金融的不断发展和行政法的变革对非法吸收公众存款罪的罪刑结构进行改革。强化非法吸收公众存款的前刑法治理不仅意味着司

① 刘艳红：《象征性立法对刑法功能的损害——二十年来中国刑事立法总评》，载《政治与法律》2017 年第 3 期，第 35~36 页。

法资源的节约，更意味着和谐社会建构的成功。因为，非法吸收公众存款总是以资金供需的同时存在为条件，这也意味着市场这只“无形之手”事实上在发挥着资源配置作用。也正是从此意义上讲，很可能行政违法、刑事违法的正当性都面临着挑战，毕竟，真正的情况很可能是这些法律与客观的市场规律不相适应，而非金融市场中的人出现了问题。在这种情况下，需要改变的很可能不是资金供需双方的行为，而是行政法规范和刑法规范。

（二）非法吸收公众存款罪罪名设计上的问题

1. 金融二元主义深深影响着立法

回溯历史可以发现，非法吸收公众存款罪从确立罪名之初，就服务于国家维持国有金融主体优势地位、垄断地位的需要。时至今日，这种局面都没有根本性变化。这也是国家将非法吸收公众存款罪规定在破坏金融管理秩序罪中的原因。很明显，若不从立法指导思想上变革思路，非法吸收公众存款罪就无法实现实质性突破。立法指导思想之所以难以发生变化，主要是基于以下几个方面的原因：首先，民营经济总是从利己的角度来看待自己的行为，这使得其更容易短视，更喜欢从投机的角度来面对民间融资。这是市场行为的通病，也是国家需要进行规范、治理的原因。也正是个人行为的这些缺陷，使得刑法父爱主义具有了存在的理由。国家希望通过这种对自发行为的引导来高度介入市场主体的活动中。由于对市场主体自发行为弊端的过度恐惧，使得国家更倾向于以更剧烈的方式来对这些行为进行纠偏，这是非法吸收公众存款罪存在的深层次的原因。其次，国有金融单位相较于民间融资单位，其利润更具稳定性和长期性，其资金融通的风险也极低，所以，国有金融单位更倾向于产生利益集团，他们通过集体发声和制度化形式来进一步固化其利益，也使得其发言权更大。这就意味着国有金融单位更能够通过对立法产生影响和压力来压制民间融资的发展。这些年民间融资之所以饱受压制，与国有金融单位的强势不无关系。最后，即便是一般的社会民众，都对民营经济怀有偏见，认为其发展可能会非常严重地影响社会主义经济基础的巩固。这些在计划经济年代形成的观念极大地固化了大众和政府机构的行为方式，也使得对民营经济成分的歧视性对待变得常态化。

2. 立法抽象、模糊使司法变得非常随意和主观化我国《刑法》第176条规定：非法吸收公众存款或者变相吸收公众存款，扰乱金融秩序的，构成非法吸收公众存款罪。可以看出，从立法的角度看，该罪的构成相当简单，这就使司法权力的扩张变得非常容易且难以控制。虽然最高人民法院2010年11月20日通过的《关于审理非法集资刑事案件具体应用法律若干问题的解释》（以下简称《解释》）第3条对立法进行了较为详细的解释，但这种解释仍然存在着不少问题。按照这个《解释》，出现下列情形之一，可以构成非法吸收公众存款罪：第一，个人非法吸收或者变相吸收公众存款，数额在20万元以上的，单位非法吸收或者变相吸收公众存款，数额在100万元以上的；第二，个人非法吸收或者变相吸收公众存款对象30人以上的，单位非法吸收或者变相吸收公众存款对象150人以上的；第三，个人非法吸收或者变相吸收公众存款，给存款人造成直接经济损失数额在10万元以上的，单位非法吸收或者变相吸收公众存款，给存款人造成直接经济损失数额在50万元以上的；第四，造成恶劣社会影响或者其他严重后果的。这一解释的问题在于：首先，用“人数”“金额”来界定犯罪并不合理。“人数”意在表现“公众性”，“金额”意在表现吸收资金的规模数额。但这些都无法客观测量行为的社会危害性。因为，“人数”很可能是由数量一定的家庭成员组成，“金额”也并不是犯罪造成的无法挽回的经济损失。所以，无论是人数，还是金额，都是构成犯罪的必要条件，而非构成非法吸收公众存款罪的充分条件，将其分列出来，一一作为入罪条件并不合理。

其次，将“造成恶劣社会影响”作为犯罪的兜底条款也未必恰当。从现实的案例中发现，“造成恶劣社会影响”主要指被害人因无法获取本息而聚众上访或者自残、自杀或者造成严重的精神疾病。笔者并不反对以这些间接后果来修饰犯罪构成，但反对单纯把这些间接结果直接作为犯罪构成。因为，非法吸收公众存款罪本质上是经济犯罪，其犯罪客体必然包含对金融自由交易权和国家金融交易保障权的侵犯，如果行为并不对这些犯罪客体造成侵害，那么就不能以单纯的间接损害来认定行为构成犯罪，这就像不能单纯按照民意、社会形势来直接对犯罪进行认定一样。这就像结果加重犯一样，必须在行为符合犯罪基本构成基础之后才能成立。所以说，“造成恶劣社会影响”是一项非常主观的评价，此种评价必须建立在客观的、直接的危害基础之上。简单地以此主观评价为依据来入罪，很容易造成犯罪认定上的主观化、政策化、政治化。

最后，法益模糊使得司法背离了立法初衷。第一，国家设立非法吸收公众存款罪的初衷是为了强化国家的金融管理秩序，但由于此法益非常模糊，使得司法解释和司法活动实际上背离了立法的初衷。如，虽然《解释》第 3 条第 1 款再次申明非法吸收公众存款罪的犯罪客体应是国家的金融管理秩序，但该《解释》第 3 条第 4 款却又规定：非法吸收或者变相吸收公众存款，主要用于正常的生产经营活动，能够及时清退所吸收资金，可以免予刑事处罚；情节显著轻微的，不作为犯罪处理。很明显，该款事实上是把财产权作为该罪的犯罪客体来对待的。第二，立法和司法的不协调很容易导致更为现实的问题："从表面上看，该《解释》第 3 条第 4 款是出罪的条款。但是，在公安执法中一旦开始刑事侦查，就必然会导致从事融资的企业产生经济损失，因为融资企业所吸收的资金都要重新投资或贷出，无法做到及时清退资金。也就是说，这个条款不仅不能实现出罪功能，反而是一个入人于罪的陷阱。"①

3. 犯罪构成的不科学带来一系列问题

首先，按照非法吸收公众存款罪的立法本意，只要有非法的资金拆借行为就可成罪，不必考虑资金拆借是否用于生产经营等正当目的。但事实上，"唯有违反规定以货币、资本经营为目的的吸收资金行为才可能扰乱到金融秩序，落入犯罪圈。相反，出于正常生产经营目的的吸收资金行为应当不属于刑法规制范畴"。② 所以，机械地套用刑法条文来理解非法吸收公众存款罪未必符合社会现实。其次，非法吸收公众存款罪立法无法使其与一般的行政违法行为严格区别开来。这一方面增加了刑法的负担，造成犯罪化的泛滥；另一方面也使得行政法的机能未能充分发挥，使行政违法治理变得迟钝。所以，我们必须进一步明确、细化非法吸收公众存款罪的犯罪构成，重新强调，只有在行政法等前刑法制度无法有效控制的情况下才能考虑对这些行为进行犯罪化。缺乏对非法吸收公众存款罪犯罪性质和部门法分工的准确把握，必然会使犯罪治理变得难以进行。最后，要将财产权和金融交易自由保障权结合起来来理解该罪的犯罪构成。"犯罪是侵犯或威胁法益的行为，法定犯是单纯违反禁止规范的犯罪，是对国家规定的单纯不

---

① 封志晔：《从非法吸收公众存款罪看犯罪构成理论的困境与选择——以一个商业家族的兴衰为视角》，载《河南警察学院学报》2018 年第 6 期，第 73 页。

② 梅腾、闫二鹏：《"P2P 网贷债权转让"的刑法介入——以非法吸收公众存款罪的实质解释为视角》，载《中国人民公安大学学报（社会科学版）》2016 年第 2 期，第 80 页。

服从，并没有实质地侵害法益，其在法益侵害性的问题上存在先天不足。没有法益作为判断可罚性的理论支撑和限缩作用，导致其出罪机制不畅以及司法实务中法定犯的日益口袋化。"① 特别是，要避免风险社会理论对刑法理论形成过度冲击，就必须进一步强调法益实害化，通过这一举措来切实避免象征性立法的过度扩张。

（三）完善非法吸收公众存款罪的路径

1. 正确理解非法吸收公众存款罪的违法性

"非法吸收公众存款罪作为典型的行政犯，在客观方面具有明显的双重违法性特征，即其行为首先是因为违反了前置性的金融管理规定，具有行政违法性；其次又因为行为具有严重的社会危害性并体现了较强的人身危险性，于是具有了刑事违法性。"② 非法吸收公众存款罪二次违法的特征明显，关键的问题是对其违法性尤其是行政违法性准确把握。"有观点认为，任何向社会公众集资或者吸收存款的行为都要经过银行业监督管理机构的批准，未经批准即为非法。"③ 笔者认为，此种见解颇有值得商榷之处。因为，民间融资的实际情况就是很多融资行为都未经金融监管部门批准，如果以这种形式违法性作为判断依据，几乎所有的民间融资都有可能被纳入行政违法和刑事违法的视野。很明显，这种见解过于宽泛地界定了民间融资犯罪的违法性。笔者认为，首先，非法吸收公众存款罪所要求的非法必须是行政违法和刑事违法的复合。只有在行为确定地被认定构成明确的行政违法，且行为人负有行政法律责任的基础之上，才有进行犯罪化的可能和必要。切忌在行政法没有明确规定法律责任的情况下贸然进行犯罪化。其次，要将行政违法中的"法"从严掌握，这里的"法"可以包括国务院的行政法规和全国人大及其常委会制定的法律，但不能是地方性法规和部门性规章、地方性规章。最后，对行政法规也要从严掌握，不能将国办转发的部门性意见作为行政

① 刘艳红：《"法益性的欠缺"与法定犯的出罪——以行政要素的双重限缩解释为路径》，载《比较法研究》2019 年第 1 期，第 86 页。

② 邹玉祥：《P2P 网络借贷的刑法管控——以非法吸收公众存款罪的限缩新论为视角》，载《北方法学》2018 年第 5 期，第 148~149 页。

③ 冯亚东、刘凤科：《非法吸收公众存款罪的本质及立法失误》，载《人民检察》2001 年第 7 期，第 19 页。

法规看待。再次，要对违法特别是行政违法坚持动态的、历史的判断。在行为已经不构成行政违法的情况下，立即停止行为的犯罪化认定。也就是说，“经济犯罪立法原理与罪状设置具有特殊性，对经济犯罪进行刑法解释，应当注意经济犯罪的二次违法性特征和刑法解释的法律政策性限定，在行政法以及其他非刑事法律规范明确排除或者阻却具体行为之行政违法性的场合，应当对该行为作出无罪的刑法解释结论”。①

2. 通过修改犯罪构成来限缩犯罪的成立范围

首先，将非法吸收公众存款罪修改为目的犯，也就是说，要在其犯罪构成中增加“从事非法货币经营目的”的规定。之所以增加这一主观超过要素，目的是将处于生产经营目的而吸收公众存款的行为排除在外。这一规定的意义在于：第一，从立法的角度即限缩了犯罪成立的范围，避免了司法解释的扩张，提高了立法技术和立法质量。第二，非法吸收公众存款罪往往是集资诈骗罪的方式行为，姑且不论集资诈骗罪立法是否科学，只要限缩了非法吸收公众存款罪的成立范围，就能够降低集资诈骗罪罪名成立的可能性，或者减轻集资诈骗罪的刑事责任。因为，司法机关往往将罪犯非法吸收而不能归还的款项视作集资诈骗的数额，而这其中，许多款项都可能用于正常的生产经营。增加上述的主观超过要素，对非法吸收公众存款罪和集资诈骗罪都有相当的价值。

其次，将非法吸收公众存款罪的法益实害化。总体思路是将其法益确定为个体财产利益和国家的金融自由交易保障权的总和。第一，坚决地排除把人数、财产数额等过程性因素视作犯罪成立充分条件的做法。第二，必须把行为给个体造成了一定的财产损失作为判断的基础和前提。非法吸收公众存款罪的要害不是行为违反了行政法，而是因为这种违反给个体造成了相当的财产损失。只有个体的财产利益遭受损害，才能认为这种行政违法已经严重到了必须靠刑法来规制的程度。所以，国家的金融自由交易保障权遭受损害只是一个附随的判断结果，其自身不能作为独立的法益存在。

3. 要将非法吸收公众存款罪修改为非法吸收公众资金罪

其具体犯罪构成是：出于非法货币经营目的，违背金融管理法律法规吸收公

① 魏东、李红：《经济犯罪刑法解释的法律政策性限定》，载《人民检察》2017年第13期，第5页。

众资金，后果严重的行为。增加“非法货币经营目的”这一主观超过要素，是为了排除将资金用于正常生产经营的融资行为；增加“违背金融管理法律法规”，是为了强调此罪二次违法的属性，确保能够历史地、动态地解释行政违法性；而之所以不再保留“或者变相吸收公众资金”，是因为在“存款”两字已经被剔除替换的情况下，罪名的涵括范围已经非常广泛。需要强调的是，将“存款”修改成“资金”意义重大。首先，存款针对银行业务而言，如果单从字词逻辑来看，非法吸收公众存款罪主要应规范通过非法开设银行从事存款业务的行为。很明显，这就限制了犯罪的成立范围。这也导致为扩大犯罪成立范围，立法只能在犯罪构成中增加“变相吸收公众存款”的规定，但这一概念很容易造成解读上的困扰。所以，将“存款”修改成“资金”就显得非常必要。其次，非法吸收公众存款罪很容易使人认为设立此罪的目的就是为了保护国有银行的垄断地位。因为，在我国，银行绝大多数都是国有银行，而且，非法吸收公众存款罪的犯罪主体主要是民营经济成分或者自然人，这就更容易使人产生联想。将此罪修改成非法吸收公众资金罪就可将所有非法吸收公众资金的行为纳入视野，而不再局限于存贷款业务，这不但可以避免大家产生主体歧视的错觉，也可以增加犯罪规制的科学性。

三、有效规制腐败犯罪

民间融资犯罪往往伴生这腐败犯罪。从事民间融资犯罪的罪犯往往通过腐败犯罪来拉拢、腐蚀国家工作人员，从而充当其保护伞，或者为腐败犯罪提供便利条件。从这种意义上讲，相关的腐败犯罪往往也是民间融资犯罪。所以，审视腐败犯罪中的问题，并对规制制度进行有意识的改革对防控民间融资犯罪意义重大。也正是出于此种目的，笔者用法律经济学的视角对腐败犯罪进行了全新检视，并对规制理念、规制制度的更新提出了建议。

腐败是指“在特定的文化背景和社会环境下，个人或群体违反公认的社会规范，不恰当地利用自身所掌握的稀缺资源，为自己或他人谋取不正当利益，同时损害公共利益的行为”①。而腐败犯罪则可被界定为触犯刑法规范，符合刑法具

---

① 岳磊：《腐败行为的概念界定及其对我国的适用——基于社会学视野的探析》，载《郑州大学学报（哲学社会科学版）》2013年第2期，第18页。

体罪名的犯罪构成的行为。从类型上讲，腐败犯罪主要包括贿赂犯罪、贿赂犯罪。腐败犯罪与普通犯罪不同，其涉及的主体主要是各级官员，由于官员直接可以决定国家资源的分配，所以官员的腐败犯罪危害巨大，其不但压制生产力的发展，还会破坏、腐蚀正常的生产关系，造成社会各个系统的堕落，所以，古今中外都高度重视腐败犯罪的预防和惩治。但由于促发腐败犯罪的原因非常复杂，涉及社会各个部分的系统发力，所以，如何有效进行思想重塑和制度改造是一项富有挑战性的工作。我们党和政府历来重视腐败犯罪的治理，通过各种措施有效治理了犯罪，尤其是十八大后，反腐成绩举世瞩目。2013 年 1 月 22 日，习近平总书记在十八届中央纪委二次全会上强调，要加强对权力运行的制约和监督，把权力关进制度的笼子里。2017 年 10 月 18 日，习近平总书记在党的十九大报告中指出“强化不敢腐的震慑，扎牢不能腐的笼子，增强不想腐的自觉，通过不懈努力换来海晏河清、朗朗乾坤”。虽然反腐已经取得了巨大成就，但要进一步巩固成果，取得治理的新进步，就必须深化对腐败犯罪发生原因的研究，找到症结所在，在此基础上有意识地进行系统性的制度建构，以增加反腐的针对性、科学性。

与法学、政治学等视角不同，法律经济学提供了一个新的、重新审视腐败犯罪的新视角。法律经济学之所以能够分析得更深入、更具传统力，首先得益于法律经济学能够对人的所有具有社会意义的行为进行分析。“图洛克把经济学的研究范围从生产领域的资源配置扩张到了非生产资源领域的配置，从人们追求新增经济利益的行为扩张到追求既得经济利益的行为：前者是我们熟知的把蛋糕做大的‘寻利活动’，后者则是多分割蛋糕的‘寻租活动’。”① 腐败犯罪本质上就是一种权力寻租现象，所以，法律经济学能够对这种违背市场规律的行为进行专项研究。其次，腐败犯罪实际上也是一种经济犯罪，而经济犯罪实质上就是违背市场规则的市场交易行为。这也是法律经济学能够对这种经济现象进行介入的原因。因为，法律经济学是运用经济学的理论、方法分析研究法律现象的学问，其对同是经济现象和法律现象的腐败犯罪能够更好地加以研究。在法律经济学看来，腐败犯罪是权力拥有者滥用公权谋求部门私利或个体私利的行为，其显著地

① ［美］戈登·图洛克：《特权和寻租的经济学》，王永钦、丁菊红译，上海人民出版社 2015 年版，第 6 页。

降低了社会总体福利。腐败犯罪不仅降低了公共资源配置的效率，还亵渎了公共权力的神圣性，使权力变成了能够交易的商品。腐败犯罪公行不但极大地增加了市场交易的成本，还会降低公众的市场行为，增加其投机主义，所以，有必要从法律经济学的角度进一步深化对腐败犯罪的认识，强化人的心理约束和制度建设，营造好不敢腐、不能腐、不想腐的良好社会生态。

（一）腐败犯罪的发生原因

1. 腐败犯罪也有存在的市场

腐败犯罪与正常的经济市场一样，其也有存在的根据和运行的潜规则。这其中，权力供需的矛盾为腐败犯罪的产生提供了条件。由于公权力能够对国家和社会资源进行配置，这些行为会带来极大的利益。所以，如何获取这些资源和利益成了大众追求的目标。虽然国家通过信息公开和执法规范化、透明化强化了利益获取的程序性、正当性，但仍然无法杜绝权力拥有者的自由裁量权，也无法确保所有的政府权力都能够符合预定的目标。这些为权力拥有者设租和资源需求者寻租提供了腐败的空间。也正是这些情况的存在，增加了腐败犯罪治理的难度，因为，除去有确定的证据能够证实确实发生了腐败犯罪，大量的腐败犯罪可能长期存在着且难以追查。权力拥有者和利益输送者之间的信息优势和行动上的联盟使得其有足够的理由来证实自身行为的合法性。

2. 腐败犯罪也在进行成本收益核算

按照法律经济学的理论，纳入规范审视的人类行为都是相对理性的行为，人总是从成本收益对比的角度来衡量行为的利益得失。也正是从此意义上讲，绝大部分人都是能够遵纪守法，因为他们都认为犯罪后的损害要远远超过犯罪带来的收益。从事腐败犯罪的行为人也并非没有进行行为计量，只是因为各种原因使得其思考不同于一般的大众认知。首先，罪犯总是认为其能力要超脱于其他人，虽然这种认知未必符合实际，但这足够使罪犯高估其逃脱法律追究的能力，也使得其更乐于通过犯罪来谋取利益。其次，乐于犯罪的人总是高估犯罪收益而轻视犯罪成本的支出。由于其总是对犯罪保持乐观和自信，从而使其对从事正当活动失去了信心，这进一步强化了其从事腐败犯罪的心理。最后，罪犯不但会高估其犯罪能力，还会对自己免受法律追究抱有很强的侥幸心理。这就意味着其将自己可能遭受的刑罚追究没有纳入成本考量的范围，这就显著减少了犯罪的成本，从而进一步增加了犯罪的收益。试想，如果犯罪不需考虑刑罚成本，还有谁不会堂而皇之地进行犯罪呢？

3. 委托代理关系的不平衡

“腐败的本质是利益委托和权力代理的勾结与合谋，其对公共权力行使和资源分配有着巨大的腐蚀作用，对社会政治经济的健康发展有着不可估量的危害。”① 腐败犯罪之所以大量存在，很大程度上是源于对公权力的监督不到位。我国《宪法》第 2 条规定：“中华人民共和国的一切权利属于人民。人民行使国家权力的机关是全国人民代表大会和地方各级人民代表大会。人民依照法律规定，通过各种途径和形式，管理国家事务，管理经济和文化事业，管理社会事务。”从宪法的角度看，行使公权力的行政机关、司法机关、监察机关都由权力机关授权，代表国家履行管理职责。但现实的情况是，无论是权力机关还是其常设机关对无法对这些机关履行职权情况进行常态性监管，这些行政机关、司法机关、监察机关对其工作人员和下级机关也存在无法常态性监控的问题。这就导致权力委托方和代理行使方无法实现平衡，权力的真正实施方往往会利用委托方的劣势进行权力寻租。

另外，权力总是具有扩张的属性，它不会放过任何制度上的漏洞。这种自利性质的权力扩张不但会增加权力拥有者之间的内耗，还会侵夺个体的利益。这种侵夺往往通过为个体设定更多义务的形式来实现。义务意味着个体的负担，也意味着权力行使方拥有了更多、更大的权力。这种权力扩张事实上违背了国家对其授权的初衷，会引发一系列的道德风险。

4. 信息不对称

从法律经济学的角度看，信息不对称是助长不正当竞争的重要因素，它会加大其他竞争者进入市场的难度，也会促成内部交易等腐败现象。首先，信息不对称会剥夺有竞争力的资源需求者的正当竞争权。在寻租者和利益输送者之间形成合谋的情况下，利益输送者较之其他竞争者具有更多的信息优势，这些优势足以将潜在的竞争者排斥在市场之外。其次，寻租者较之所有的资源需求者都有信息

① 周亮：《论成本收益视域下反腐败行为的制度选择》，载《甘肃社会科学》2013 年第 1 期，第 222 页。

优势，这种优势很容易使其主动寻租。也就是说，有时并非资源需求者主动出击，而是寻租者主动设租，主动联络要求一定的资源需求者来与之达成合作协议。这种内部沟通和谋划不但排除了其他人参与竞争，也能够为寻租者带来更大的利益。再次，信息不对称也会加大正常交易的成本，从而使权力拥有者获益。这主要体现为权力拥有者在合同履行中设置各项条件来诱导对方付出不必要的成本以确保彼此的合作能够正常进行下去。

5. 制度缺失或低效带来消极后果

虽然“信任代替不了监督”，但制度的建构总有这样那样的问题。一方面，制度总是滞后于社会生活，这就意味着制度调整社会行为时总有不尽如人意之处。比如，行政管理的复杂化、专业化往往使监督乏力。而且，对行政权、司法权的监督往往是事后监督而非全过程监督，虽然全过程监督是一种理想状态，往往需要高昂的成本，但这种监督对腐败犯罪的预防确实至关重要。

制度的滞后和缺失带来的一个消极后果是赋予了权力拥有者便宜行事的能力。这一方面能够增加国家的管理水平，提高管理绩效；但另一方面，也使得对权力的监督变得更加困难。因为，其一，国家找不到明确的法律依据对这种权力行使进行法律追究。其二，便宜行事往往意味着自由裁量权的存在，这种自由裁量权往往是权力行使时必要的条件。制度的滞后和缺失使权力干预加大，权力干预加大而不受制约则往往会催生腐败犯罪。

6. 路径依赖导致滚雪球现象不断出现

法律经济学视野中的路径依赖指这样一种现象：人们一旦选择了某个体制，由于规模经济、学习效应、协调效应、适应性预期以及既得利益约束等因素的存在，会导致该体制沿着既定的方向不断自我强化。路径依赖可以很好地解释腐败犯罪的发生和强化。首先，对个人而言，路径依赖会塑造人的行为习惯，如“小时偷针、长大偷金”。一旦个体遭受路径依赖的锁定，其就会不停地强化行动的意识，这也能够很容易地解释腐败犯罪一旦发生，罪犯就很难收手。路径依赖还会在个体之间产生模仿效应。一旦其他人能够知悉他人腐败而不受追究，他也会加入到犯罪的行列中去，这进一步扩大了腐败犯罪的发生范围。其次，路径依赖还能够解释团体性腐败犯罪的高发问题。团体性腐败犯罪是共同犯罪的一种，由于彼此之间的分工和配合，此种犯罪较之个体性腐败犯罪危害更大，也更难以发现和根除。事实上，团体性腐败犯罪受行为惯性的制约更大，这决定了个体很难从这种腐败中得到解脱。最后，路径依赖也催生了利益集团，一旦利益集团形成，其就会从营利的角度出发自我膨胀、自我强化。一方面，利益集团会通过腐败犯罪来寻求更大的利益；另一方面，利益集团还会游走在灰色地带，甚至会采用合法的形式来掩盖其非法的目的，这种形式对腐败犯罪的发生作用更大。

（二）腐败犯罪的规制现状

1. 难以根除腐败的土壤

首先，民众对强力反腐的态度不够坚决。由于我国多年来深受封建意识和官本位的影响，民众对腐败治理抱有相当矛盾的态度。一方面，其对社会上的腐败现象深恶痛绝，希望杜绝此类现象的发生。但另一方面，其没有树立守法的普遍观念，总希望制度规范对自己没有约束力，从而增加自己的投机主义。这种对反腐态度的撕裂很大程度上影响了反腐的进程。其次，我国制度刚性不足，尤其是刚性立法、柔性执法司法的情况非常明显。特别是其中的选择性执法，极大地腐蚀了制度规范的正向作用，再加上普遍性的人治心理，使得民众无法对腐败犯罪真正恨起来、真正狠起来，这些都显著影响了反腐法治的建设。

2. 制度的威慑力不够

首先，刑罚的威慑力不够，或者说刑罚无法起到犯罪预防的作用。第一，对贿赂犯罪是否应该废除死刑是一个引起广泛争论的话题。虽然有不少见解认为贿赂犯罪作为经济犯罪的一种应当废除死刑，但笔者认为贿赂犯罪虽然与经济犯罪存在交叉，但其却与经济犯罪并不完全相同，其对公权力的腐蚀导致其在经济犯罪应受谴责性的基础上还有值得从重处罚的其他理由，也正是基于以上认识，现行刑法仍然保留了腐败犯罪的死刑适用。但需要引起重视的是，腐败犯罪的死刑适用率偏低，这事实上对腐败犯罪的防控具有非常负面的影响。因为一旦腐败分子认识到自己通过钻法律的空子能够避免死刑的适用，就会增加其从事腐败犯罪的动力。第二，终身监禁适用的概率非常低。2015 年的刑法修正案（九）在贪污罪中规定了终身监禁。根据该修正案，罪犯犯第 383 条第 4 款规定的贪污罪被判处死刑缓期执行，人民法院根据犯罪情节等情况可以同时决定在其死刑缓期执行二年期满依法减为无期徒刑后，终身监禁，不得减刑、假释。但这种终身监禁的适用条件严格，适用的概率较低。据不完全统计，时至今日，只有白恩培一人被判终身监禁。

其次，没有从经济学的视角对行贿犯罪给予应有的处罚。从经济学的视角看，贿赂犯罪市场有供给者、需求者两方组成。在这两方中，需求者的作用甚至更大。但现行刑法在认可贿赂犯罪是对向犯的同时却对行贿罪的刑事责任并未给予应有的关注，导致司法实践中对受贿者惩罚较重，对行贿者则出于诉讼便宜的动机对其从轻、免除处罚乃至进行非犯罪化。虽然重视对公权力拥有者的严惩能够从其犯罪行为侵害的是复杂客体的角度进行解释，但这不应当成为减轻行贿者刑事责任的理由。因为，第一，经济学告诉我们，哪里有需求，哪里就有市场。只要人有投机寻利的心理动机，只要存在制度上的漏洞，只要对行贿者惩治的力度和严厉度不够，他就会冲破制度的藩篱铤而走险。所以，要真正使人对权力产生敬畏，使权力滥用失去市场，就必须从强化行贿者责任做起。第二，行贿者希图以行为受压制从而不得不行贿的说辞未必能够站住脚。因为，在制度规范日益细密、完善，在通过正当市场行为能够获取正当经济利益的情况下，行贿者偏偏要借助贿赂手段来达到目的就是一种促发、助长犯罪的“恶”。从其主观心理来看，行贿者往往是想通过行贿来压制正常竞争，从而使自己获取非法的巨额利益。也就是说，从主客观相统一的角度理解，对行贿者从轻处理同样难以获得伦理和法律的认可。

（三）防控机制的建构

1. 充分认识构建防腐机制的重要性

腐败犯罪危害巨大，其危害不仅体现为腐败官员对物质财富的攫取上，更多地体现为其对社会风气侵蚀上，以及其对国家形象的侵害上。腐败犯罪如果不能得到有效控制，就无法树立健康的社会认同，制度将会失去刚性，权力运行的成本便会大量增加，广大人民群众的负担便会不断加重。这种状况短期可以降低人民群众的生活质量，长期会威胁国家的存续。所以，必须对其危害保持清醒认识，努力构建起防腐机制。腐败犯罪生发原因多样，需要以系统论的观点来看待反腐制度建设。在所有规制腐败犯罪的制度体系中，法律制度是最重要的制度，只有依法反腐，才能确保反腐规范化，才能避免选择性反腐等反腐主观化、人为化的发生，才能真正使反腐常态化。在反腐过程中还要高度重视社会监督。阳光是最好的防腐剂。要确保权力健康运行，就必须高度重视监督体系建设。而在监督体系中，社会监督的作用不容小觑。社会监督主体广泛，其能够低成本、高效地发现权力运行中的问题，而且能提高反腐的质量和准确性。

2. 要增加犯罪成本，压缩犯罪收益

犯罪成本包括直接成本、机会成本、惩罚成本。直接成本是罪犯从事犯罪需要直接付出的成本，机会成本指因犯罪而付出的代价或者说因犯罪而丧失的福利，惩罚成本指犯罪后被司法机关处罚所遭受的损失。要显著增加犯罪成本，从而减少罪犯犯罪的冲动。

首先，增加腐败犯罪的直接成本。一方面，要使利益输送者认识到，从事腐败犯罪意味着要付出更多的直接利益和沉淀成本、更多的时间投入、更大的心理煎熬和压力。另一方面，要对权力拥有者进行规范，避免其一步步沦陷。第一，要进一步完善官员不定期轮岗制度和行为报告制度，通过强化对其行为的监督，尽可能地切断其同利益输送者之间的密切联系。第二，要进一步完善个人征信制度，将利益输送者的行贿行为纳入征信之中，建立公开查询和记录更新制度，把利益输送者的业务行为与行贿行为绑定，从而强化其对制度的敬畏。

其次，进一步增加犯罪的机会成本。第一，增加国家工作人员的福利待遇，同时出台规定，如果国家工作人员无违法特别是无腐败记录的，在职务晋升、晋级等方面从严待遇。这样规定的目的是，一旦国家工作人员违法犯罪，其违法犯罪的机会成本会更大。第二，明确规定对腐败犯罪实行终身追究制，这不但意味着腐败犯罪一旦被追究，罪犯不但难逃牢狱之灾，更重要的是要丧失尊严、荣誉和来之不易的各种物质利益。第三，众所周知，国家工作人员犯罪对其子女参军入伍、考取公务员等方面都有实质影响。要在现有制度的基础上增加国家工作人员腐败违法的，其子女不能参军、进入公务员队伍的规定。

最后，对刑法规定进行完善，进一步增加犯罪的惩罚成本。由于犯罪惩罚成本主要由惩罚的严厉性、及时性、必然性决定，所以要重点针对上述方面进行重点改革。第一，进一步扩大终身监禁制度在腐败犯罪中的适用，可以规定，只要腐败犯罪被判处无期徒刑的，除非有其他法定情况，不得减刑、假释。第二，对腐败犯罪的资格刑适用进行改革。在刑法分则第九章渎职罪中增加剥夺政治权利的规定；充分发挥刑法第三十七条非刑罚处罚措施的作用，避免腐败分子遭受刑罚处罚后仍然能够享受犯罪福利的情况。第三，整合刑事诉讼制度，用高科技提高刑事诉讼的效能，提高破案率和办案准确性、及时性，使腐败分子消解其侥幸心理，督促其在第一时间投案自首。

3. 强化制度建设

首先，要进一步强化前刑法制度体系建设。这其中，关键是要在强化犯罪预防制度上下功夫。腐败犯罪与其他犯罪的主要不同在于其发生在权力运行环节，所以，如何有效规范权力运行应当成为法治建设的重点。笔者认为，第一，要规范权力的立法授权，确保立法不被利益集团绑架，要从党的立场、国家的立场、人民的立场来设定权力和运行程序。我们可以借鉴《联合国反腐败国际公约》和其他国家的反腐法律制度，出台国家反腐败法或反贪污贿赂法。第二，要建立明确的程序运行机制、信息公开机制、权力监督机制，有意识地针对发现的问题进行动态的调整。特别是，要高度重视权力运行的监督和责任追究。对事关违纪违法和监督追责的党纪国法整合完善，运用好监督执纪“四种形态”，力争将犯罪消灭在萌芽状态，以压缩刑法介入的空间范围。其次，对贿赂犯罪进行改革完善。“一方面，对行贿受贿犯罪按照对向犯的要求实现整合，彻底实现犯罪既遂形态、主观罪过的一致性和客观行为的对应性。另一方面，对行贿罪罪名体系实现新的整合，主要是：第一，将行贿罪、单位行贿罪、对单位行贿罪统一为行贿罪；第二，明确规定‘对有影响力者行贿罪’。”①

四、将贪污犯罪和贿赂犯罪类型化

刑法分则第八章将贪污贿赂罪视作同类犯罪客体规定在一起，并将贪污罪和受贿罪的刑罚一体规定，其弊端日现。首先，贪污罪和贿赂犯罪的法益并不完全相同，其社会危害性也有不同评价，将其做罪刑上的同等对待似有违反罪责刑相适应原则的嫌疑。其次，行贿罪、受贿罪刑罚分立的模式也存在着需要检讨的问题，如何合并贿赂犯罪并对行贿受贿行为进行科学整合应当提上日程。

① 王利宾：《法律经济学视野下行贿罪的立法研究》，载《知与行》2015年第4期，第57页。

（一）贪污贿赂犯罪区别对待的意义

1. 体现不同的社会危害性

贪污罪和贿赂犯罪的客体不同、危害不同。两者的不同主要体现在以下几个方面：首先，贪污罪的主要客体是财产所有权，贿赂犯罪的主要客体是职务行为的廉洁性和不可收买性。“我国刑法虽然将贪污罪与贿赂罪规定在同一章中，但不可否认贪污罪主要是对财产的犯罪，而贿赂罪则不是对财产的犯罪。”① 也就是说，贪污罪与侵占罪、诈骗罪、盗窃罪除去主体身份不同外，它们之间的实质性差别并不大。国家只是在保护公共财物所有权的同时，适度地强化了国家工作人员的刑事责任。而行贿罪则不同，国家设立此种罪名绝非为了财产保护计，而是为了强化职务行为的廉洁性和不可交易性。在国外，贿赂犯罪中的利益不仅包括我国刑法中的财产利益，还包括性利益，这就更加清楚地表明了贿赂犯罪与贪污罪犯罪客体的不同。其次，犯罪侵犯客体和犯罪性质决定了两者的犯罪构成必然不同，贪污罪主要应以犯罪数额为依据，贿赂犯罪则主要考虑犯罪情节。前者是物质计价的问题，后者是职务危害的社会影响问题。这种区分的意义在于根据犯罪构成的不同设计不同的量刑幅度，根据彼此客观行为特征的不同分别进行犯罪治理。具体而言，贪污罪要遵循数额犯的特征进行立法，根据经济发展水平和犯罪数额来设定富有弹性的刑罚幅度。贿赂犯罪则要充分考虑可能存在的犯罪情节，尽可能穷尽犯罪情节以确保立法之科学。

2. 增加立法科学性

贪污罪立法和贿赂犯罪立法应体现两种不同的立法倾向。设立贪污罪的主要目的是实现对公共财产的保护；设立贿赂犯罪则是确保公权公用，避免公权沦为个人谋利的工具。未来，贿赂犯罪应当成为刑法规制的重点。因为，随着公共财产监管制度和审计制度的日益完善，贪污罪的成立空间越来越小，这也意味着依靠前刑法制度即可有效规制贪污现象。而贿赂犯罪则不同，只要权力在运行，只要权力存在灰色地带，贿赂犯罪就有滋生繁衍的土壤，单靠行政制度未必能够有效防控贿赂犯罪。而且，贿赂犯罪不像贪污罪那样可能涉及多个主体、多个环

① 张明楷：《贪污贿赂罪的司法与立法发展方向》，载《政法论坛》2017年第1期，第14页。

节，贿赂犯罪往往发生在两个主体之间，只要两人缄口不言，案件就很难获得突破，这也要求必须采用刑事手段来确保案件取得实效。

3. 将贿赂犯罪做一体对待有助于犯罪防控

除了将贪污罪与贿赂犯罪分立，还要重视贿赂犯罪的同时治理。我国现行刑法不但设立了行贿罪、受贿罪两个罪名，而且对罪犯的刑罚规定也差别很大，行贿者的刑事责任明显轻于受贿者。笔者认为，这种立法模式值得商榷。因为，从经济学上讲，行贿者和受贿者共同构成了贿赂市场，“哪里有需求，哪里就有市场”，正是行贿者对权力的非法需求才导致了受贿者的受贿。所以，很难说行贿者的刑事责任应该轻于受贿者。从刑法学的角度看，行贿者和受贿者属于典型的共同犯罪，两者共同的行为、共同的故意促成了贿赂犯罪的形成。在这其中，行贿者和受贿者只是分工有所不同，在作用方面，行贿者往往应该认定成主犯，而受贿者往往是从犯，处于被动从属的地位。笔者认为，应该将所有的行为统一起来进行理解，按照贿赂犯罪的总体刑事责任进行公平分配，不应通过减轻行贿者刑事责任换取其证据来对受贿者重罚。这种刑责不均的做法不但违背了经济学原理，也违背了共同犯罪理论。

（二）贪污贿赂犯罪制度设计上的问题

1. 将受贿罪与贪污罪的刑罚同样对待

根据《刑法》第 386 条的规定，对犯受贿罪的，根据受贿所得数额及情节，依照本法第 383 条贪污罪的规定处罚。这样的立法模式至少有以下几方面的问题：受贿罪与贪污罪的犯罪客体并不完全相同，两者并不都是数额犯，其社会危害也不相同，统一依据犯罪数额来决定刑罚并不公平。因为，受贿罪的危害不仅体现为犯罪数额上，还体现在因受贿造成的各种间接损失，这些间接损失未必都是经济损失。

2. 将受贿罪与行贿罪做差别化对待

应当承认，我国刑法对行贿者从轻、受贿者从重的处理模式在一定程度上也有其合理的一面。如，对受贿者从重处罚的理由在于其“知法犯法”，通过从严处罚能够强化其对权力和刑法的敬畏观念。又如，受贿者作为权力行使者直接决定了贿赂犯罪能否形成，斩断这个链条，就能切断贿赂犯罪。又如，贿赂犯罪要取得突破，基本上要借助于行贿者的配合和主动检举揭发，正是行贿者的行为才导致案件水落石出，所以，即便从功利的角度讲，也有必要对行贿者从轻处理。但需要强调的是，这种差别化处理的弊端也非常大。首先，贿赂犯罪是一个统一的整体，没有行贿就没有受贿。行贿行为往往发生在前，受贿行为往往在后。多是行贿者将受贿者主动拉下水。虽然也有主动索贿的情况，但数量上较少。所以，要强化贿赂犯罪的治理，就必须在加重行贿者刑事责任上下功夫。其次，索贿从重的刑法规定事实上严重削弱了国家工作人员主动寻租的能力，使得其不敢贸然主动出击，在此情况下就更应强化对行贿者的刑事处罚。只要其不主动行贿，贿赂犯罪就会大量减少。最后，虽然受贿罪成立行贿罪不成立的情况无法避免，但行贿罪受贿罪罪刑的分立却会进一步增加贿赂犯罪的发生。因为，一旦行贿者不会构成犯罪，行贿者本人和其他人都会强化继续行贿的心理，并通过对制度的规避来继续从事行贿行为。

3. 贿赂犯罪罪刑的严重分化导致其规制能力低下

"贿赂犯罪的本质首先应当具有涵盖性，即可以涵盖贿赂犯罪类罪名下所有个罪的本质属性；其次应当具有区分性，即将贿赂犯罪与其他相关联的犯罪，例如渎职类犯罪区分开来。"① 现行刑法规范的问题在于：首先，对包括性贿赂在内的利益未加考虑、未加重视，导致贿赂犯罪的成立范围有限。这种将贿赂犯罪犯罪客体简单视为财产权的做法降低了立法的科学性和规制效率。其次，即便能够对贿赂犯罪按照数额犯的模式立法，在刑法规范中规定一万或者三万的受贿数额也显得过于武断，因为，随着经济的发展和通货膨胀的增长，一万或者三万的入罪数额往往很难被真正执行。再次，出于诉讼便宜的需要，对以污点证人名义出现的行贿者普遍从轻、减轻处罚的情况加剧了行贿者的机会主义倾向，这对法律执行的权威是一项严重威胁。

（三）刑法制度的完善

1. 重点强化贿赂犯罪立法

---

① 李本灿：《以情节为中心重构贿赂罪罪刑体系——兼评〈刑法修正案（九）〉（草案）贿赂罪定罪量刑标准的修订》，载《南京大学学报（哲学·人文科学·社会科学）》2015年第4期，第62页。

之所以做此强调，主要是基于以下几方面原因：首先，随着公共财产监管制度的完善，贪污罪成立的可能越来越小，发案数也越来越少，案件情况的变化要求我们将贿赂犯罪而非贪污罪作为未来刑法规制的重点。其次，贿赂犯罪与过去相比，其交易的方式更加隐秘，查证的难度也越来越大。要强化腐败犯罪治理，首先就必须强化对贿赂犯罪的治理。只有从刑事实体制度和刑事程序制度上同时发力，才能将贿赂犯罪的治理水平提高上去。最后，从社会危害性上讲，由于贪污罪主要侵犯的是公共财物的所有权，民众对公共财物受侵犯的感觉比较淡漠，所以，其对贪污罪社会危害性的感觉就不会那么强烈，这直接影响了对贪污罪社会危害性的评价。但贿赂犯罪则不同，其对权力公正、公平性的侵害，其对社会善良风俗的危害非常巨大。第一，规制猎获使得行贿者对国家权力的信仰丧失。“主动猎获是指，根据公共选择理论，政治市场如同经济市场，规制者基于个人利益最大化动机，在社会性和经济性规制过程中，即使在信息充分和利益集团未曾施行贿赂或收买的情况下，规制者也会以主动态势在规制过程中以牺牲公共福利为代价，直接掠夺公共资源，或者出卖规制权，牺牲效率和公平，通过敲诈、胁迫或共谋等方式，向利益集团猎获个人所需要的利益。”① 事实上，无论是行贿者的主动俘获，还是权力拥有者的主动猎获，都意味着权力不当地介入了正常的市场，都会增加市场主体对国家权力的逆反，使其对权力正当性进行质疑，影响国家权力的正常运行。第二，设置贪污罪主要是国家对体制内的不良现象进行主动性的净化，设置贿赂犯罪主要是避免公权力不当地进行社会管理。两者体现着不同的意义。由于贿赂犯罪主要涉及统治者和被统治者地位的调整，所以其制度结构如何设置将决定治理的效果。如果处置不当，其负面影响将会无比巨大。

2. 将行贿罪和受贿罪在刑法处遇上一体对待

首先，实现贪污罪、贿赂犯罪罪刑的分立，重点是将贪污罪和受贿罪的刑罚分别规定。其次，重新组合行贿罪和受贿罪。第一，对两个罪名的犯罪构成进行完善。将行贿罪修改为：为谋取不正当利益，给予国家工作人员以财物或者其他利益，情节严重的行为。将受贿罪修改为：国家工作人员利用职务上的便利，索取或者非法收受他人财物、其他利益，为他人谋取利益，情节严重的行为。修改

① 宋君卿、王鉴忠：《自由与制度关系角度反思全球性金融危机》，载《中国流通经济》2007 年第 12 期，第 29~30 页。

的要点是：将贿赂犯罪统一规定为情节犯；索取、收受贿赂都要以为他人谋取利益为必要条件。第二，原则上，只要行贿罪成立受贿罪就能成立。但也不排斥行贿罪不成立而受贿罪成立的情况。比如，行贿方为谋取正当利益给予国家工作人员以财物或者其他利益，虽然行贿方不构成犯罪，但受贿方却照样可以构成受贿罪。又如，根据《刑法》第389条的规定：因被勒索给予国家工作人员以财物，没有获得不正当利益的，不是行贿。但对受贿方仍然可以按照受贿罪定罪处罚。最后，在贿赂犯罪中增加资格刑。第一，在《刑法》第54条中增设1款作为第2款，规定：对上述被剥夺的各项政治权利，人民法院可以并科，也可以选择适用。第二，规定：判处剥夺政治权利，可根据犯罪情况，同时禁止犯罪分子在一定期间内担任特定职务、从事特定职业或活动，进入特定区域、场所，接触特定的人。第三，在行贿罪的刑事责任中明确规定剥夺政治权利这一从刑。需要指出，在将禁止令纳入资格刑的同时，还要进一步增加资格刑的种类。如，可以将禁止商业经营的内容规定在刑罚种类中，也可以规定民事责任、行政责任、经济责任与刑事责任竞合适用的条款。

3. 扩大贿赂犯罪中“利益”的内容

现行刑法和2016年“两高”出台的《关于办理贪污贿赂刑事案件适用法律若干问题的解释》都将贿赂犯罪的犯罪对象限定为财产性利益，排除了性贿赂构成犯罪的可能。笔者认为，有必要对贿赂犯罪中的“利益”做进一步的扩大解释，特别是，将性贿赂纳入刑法调整的范围。这主要因为，第一，“性入贿赂契合国际反腐败潮流。《联合国反腐败公约》的第15条、第16条将贿赂罪的对象规定为‘好处’，性贿赂亦当然在其范围之内。意大利、印度、联邦德国、日本等许多国家都将非物质性利益纳入贿赂罪的规范之下，进一步扩大贿赂所包含的内容是国际反腐败发展的趋势。我国作为公约的签署国之一，有必要结合国情考虑讨论向该立法趋势迈进的可行性。”① 第二，贿赂犯罪的要害是通过不当交易影响了权力运用的公正性，所以，所有能够影响权力运行的消极因素都应纳入刑法视野进行拣选。性贿赂与财产刑利益都会作为对价和权力进行交易，而且，其腐蚀作用有时更大，更容易获得成功。第三，如果不将性贿赂纳入刑法之中，必

① 康均心：《受贿罪若干新问题讨论——以〈刑法修正案（九）〉和“两高”司法解释为视角》，载《武汉公安干部学院学报》2016年第3期，第12页。

然会助长行贿者的投机心理，这对犯罪预防没有任何积极意义。另外，在国际上普遍认为性贿赂构成贿赂犯罪的大背景下，我国如果没有将此项入罪，将会严重制约我国与其他国家的国际刑事司法协作，这既影响到我国贿赂犯罪的完善，也不利于法律文化的交流和传播。

第五章　民间融资犯罪刑事责任的完善

第一节　刑事责任理念的转变

一、反对错误观念

（一）反对以民事责任、行政责任取代刑事责任

民事责任、行政责任都有其作用的边界，一旦行为超越了这些前刑法规范作用的范围，就不能再用这些法律责任来对行为人进行约束。从法律经济学的角度看，这意味着民事责任、行政责任只能对违法行为进行有效率的调整，而对犯罪行为则无能为力。如果偏要背离罪刑法定和罪责刑相适应原则对犯罪行为进行轻微的民法规制、行政法规制，则无法实现对行为的对待惩罚，也无法实现预防犯罪的目的。因为，罪犯并未获得等价的惩罚，就意味着其能够从犯罪中获益而非受到损失，其就会不停强化犯罪的意识，从而使犯罪愈加严重，社会危害也会越来越大。如果罪犯遭受的仅是民事制裁、行政制裁，由于法律的威力不够巨大，民间融资的被害人本息就很难得到充分赔偿，其借助于非法的手段来强制罪犯履行还款义务的情况就无法避免，很明显，这无论是对国家法律权威维护还是对权利维护都是一种损害。另外，行为总是具有示范意义，民间融资犯罪如果制造了成本低廉、收益巨大的社会印象，就会在相关群体中扩展、绵延，从而使类似的民间融资犯罪不断发生。所以，要旗帜鲜明地反对肆意将民间融资犯罪作非罪化处理的做法，严格依据公正的刑法规范来对待民间融资犯罪，在对民间融资犯罪化的基础上再进行社会政策方面的调节。

（二）反对以刑事责任取代民事责任、行政责任

刑事责任的扩大化意味着刑法负担了自身不应负担的使命，这不仅意味着刑事司法资源的无效配置，也意味着削弱了民法和行政法的作用。其恶害不仅体现为其对正常的民间融资形成了压力，也意味着其对民营经济的发展产生了阻抑作用。因为对民间融资和一般的民间融资违法而言，市场的力量和行政的宏观调控就可保证其回归正常。刑法的不当干预会进一步削弱市场的力量，使得政府陷入过分干预的惯性之中。之所以要在民间融资违法行为治理上强调穷尽前刑法制度，是因为违法总是大量的、犯罪总是少量的。正是由于存在这种比例关系，所以，我们要将大量的违法行为交由成本相对低廉的民法、行政法来调整。因为，民间融资违法行为产生的利益纠葛主要还是存在于借贷法律关系中，双方通过行为自治和政府的适度干预基本能够解决存在的问题。刑法不必要的介入很可能不但破坏现在的借贷关系，还会损害双方重复合作的基础。

（三）反对重刑主义

在行为已经构成犯罪的基础上，是否能够对民间融资犯罪进行恰当的刑罚处遇是值得探讨的问题。这主要是因为我国一直以来有重刑主义的思想，这种思想对民间融资犯罪也有很大影响。典型情况是，重视刑罚但轻视非刑罚的刑事责任承担形式。法官之所以做此处理，既有“有犯罪就有刑罚”的惯性思维作祟的原因，也有个人自保的理由。因为，从现实情况看，大众意识也是停留在“有犯罪就必然有刑罚”的传统认知上，法官作出定罪免刑罚处理的方式往往难以与大众认知保持一致，为了确保自己审判的案件能够获得被害人认可，为了确保案件上诉不致于被推翻从而影响自己审判的绩效，法官基本上不倾向于对罪犯做定罪免刑罚的处理。事实上，这有可能违背罪责刑相适应原则，因为，罪犯的行为和刑事责任很可能都要求对其免于刑事处罚而选择其他责任形式。由于我国的刑事责任解决方式包括定罪判刑、定罪免刑、消灭处理、转移处理四种方式。所以，有必要对非刑罚责任承担形式进行专门研究，以充分发挥其他制度的优势，使他们与刑罚形成互补和联动。

二、强调刑罚的科学适用

（一）仍然要把刑罚作为承担刑事责任的主要方式

对绝大部分犯罪行为要给予刑罚处罚而非给予非刑罚刑事责任形式，之所以持此见解，是因为从经济学的角度更能实现罪刑的均衡，并有助于犯罪预防目的的实现。就民间融资犯罪而言，也应该秉承这一基本立场。“国家和法律是否干预经济运行，取决它带来的产值增加是否超过交易成本。只有制度能够减少交易成本时，它的出现才是合理的。”① 而之所以要对绝大部分民间融资犯罪进行刑罚打击，主要原因在于：首先，相较于民间融资违法，民间融资犯罪的社会危害性更大，民事责任、行政制裁都不足以制裁此类犯罪，也不能够使罪犯保持必要的克制和警醒，所以，要实现等量报应、等价报应，就必须要强化刑罚打击。毕竟，刑罚对个体权利的剥夺最为严厉。在存在多种行为选择方案的情况下，罪犯通常会惧于严厉的打击而选择其他行为方式。也正是从此意义上讲，刑罚在一定程度上减少了机会主义和道德风险的发生概率，增加了当事人合规交易的可能性。其次，正如前面章节所述，民间融资犯罪的发生原因非常复杂，所以对其防治也必须从多方面着手，这就意味着一方面要强化非刑罚责任形式，另一方面仍然要加大刑罚惩治的力度。因为，刑法是其他部门法的保障法，而刑法保障其他部门法正常发挥作用的手段就是刑罚。也正是从此意义上可以说，刑罚的正确适用能够进一步降低民法、行政法的适用成本，确保民法、行政法更有力地对违法行为进行规制，从而进一步压缩刑罚的适用空间，使刑罚适用更具效率。

（二）重视刑罚适用的针对性

刑罚适用除要具备及时性、确定性、公正性、人道性之外，还要具备针对性。意大利刑法学家龙勃罗梭在谈到刑罚的针对性时说：“如果说，对于无穷无尽、暗淡模糊的人类行为组合可以应用几何学的话，那么也很需要有一个相应的、由最强到最弱的刑罚阶梯。有了这种精确的、普遍的犯罪与刑罚的阶梯，我

① 钱弘道：《经济分析法学》，法律出版社2005年版，第180页。

们就有了一把衡量自由和暴政程度的潜在的共同标尺，它显示着各个国家的人道程度和败坏程度。”① 对民间融资犯罪而言，增加刑罚的针对性就意味着要在刑罚种类和刑罚幅度上做好文章。首先，要充分考虑民间融资犯罪作为经济犯罪的特征，根据其行为特点强化资格刑、财产刑的适用，这是对犯罪性质上的回应。其次，要根据民间融资犯罪罪量的幅度，从自由刑刑期、资格刑剥夺期限、财产刑剥夺数额上进行回应，以真正实现罪责刑相适应。

（三）对民间融资犯罪合并适用多种刑罚措施

特别是，要在保持原有的以自由刑为主的传统的基础上，强化财产刑和资格刑的适用。之所以如此，是因为：很多民间融资犯罪多是轻罪，所以要对短期自由刑高度重视。但自由刑是一种对所有犯罪都能适用的刑罚，其针对性不强，其与民间融资犯罪也缺乏同质对应性，其对民间融资犯罪主体欺诈能力和欺诈条件的限制和剥夺都是暂时的，要真正实现对此犯罪的有效规制，离不开对其职业资格和行动能力的严格限制，而这些都需要借助于财产刑、资格刑来完成。首先，要对资格刑进行改造和完善。目前，存在的问题是，现有法律对于经济犯罪除依法判处死刑、无期徒刑适用剥夺政治权利外，是不适用资格刑的②。我们要进一步借鉴国外资格刑立法实践，从广义资格刑的角度全面审视资格刑单一、规制低效、责任形式间缺乏协调等缺陷，强化犯罪的源头治理，进一步增加执业禁止、法定禁治产、剥夺行动权利等内容。

其次，要对没收财产、罚金等财产刑制度进一步完善。重点是：不但要对其犯罪所得和犯罪工具、犯罪条件予以全面剥夺，还要对其合法所有的绝大部分财产进行处罚、限制。之所以要做此处理，是因为从事民间融资犯罪的罪犯都有很强的图利动机和侥幸心理，如果其能够依靠幸存的经济条件能够再行犯罪，其一定会铤而走险。这种赌徒心理和投机动机部分源于金钱的刺激和诱惑，部分源于行为的巨大收益，所以，要进一步对其犯罪条件进行严格限制、剥夺，使罪犯从根本上丧失再次犯罪的冲动和能力。

---

① ［意］贝卡利亚：《论犯罪与刑罚》，黄风译，中国法制出版社 2005 年版，第 76~77 页。

② 顾肖荣：《经济刑法总论比较研究》，上海社会科学院出版社 2008 年版，第 223 页。

最后，要对长期自由刑保持检讨的态度。这是因为，适用长期自由刑需要支付过大的经济成本，但却无法有效防止犯罪的再次发生。事实上，要有效防控犯罪，需要重点强化罪犯犯罪后对其回归社会的影响，而这些依靠短期自由刑就可达到。一般情况下，开放的自由刑执行方式能够实现惩罚和权利保护的平衡。在适用开放性自由刑时，罪犯一方面会对其犯罪产生忏悔，另一方面也可对国家给予的人道待遇感恩戴德，这既会促进其彻底悔改的决心，也会增加其再社会化的能力。所以，在民间融资犯罪中，要对自由刑的科学适用进行深入研究，确保既能改造罪犯，又能够有效避免被害人财产的不当损失。

三、实现刑事责任形式的多元主义

既要强化刑罚的合并适用，也要强化刑罚与非刑罚责任形式的合并适用。这是因为，民间融资犯罪与其他犯罪显著不同，这种经济犯罪的结构为金字塔式的结构。这种结构意味着一旦中层以上的主体遭到刑事处理，本人的正常经济活动、金融活动也会遭到毁灭性打击，其能够正常进行的民间融资链条也会人为断裂，这对当事人、对社会、对国家都是一种非常负面的现象。所以，要规避此类现象产生连锁反应，就必须尽可能地避免其人身自由和经营活动造成不当的干预，这也是笔者强烈主张对民间融资犯罪进行多元化处理的初衷。

（一）充分运用刑法中的免罚条款

不但要充分运用《刑法》第 13 条“但书”对罪犯做无罪化处理，更要高度重视刑法中“免于处罚”条款的运用。虽然这两种情况从性质上并不相同，但都是为了避免罪犯受到刑罚制裁，从而增加其行动能力和经营能力。即便行为人从刑法规范的角度能够被确定为犯罪，也要重点考虑民间融资犯罪的行为人因何融资、资金来源、融资用途、当事人是否属于职业融资、融资是否用于正常的生产经营等各方面因素。笔者认为，要充分考虑犯罪行为的罪前情节、罪后情节，即便行为人触犯了擅自发行股票、公司、企业债券罪、非法吸收公众存款罪、非法经营罪、擅自设立金融机构罪等罪名，但是，如果融资人确实将吸纳来的资金用于了正常的生产经营，就有必要深度考察、权衡各方面因素，从诉讼便宜的角度考虑免于处罚的可能性。

（二）重视非刑罚责任形式

对从事民间融资犯罪的罪犯做免于刑罚处罚的处理并不意味着其不需要承担任何刑事责任。在定罪之后，完全可以进行非刑罚处罚。这种非刑罚处罚的合理性在于：进一步强化了罪犯的责任意识，让其对其全部损害承担完全的法律责任。这既能发挥预防犯罪的效力，也能充分危害被害人的权益，尽最大可能减轻犯罪行为对社会造成的震荡。一方面，它使罪犯认识到，触犯民间融资犯罪，不但要定罪，还要被判刑。在被判刑后也并非意味着自己不必进行经济赔偿。这种对法律责任的强化，宣示了惩罚的持久性、不可逃脱性。另一方面，非刑罚责任形式的强化极大地减轻了政府的管理成本。因为，它基本上能够确保民间融资犯罪受害人的权益得到最大程度的保障，减少了被害人通过群体性上访来给政府施加不当影响的可能性。

首先，对从事民间融资犯罪却没有对被害人的本息进行支付的罪犯应判处赔偿经济损失。这种处理方式的依据就是《刑法》第 36 条。该条第 1 款规定：由于犯罪行为而使被害人遭受经济损失的，对犯罪分子除依法给予刑事处罚外，并应根据情况判处赔偿经济损失。第 2 款规定：承担民事赔偿责任的犯罪分子，同时被判处罚金，其财产不足以全部支付的，或者被判处没收财产的，应当先承担对被害人的民事赔偿责任。之所以要在民间融资犯罪中突出这种赔偿，是因为民间融资犯罪的危害主要是由罪犯逃避赔偿义务引发的。在判处赔偿经济损失的情况下，就会实现罪犯和被害人利益的均衡，在一定程度上修复被破坏的社会经济关系。

其次，对《刑法》第 37 条进行完善。《刑法》第 37 条仅规定了定罪免刑并适用非刑罚措施的制度。这种立法至少存在如下问题：第一，对非刑罚措施的适用条件没有规定；第二，对定罪后如何并合适用刑罚和非刑罚措施没有规定；第三，对定罪免刑且不适用非刑罚措施没有规定。虽然定罪免刑且不适用非刑罚措施的情况在司法适用上并不存在障碍，但其他方面的漏洞仍然需要尽快得到弥补。笔者认为，紧迫的问题是，要在刑法中明确规定非刑罚措施与刑罚并合适用的条款，可考虑在刑法总则有关刑罚种类的规定中增设以下专条：在对犯罪分子适用本节第 32 条至第 37 条刑罚种类和措施仍不足以实现刑罚目的时，可判决其承担其他法律明确规定的责任形式，除非这种责任形式的适用违背刑法的基本原则或与之相矛盾。

（三）重视禁止令制度

我国《刑法》第37条之一规定：因利用职业便利实施犯罪，或者实施违背职业要求的特定义务的犯罪被判处刑罚的，人民法院可以根据犯罪情况和预防再犯罪的需要，禁止其自刑罚执行完毕之日或者假释之日起从事相关职业，期限为3~5年。我国《刑法》第38条、72条规定：被判处管制或者宣告缓刑的，可以根据犯罪情况，同时禁止犯罪分子在缓刑考验期限内从事特定活动，进入特定区域、场所，接触特定的人。这就是我国刑法中的禁止令制度。笔者认为，具有保安处分性质的禁止令制度对民间融资犯罪具有非常明显的规制功能。民间融资犯罪很多都能满足适用禁止令的条件，一旦适用禁止令，国家就能对其行动状况、经营状况充分掌握。罪犯的营业资格和经营行为都会受到不同程度的限制，这种限制有时比刑罚更为有用。所以，它会进一步对罪犯产生警示作用，使得其更加冷静地思考从事民间融资犯罪的后果，没有人会不计成本收益贸然从事民间融资犯罪。事实上，禁止令制度提供了另外一个审视民间融资犯罪规制的视角，它要求我们必须审慎地考量任何一项对犯罪规制有益的制度，尽最大可能将制度的笼子扎紧扎牢，增加犯罪成本，提高犯罪追诉成功的概率，使罪犯无利可图，严格约束、规范自己的行为。

第二节 刑罚体系的改革

一、废除包括民间融资犯罪在内的经济犯罪的死刑适用

“迄今为止中国死刑立法的改革历经了三个阶段，由三种力量逐步汇聚推动。目前，我们正艰辛而又积极地行进在党的十八届三中全会所提出的‘逐步减少适用死刑罪名’的道路上。”① 应当说，减少经济犯罪的死刑适用已经成为共识，

① 王勇：《中国死刑立法改革的过程叙事及其突围》，载《吉林大学社会科学学报》2017年第4期，第53页。

并逐步体现在了刑法改革中。如，“2011 年出台的《刑法修正案（八）》将 13 种经济性非暴力犯罪的死刑予以取消。在 2015 年《刑法修正案（九）》出台之前，我国刑法分则第三章‘破坏社会主义经济秩序罪’所涵盖的 115 个罪名中，对经济犯罪适用死刑的罪名有生产、销售假药罪，生产、销售有毒有害食品罪，走私武器、弹药罪，走私核材料罪，走私假币罪，伪造货币罪以及集资诈骗罪，共计 7 个。而《刑法修正案（九）》取消了 9 个死刑罪名，其中有 5 个罪名涉及经济犯罪。”① 笔者对从立法上废除集资诈骗罪的死刑适用非常赞赏，因为此罪是民间融资犯罪最容易触犯的罪名，对此罪的处罚也最为严重。笔者认为，立法者之所以能持此决断的立场，在于其高度认可下列见解：从犯罪性质上看，集资诈骗罪属于经济犯罪，对其适用暴力犯罪对应的死刑有违罪责刑相适应原则；从法律经济学的角度看，对从事集资诈骗的罪犯适用死刑也未必满足成本收益对比的结果，无助于犯罪行为的一般预防。

我们可以集资诈骗罪死刑废除前判决的吴某案为例来进一步论证为何要对包括民间融资犯罪在内的所有经济犯罪废除死刑。

（一）吴某案回顾及简评

1. 吴某集资诈骗案案情

吴某，1981 年生，浙江东阳人，原浙江本色控股集团有限公司法人代表。吴某于 2003 年至 2005 年在东阳市开办美容店、理发休闲屋期间，以合伙或投资等为名，向多人高息集资，欠下巨额债务。为还债，吴某继续非法集资。2005 年 5 月至 2007 年 1 月间，吴某以给付高额利息为诱饵，采取隐瞒先期资金来源真相、虚假宣传经营状况、虚构投资项目等手段，先后从林某平、杨某陵、杨某江（均另案处理）等 11 人处非法集资人民币 7.7 亿余元，用于偿付集资款本息、购买房产、汽车及个人挥霍等，实际诈骗金额为 3.8 亿余元。

2. 诉讼过程

吴某于 2007 年 3 月 16 日因涉嫌非法吸收公众存款罪被依法逮捕。2009 年 12 月，被金华市中级人民法院以集资诈骗罪一审判处死刑。2012 年 1 月 18 日，浙

① 徐海波、童伟华：《经济犯罪刑罚配置的反思与重构——法经济学视域下的逻辑展开》，载《学术交流》2017 年第 12 期，第 113 页。

江省高级人民法院二审驳回上诉，维持原判并报最高人民法院核准。2012 年 4 月 20 日，最高人民法院未核准吴某死刑，该案发回浙江高院重审。2012 年 5 月 21 日，浙江省高级人民法院作出终审判决，以集资诈骗罪判处吴某死刑，缓期二年执行，剥夺政治权利终身，并处没收其个人全部财产。

3. 吴某改判死缓的原因

首先，死刑适用要根据社会实际情况和刑事政策进行历史的、动态的评价，在集资诈骗罪没有废除的 2012 年，法院之所以对吴某没有判处死刑立即执行，就是考虑到了这些情况。第一，吴某案案发以后，我国金融领域的改革非常迅猛，国家对民间融资的肯定态度日益明朗，支持民间融资发展的政策和制度大量出台。第二，我国江浙地区向来有民间融资的传统习惯，也正是民间融资的兴起，带动了当地社会经济的迅猛发展。第三，在吴某案中，参与投资的出资人都具有丰富的投资经验和风险认知能力，我们从其投资行为中能够明确认知其并非出于“被骗”的心态。最高人民法院颁布施行的《关于贯彻宽严相济刑事政策的若干意见》指出，贯彻宽严相济刑事政策要把握五个方面的原则，即区别对待、宽严并用、依法办案、适时调整和效果统一。鉴于吴某案的犯罪事实和案发环境条件，对其判处死刑立即执行明显缺乏社会相当性。“刑法作为一种不得已的恶害，在规制民间融资时应保持应有的克制，尤其在犯罪圈的划定上不宜无限扩张。具体而言，可以通过’在立法途径中贯彻法益侵害原则，在司法认定过程中充分发挥刑法第 13 条但书的功能，利用社会危害性理论明确刑事罚与行政法的界限’等诸多措施，改变刑法过于干预民间融资的局面。”①

其次，被害人系放高利贷者，自身有主观过错，被害人过错这一酌定量刑情节可以减轻罪犯的刑事责任。在民间融资市场中，供需双方的行为使得民间融资得以形成并保持连续性。在民间融资关系中，出资人的重要性甚至要大于受资人。从某种意义上讲，正是出资人的行为对受资人产生了很强的刺激和鼓励。所以，在民间融资违法犯罪中，虽然让罪犯承担刑事责任具有合理性，但不能忽视被害人过错对犯罪的影响。事实上，民间融资犯罪甚至可以被视为“推定权利人承诺的损害”，即便我们不得不将其视为有别于“权利人明确承诺的损害”而承

① 曾赛刚：《民众对经济犯罪的死刑存废态度的实证研究》，载《中外企业家》2017 年第 13 期，第 153 页。

认其犯罪性，也要将其与其他犯罪类型区别开来。总之，无论是从被害人过错的角度，还是从犯罪行为具有推定承诺的性质来看，民间融资犯罪的社会危害性评价都有别于其他犯罪。民间融资犯罪的社会危害性之所以降低，就在于被害人的行为在犯罪中起着十分重要的作用。在吴某案中，吴某的确吸纳了大量资金，但很难说出资人不了解融资的事实，其对可能存在的本息损失具有清晰的认识。其在明知的情况下，仍然参与其间，就说明了其投机和冒险心理。也正是从此角度出发，减轻对吴某的处罚，让出资人分担责任和损失也具有非常好的行为惩戒和行为引导作用。把吴某案这一个案进一步推广和扩展，可以发现，对所有经济犯罪彻底废除死刑具有合理性。

（二）死刑适用标准的必然要求

《公民权利与政治权利国际公约》第 2 条第 2 款规定："在未废除死刑的国家，判处死刑只能是作为对最严重的罪行的惩罚。"我国在 1998 年 5 月 10 日签署了此公约。1984 年 5 月 25 日，联合国大会批准的《关于保护死刑犯权利的保障措施》第 1 条作出解释："在没有废除死刑的国家，只有最严重的罪行可判处死刑，应理解为死刑的范围只限于对蓄意而结果为害命或其他极端严重后果的罪行。"也就是说，从国际立法的角度看，死刑适用具有很强的针对性，其主要适用于故意杀人、抢劫、爆炸、绑架等侵犯人身权利的暴力性犯罪。与国际立法一致，我国《刑法》第 48 条第 1 款规定："死刑只适用于罪行极其严重的犯罪分子。"根据该条规定，对经济犯罪适用死刑明显违背了死刑适用的初衷。第一，可以判处死刑的犯罪是基于伦理和道义谴责的自然犯而非基于行政管制基础上的法定犯。民间融资犯罪等经济犯罪更多的是法定犯而非自然犯，这就使死刑适用缺乏了伦理基础。事实上，对法定犯之所以要谨慎适用死刑，是因为无论是行政违法还是刑事违法，都有很强的时代性和历史性，这些违法性可能会在很短的时间内被否定。第二，死刑是对人的生命权的剥夺，从罪责刑相适应的原则看，犯罪也应当是严重侵害人的生命权的行为而非其他性质的行为。

（三）社会环境对经济犯罪的影响

对经济犯罪进行规制时不能头疼医头脚疼医脚，因为经济犯罪的发生原因众多且复杂。我们只有从系统论的角度撇除其他因素的影响，才能对罪犯的刑事责任作出切合实际的评价。也正是由于社会和被害人等都在犯罪发生中起着这样那样的作用，才有必要降低罪犯的恶害评价，以实现责任分担上的公平。

“贫穷是滋生犯罪的土壤。”“橘生淮南则为橘，生于淮北则为枳。”这些名言都说明社会环境对人的行为会产生重大的影响。在所有犯罪类型中，经济犯罪又具有特别性。这种特别性突出地表现为其具有鲜明的时代性和与伦理的脱离性。事实上，进入资本主义社会后经济犯罪才开始大量出现，其本质上是市场中的越轨行为，其背离的是市场的法则而非对人伦的背离。也正是从此角度出发，笔者更倾向于认为，是金钱至上的观念、市场的缺陷、宏观调控上的偏差导致了经济犯罪的大量产生。很明显，要从根本上矫治经济犯罪，就必须在强化市场规则、填补宏观制度漏洞上下功夫，通过市场合规观念的灌输和宏观法律制度的完善来有效减少经济越轨的可能性。由于国家规制制度的缺失和市场秩序观念培育上的缺失都与国家和社会的责任紧密相关，所以，我们要在经济犯罪的罪刑评价上对这些因素要特别重视，有针对性地、合理地限缩罪犯应付的刑事责任。另外，“与侵害生命的犯罪、侵害健康的犯罪、危害国家安全的犯罪、贪污受贿等腐败犯罪相比，经济犯罪的死刑废除在民众心理障碍方面要小得多”①。这也给废除经济犯罪的死刑适用提供了条件，毕竟，公众心理的认可是制度有效运转的前提，如果废除死刑能够获得民众的认可，就应当对这一制度调整迅速做出安排和部署。

（四）对经济犯罪适用死刑缺乏效率

“从经济学的角度看，死刑在很大程度上是边际威慑力为零的情况，如果扩大死刑的适用范围，其边际威慑力很有可能为负数。”②“大多数学者在对死刑的威慑效应进行实证分析后，认为现有数据、资料还不能令人信服地让人相信死刑具有大于无期徒刑的边际威慑效应。”③ 既然死刑适用对所有犯罪的威慑力都缺

---

① 姚万勤：《民间融资刑法规制的具体面相与趋势前瞻》，载《金陵法律评论》2015 年第 2 期，第 144 页。

② 胡启忠：《经济刑法立法与经济犯罪处罚》，法律出版社 2010 年版，第 182 页。

③ 罗伯特・D. 考特、托马斯・S. 尤伦：《法和经济学》，张军等译，上海三联书店、上海人民出版社 1999 年版，第 767~778 页。

乏效率，就有必要检讨死刑制度，尤其是对经济犯罪的死刑适用进行深刻检讨。

首先，从一般意义上讲，无论是刑法还是刑罚，都有适用的特定场域，无论是刑法还是刑罚，都应遵循谦抑原则。换句话说，不但不能对绝大部分经济违法行为进行犯罪化，也不能对经济犯罪适用死刑这一最为严厉的刑罚。当适用其他刑罚措施能够有效防控经济犯罪时就应当适可而止，避免适用过重刑罚，否则就是大炮打蚊子，造成制度滥用。不但达不到预防犯罪的目的，还徒增民众对刑罚的逆反，从而降低刑法的威信。

其次，对经济犯罪适用死刑并不符合成本—收益核算原则。死刑适用成本巨大，这不仅指查缉、羁押、执行死刑上的成本支出巨大，更重要的是其收益无法与成本相平衡。典型的情况是，一旦死刑适用偏离了公平标准，从事经济犯罪的罪犯会通过其他犯罪来掩盖犯罪、逃避处罚。如果不规定死刑、不对其适用死刑，这些二次犯罪本可避免。从此意义上讲，对经济犯罪适用死刑并不利于规制有风险偏好的罪犯。另外，从事经济犯罪不但需要较高的智商，还需要必要的从业资格和条件，这就意味着，一般的主体很难从事这些经济犯罪。事实上，只要对罪犯的从业资格和借以犯罪的其他条件进行剥夺，罪犯就很难再将其行为进行下去。而这些剥夺，通过资格刑、财产刑就可实现。此外，从事经济犯罪的犯罪主体综合素质较高，其再社会化的能力很强，其重返社会后能够提升整体社会的人力资本质量，并增加财富创造能力，有利于社会总体福利的提高和改善。所以，对经济犯罪的死刑适用更应谨慎对待。

最后，对经济犯罪适用死刑无法实现一般预防。“死刑的边际功效一方面说明保留死刑的必要性，另一方面也说明，作为一种最严厉刑罚的死刑是不可轻易动用的，它必须配置于可能的极其严重的犯罪（如故意杀人等暴力犯罪），这样才能保证不破坏刑罚的边际威慑力。如果不适当地扩张死刑的适用范围，降低死刑的适用标准，死刑本身的边际威慑力就会衰减，并会导致更多更严重的犯罪。”① 死刑虽然能够直接实现特殊预防的目的，但却未必能收到一般预防的效果。因为，随着死刑适用范围的增加，随着死刑适用频率的加大，死刑对社会主体的威慑力呈现出逐步递减的趋势。既然死刑无法有效规制所有的犯罪，就有必

① 沈海平：《寻求有效率的惩罚——对犯罪刑罚问题的经济分析》，中国人民公安大学出版社2009年版，第416页。

要对特定的犯罪限制死刑的适用，这不但有助于公平的实现，也有助于增加刑罚的人道性。

二、广泛适用短期自由刑

（一）适用自由刑的意义

1. 自由刑是刑罚沿革的产物

自由刑之所以在当今的世界广泛存在，来自历史经验的总结。在前资本主义时期，生命刑和耻辱刑广泛存在，这与当时生产力发展状况和司法资源的有限性紧密相关。在刑事司法资源较少的情况下，用生命剥夺和人群隔离的方式能够更简洁地实现对社会的统治。但到了资本主义，人力资本的重要性显而易见，如何充分发挥包括罪犯在内的人力资本的价值成了需要高度重视的问题。也正是在此背景下，自由刑开始广泛适用。“监狱系统的成本虽高，但仅凭这一点并不足以评价监禁这一刑罚方式的效率。”① 科学的处理方式是进行成本收益的对比，而不是仅仅看到自由刑执行的成本巨大。总体而言，自由刑的收益更为巨大。首先，在市场对人力资本需求旺盛的情况下，监狱能够以更低的成本来创造经济价值，从而为国家创造财富。因为，在监狱中服刑的罪犯的劳动力支出近乎无偿。还有，监狱不仅是强制罪犯通过无偿劳动来为国家作出贡献，它也担负有改造罪犯，为罪犯再社会化提供技术培训等任务。这对社会人力资本的整体提高具有很大的积极意义。其次，自由刑具有很强的规模效应，其能够用有限的资源对大批量的罪犯实现改造。这种改造的整体效果还是值得肯定的，毕竟，对绝大部分人而言，重返正常的人生道路胜过再次犯罪。也正是自由刑具有此种优势，所以，自由刑具有很强的广普性，它在不同社会制度的国家中都获得了高度认可。再次，直到现在，还没有任何一种刑罚能够成为自由刑的成功替代品。虽然也有学者提出自由刑执行也可能不经济。如，有学者提出：“据不完全统计，一个被判处 3 年有期徒刑的罪犯，刑期执行完毕，国家要为其投入 5 万元的资金。而罪犯

① 罗伯特·D. 考特、托马斯·S. 尤伦：《法和经济学》，上海三联书店、上海人民出版社 1994 年版，第 765 页。

在狱中进行劳动改造所能创造的物质财富仅为1万元左右。”①，但即便此种见解属实，也不能否定自由刑的存在价值。第一，其他任何刑罚都不足以代替自由刑对所有的犯罪进行控制，这一事实本身就证明了自由刑的存在价值。第二，经济学是考量行为选择的学问，它事实上是对行为最优的一种理解，而非绝对从短期的经济价值上对行为计价。普遍性的事实是，我们在既定的条件下对几种可能的方案进行选择，可能任何一种都不足以创造足额利润，但我们仍然要进行选择。的确，对罪犯进行自由刑适用可能国家要支出很大的沉淀成本，但国家仍然要进行下去。因为，国家有更宽广的视野和更大的历史任务，如更好地实现对国家的治理和对法律文明的追求。这些目标和任务不能靠短期的经济绩效来衡量和判定。

2. 自由刑的价值还体现为其具有很强的伸缩性，其配置的阶梯性具有很强的实用价值

“法有尽而情无穷”，如何更好地实现罪责刑相适应是一个永恒的课题。贝卡利亚主张：“从最严重的直接毁灭社会的犯罪，到最轻微的犯罪，可以排成一个由高到低的阶梯，而刑罚也应当由重到轻，作相应的阶梯排列。”② 边沁也主张刑罚多样化，认为：“病症不同，救治方法也不同；有多少疾病，就有多少药方。”③ 也就是说，寻找一个具有广普性、阶梯性的刑罚方式是一项必须完成的任务。在诸种刑罚中，自由刑是一个非常有价值的刑种，它既包括限制自由的管制，也包括剥夺自由的拘役、有期徒刑、无期徒刑；其既有重刑也有轻刑。与其他刑种相比，自由刑的价值得以凸显。它不像死刑那样只能适用于罪行最为严重的犯罪分子，也不像财产刑多针对经济犯罪，也不像资格刑多用于利用特定资格、身份的犯罪。自由刑的幅度确保了其能够对所有犯罪适用。

3. 自由刑较之其他刑罚更能实现刑罚目的

刑罚的目的是特殊预防和一般预防。首先，按照马斯洛的需求层次理论，生命需求属于最基本的生理需求，自由需求则仅次于生理需求的安全需求。也就是

---

① 孙林：《法律经济学》，中国政法大学出版社1993年版，第153页。

② 马克昌：《近代西方刑法学说史略》，中国检察出版社2004年版，第53页。

③ ［英］边沁：《立法理论》，李贵方等译，中国人民公安大学出版社2005年版，第395页。

说，相较于死刑对生命权的剥夺，对罪犯自由进行限制剥夺的自由刑是仅次于生命刑的对人具有高度威慑力的刑罚。一般而言，威慑力越强，刑罚也越能实现刑罚预防的目的。其次，与生命刑永久剥夺犯罪能力不同，自由刑虽则只能在一定时期内通过剥夺自由的形式消除其犯罪条件，但这种对自由的剥夺意义同样深远。第一，罪犯一旦被执行自由刑，就在服刑期间剥夺了其进行犯罪的能力，从而促进了社会安全稳定，这就意味着增加了社会的整体福利。第二，在剥夺自由期间，罪犯通过劳动、学习和训练，近乎无偿地为国家创造了财富，同时也蓄积了再社会化的人力资本。特别是通过能力训练，节省了再就业的培训费用。这些都是可以计量的物质财富。第三，罪犯复归社会后，的确仍有不少人会再次犯罪，但这不影响自由刑的价值。因为，一方面，罪犯都是理性人。其是否再次犯罪受制于其成本-收益的核算。如果其通过各项努力，支出巨额成本，仍不足以维持基本生计，且通过各种途径仍难获救济的话，他们很可能会再次铤而走险。但这些已经超越了自由刑职责使命的要求。毕竟，我们只能在自由刑的功能范围内来谈论问题，自由刑作为刑罚的一种，其像刑罚本身一样，不可能尽善尽美。

（二）民间融资犯罪自由刑的适用思路

1. 刑罚的轻缓化

之所以要对民间融资犯罪尽可能地适用短期自由刑，主要是源于下列几方面理由：首先，对民间融资犯罪而言，高惩罚概率和轻刑的组合模式要比低惩罚概率和重刑的组合模式更为经济、更为有效。毕竟，民间融资犯罪属于经济犯罪，其法定犯属性需要不断地强化规范意识才能产生威慑力，这就要通过提高惩罚概率来强化人们对法律规范的理解。又因为民间融资犯罪属于典型的市场越轨行为，对其纠偏主要应通过强化市场法则而非刑事惩罚来实现。其次，与自由刑相比，财产刑、资格刑对此类犯罪更具针对性。对罪犯适用自由刑也仅仅是增加其对犯罪的畏惧心理，至于如何切实有效地对其规制，应依靠财产刑、资格刑解决。再次，不仅是对经济犯罪，对所有的犯罪而言都应采用刑罚轻缓化的立场。这主要是与过去相比，人们愈加真切地意识到，犯罪是社会的产物，是社会和环境增加了犯罪发生的概率。所以，重视对社会的改造比单纯的刑法打击更具实践价值。

2. 轻刑的社会化

行刑社会化一般指“为了避免和减少监禁刑的弊端，促进罪犯回归目标的实现，一方面控制监禁刑的适用，通过发展社区矫正制度，使罪犯尽可能在社区环境中服刑；另一方面，适度弱化监狱的封闭性，使其尽可能与自由社会接近，以加强罪犯与社会的联系，训练其社会适应能力”。① 近世以来，行刑社会化之所以能提上日程，固然与社会发展、时代进步、人权运动勃兴密切相连，但追求制度的效率性也是不可忽视的重要原因。首先，行刑社会化能以较小的制度成本为代价换取巨大的经济效益。一方面，社会化后，罪犯的监管、教育职能基本上由社会机构承担，监狱再不需支出相应成本，它们可以把剩余资源优化配置在对重刑犯的改造上；另一方面，由于罪犯人身状态的特殊性，社会上的监管机构不必像监狱那样投入过多的资金建设牢房、配备人员、支付运营费用，从理想状态来看，经由主管机构的委托，受托社会机构基本上可以按照商业模式运作经验。这样一来，罪犯和受托社会机构将会实现双赢。其次，行刑社会化能够在获取经济效益的同时实现社会效益。其一，由于行刑过程中罪犯并不脱离社会，其与社会矫正机构并不存在过度的紧张、冲突关系，这就保证了行为人人格的正常化、社会化，为罪犯的社会复归创造了条件、铺平了道路。其二，社会矫正的方式具有示范意义。其直接的影响是在短期内实现了罪犯正常的社会复归，其间接的影响是弥补、缝合了行为人与社会相关主体的裂痕，缩小了社会的对立，和谐了社会关系。而和谐的社会秩序是保证社会健康发展，减少罪犯重复发生的重要条件。无疑，行刑社会化的影响极为重大和深远。

当下，具有可操作性的轻刑的社会化主要指对短期自由刑的社区矫正。2011年5月1日生效的刑法修正案（八）明确规定，对判处管制、缓刑、假释的罪犯依法进行社区矫正，这清楚地表面，对轻刑犯进行社区矫正已经获得了广泛的认可。虽然刑法有此规定，但由于社区矫正法尚未出台，社区矫正整体运作框架仍然缺乏规范性、明确性，笔者认为，从刑罚适用经济的角度看，需要高度重视下列问题。第一，在执行主体方面，宜采用司法行政机构为执法主体，所属区域内特定社区为受托工作主体的模式。这样运作的经济性在于，既确保了各级司法行

① 冯卫国：《行刑社会化视野中的中国行刑改革》，载梁根林、张立宇主编：《刑事一体化的本体展开》，法律出版社2003年版，第454页。

政机关的集中、统一管理，又能确保这些社区专业性地开展工作。需要强调的是，不宜将公安机关确定为执法主体，根本原因在于，刑事诉讼法规定公安机关是侦查机关而非行刑主体。也不宜将所有的社区都确定为受托的工作主体，因为并非所有的社区都具备矫正条件。第二，除了教育外，社区应提供各项必备的技术性培训；罪犯在社区应该从事相应劳动，并获取一定报酬。通过矫正工作，要达到以下目的：社区能借以实现经济收入，罪犯能获取生活技能，以利于社会复归。第三，有必要根据刑期长短、接受改造难易程度等指标对罪犯进行综合分类，系统管理。

3. 重刑的规范化

笔者并不反对对严重的民间融资犯罪施以重刑，但要对其重刑适用进行规范化。首先，要强调重刑必须建立在客观的实害后果之上，这种实害不仅体现为直接的财产损失，还体现为极为严重的间接后果。其次，有必要建立能够体现无期徒刑本来特征的终身监禁制度。《刑法修正案（九）》第 44 条第 4 款规定："犯第一款罪，有第三项规定情形被判处死刑缓期执行的，人民法院根据犯罪情节等情况可以同时决定在其死刑缓期执行二年期满依法减为无期徒刑后，终身监禁，不得减刑、假释。"此条出台的背景是我国以前基本上不存在真正地能够把"牢底坐穿"的无期徒刑。而且，即便有此条规定，也意味着终身监禁的适用范围非常狭隘。因为，此罪仅针对严重的贪污、受贿犯罪而不涉及其他罪名。笔者认为，从保持无期徒刑概念的确定性角度考量，有必要保证有相当比例的终身自由刑存在，给既不符合死刑适用条件，又无法进行社会化的犯罪分子提供规制的空间。这不仅是针对特别严重的民间融资犯罪，对所有的犯罪都有存在价值。

三、扩大财产刑的适用

（一）财产刑优势

我国刑罚体系中的财产刑有罚金和没收财产两种，这些财产刑的优势集中表现为通过对罪犯财产的剥夺来实现惩戒和削弱其再犯的条件。从法律经济学的角度看，财产刑主要是能够以较小的成本来实现国家预防犯罪的目的。首先，财产刑执行不需要国家投入过多的执行成本，国家不必像执行自由刑那样建设监狱、投入大量的人力、财力来维持监狱的持续运行。国家仅仅需要强制性地进行财产的转移就可确保财产刑得到执行。其次，与成本比起来，财产刑对国家、对罪犯而言都更加有益。通过财产刑的执行，国家可以合法地占用原本属于罪犯的财产，这就增加了国家的财政收入，为国家和社会的发展提供了物质资源。财产刑对罪犯来说也更有益，特别是在不剥夺自由的情况下对罪犯施以财产刑，能够确保罪犯与社会保持紧密联系，保证其能够以健全的人格尽快复归社会。再次，财产刑像自由刑一样具有可分割性、幅度性，这是其非常突出的优点。这就能够确保国家可以周延财产犯罪、经济犯罪的具体情状，根据犯罪的不同进行更富针对性的惩罚。最后，在我国刑法中，财产刑属于从刑，它能够与主刑和其他从刑一起适用，这就使整体的刑罚体系更加合理，保证国家更科学地对罪犯进行综合治理。

（二）财产刑劣势及克服

财产刑有优点也有弊端，其缺陷表现在：首先，财产刑对犯罪的威慑力并不太强。“人为财死，鸟为食亡”，在犯罪规制体系缺失的情况下，很多人难以抵制物质诱惑从而将刑罚制裁抛之脑后。特别是，在其他人通过犯罪获益而能够屡屡逃脱法律制裁的情况下，罪犯更不会对财产刑产生畏惧感。有时候，罪犯不但对经济犯罪不会抗拒，其还会羡慕其他以身试法的罪犯，将其犯罪誉之为“能人犯罪”。所以，单靠财产刑无法实现对罪犯的威慑。

其次，从立法上讲，财产刑规定得过于原则和抽象；在司法和执行时，财产刑也容易产生不公平。这种不公平适用在很大程度上削弱了财产刑的执行效果。财产刑的另一个问题在于，针对相同的犯罪行为，将相同的货币数额科之于穷人和富人，其效果未必相同。穷人可能会感觉处罚过重，富人可能会感觉刑罚不过如此，这样一来，刑罚适用后不但实现不了犯罪预防、矫正的目的，而且极易在不同阶层间造成对立和冲突，进一步助长犯罪的发生。

再次，刑罚能否确定、及时地执行将直接影响其科学性的实现。生命刑、自由刑之所以具有很强的威慑力，很重要的原因就在于其能够在判决生效后立即执行。但财产刑却往往面临执行不及时的问题。以罚金刑为例，《刑法》第 53 条规定了一次缴纳、分期缴纳、强制缴纳、随时缴纳、减免缴纳等诸多缴纳方式，这种规定虽然考虑到了罪犯和犯罪事实的不同情况，但也为行为人拖延缴纳罚金埋下了伏笔。另外，单独适用财产刑，无论是对富人还是对穷人，威慑、剥夺的效力都是有限的。因为，规避风险、保守和获取经济利益是经济人的理性考虑。一旦有制度漏洞且不需支付成本，人们都会超越规范的限制。对富人而言，剥夺其部分财产不会造成心理震撼，也很难对其经济地位有所触动。由于对其形不成足够的压制，富人往往会从事更严重的犯罪以挽回损失或获取更大经济利益。对穷人而言，如果能够规避制度规范，他们肯定会勇往直前。因为对他们而言，财产刑的适用意味着生活质量实质性地受到影响。所以，他们较之富人更容易采取极端的措施来逃避财产刑。而一旦遭受财产刑处罚，就有可能影响其生活条件，在此背景下，他们很可能会选择再次犯罪。

最后，对未成年人犯罪往往采用以财产刑代替较重的自由刑的方式。但这些财产刑适用却很难实现对罪犯积极改造的效果。因为，未成年人不具备相应的经济能力，这些财产刑事实上转嫁到了其父母身上。这既不利于对未成年人的教育改造，也不利于罪责自负刑法原则的贯彻执行。

笔者认为，要真正实现财产刑的价值，就必须重视以下制度的完善。第一，将财产刑与其他刑罚合并适用。边沁认为："刑罚的多样与差异证明了立法者的勤勉与审慎，而且是刑法典完美的标志之一。"① 基于犯罪多样化思想，边沁还提出了 11 种刑罚方法：死刑、痛苦刑、常痕刑、耻辱刑、赎罪刑、期限刑、简单限制刑、简单强制刑、财产刑、准财产刑、表征刑。笔者认为，由于犯罪性质不同，所以刑罚种类也必须不同。我们可以借鉴边沁思想中的有益成分，尽可能地通过刑罚的合并适用来实现对犯罪更具针对性的防治。特别是，财产刑从性质上讲是从刑，其对犯罪能力的剥夺和限制并不强，其威慑能力也不够，为有效抗制犯罪，有必要将财产刑与主刑合并适用。毕竟，刑罚的重要功能在于惩罚。如果既不能对罪犯适用主刑，判处的财产刑又在执行上打了折扣，罪犯就感觉不到犯罪给自己带来的恶害，如此，就很难实现犯罪预防的目的。第二，要尽可能地扩大财产刑的适用范围。要扩大对过失犯罪的适用，对危害国家安全犯罪、危害公共安全犯罪进一步增加财产刑适用。第三，要尽可能地避免将财产刑作为未成年人犯罪需要遭受的自由刑的替代品。通过保安处分制度的完善来弥补自由刑的

① 马克昌：《近代西方刑法学说史略》，北京大学出版社 1984 年版，第 22 页。

缺陷，而非将自由刑置换成财产刑。

四、充分运用资格刑

（一）资格刑价值

1. 资格刑作为剥夺罪犯犯罪能力的一种刑罚方法，具有非常强的剥夺功能

因为资格刑中的资格是一种具有竞争性的资本要素，具有一定的稀缺性和垄断性。对民间融资犯罪而言，对其适用资格刑就意味着其利用资格获取利益的能力遭遇了限制。资格刑的威慑效应表现为：第一，罪犯因资格丧失所遭受的直接经济损失巨大，它进一步拉低了罪犯获取物质财富的能力。第二，在从业资格遭受剥夺或者限制的情况下，罪犯必须通过其他手段进行谋生。但这种能力培养和训练需要时间成本和经济成本，而且，其再就业的制造财富的能力相对低下。这就意味着，一旦罪犯遭受资格刑，其机会成本相当高。第三，对国家而言，判处资格刑成本很低，但收益相当巨大。这既表现为国家司法资源的支出较少，也表现为国家可以不必借助高度智能化的防控方案来防止那么多的罪犯从事经济犯罪。

从另一个角度看，对罪犯给予政治权利和营业资格的剥夺也能够减少民间融资犯罪中的大量腐败犯罪。因为，腐败犯罪总是以行为人具有优越的权力或权利为前提。腐败官员借助于公共权力来为民间融资犯罪提供帮助，行贿者希望通过行贿来谋取更大、更多的垄断性经营资格。而一旦进行资格剥夺，就能够减少权力寻租现象的发生。因为，资格刑可以阻断腐败犯罪成立的条件，也会使相关人员对再次从事犯罪保持高度警惕。因为，一旦从事犯罪，一旦被判处资格刑，罪犯就失去了其通过正常资格获取正当收益的机会。这种剥夺不仅是物质上的，也是精神上的。而且，精神意义上的被剥夺感带来的压力往往会超过物质利益方面的损失。从此意义上讲，资格刑就是一种规制权力寻租的特定方式。至少，它在特定的期限内剥夺了罪犯再次犯罪的可能性，在很大程度上实现了对罪犯的特殊预防。

实际上，资格刑的意义远不止此，其更大的功能也许体现在对刑罚一般预防目的的实现上。作为社会的人都是理性的，这是社会科学研究的基本假设。所

以，一方面是仅可预期的可能具有极大风险的（这种风险可能体现为刑罚）可期待利益，另一方面是现实的依靠其身份可合法获取的实际利益。当行为人面临选择时，大多数人都可能是风险规避者，他们更愿意通过自己合法的活动获取正当的收入，而不会选择以身试法。因为，他们会理性地期望：通过正当的活动获取合法收入既不需支付太多的成本，也不会因违法而惴惴不安丧失其快乐的生活。毕竟，身心愉悦也是正当行为的收益。特别是，他们会考虑行为的短期效应和长期效应。假若他们以身试法，短期内可能获取巨大利益，但长期内将会饱受内心的煎熬，且可能遭受牢狱之灾。社会上的大多数人都是风险规避者，犯罪主体永远占全体民众的少数就可对此事实予以证明。

2. 从制度比较的角度看，也要高度重视资格刑制度

首先，资格刑和财产刑是可通约的。这主要因为，资格刑既表现为对政治权利的剥夺和限制，而利用政治权利犯罪的典型表现是牟取经济利益；也表现为对行为人经营权能的禁止和隔绝，而经济交往能力的大小决定了其再犯罪能力的大小。这样，资格刑与财产刑的功能发生了重合，即，两者都可通过对现期资源和未来资源的限制遏抑犯罪的再次发生。由于相较于财产刑，资格刑的剥夺效力更为根本，所以，与财产刑不同，资格刑的功能更为强大。其次，从刑事政策的角度看，罪犯可以分为不能改造和能够改造的。死刑适用于不能改造者，由于死刑适用与犯罪的性质相对应，所以，对从事特定犯罪的罪犯适用死刑也是必然的。对能够改造的罪犯适用资格刑往往要优于适用自由刑。这主要因为，从成本—收益的角度考量，资格刑较之自由刑更富效率和效益。第一，剥夺政治权利的适用对象极为广泛，它“既适用于严重犯罪，也适用于较轻犯罪；既适用于危害国家安全的犯罪，也适用于普通刑事犯罪。”① 而且，其作为附加刑可以单处，也可以适用于自由刑无法适用的领域。第二，在成本上，资格刑不需像执行自由刑那样花费巨额成本来建造监狱、占用大量人力、物力以实现监管。第三，在收益上，希望借助于自由刑对罪犯的钳制以获取经济利益是值得怀疑的想法。毕竟，较为悲观的见解认为：“犯罪改造一般是无效的。”② 也就是说，适用自由刑可能只是暂时剥夺了罪犯的人身自由，罪犯的行为可能仍难矫正，刑罚对其难以产生

① 张明楷：《刑法学》，法律出版社2012年版，第485页。

② 郭东：《犯罪的经济分析》，中国人民大学2004级博士论文，第2页。

足够的威慑力。但资格刑却明显不同。适用资格刑后，罪犯的犯罪能力受到了实质性的限制，无论罪犯内心是否认同资格刑，客观上都无法抗拒刑罚后果。比如，对职务犯罪而言，剥夺罪犯的政治权利无论期限长短基本上都意味着行为人仕途的结束。所以，无论从威慑的角度讲，还是从剥夺的功能看，资格刑适用的经济性都是显而易见的事实。

3. 资格刑也具有鲜明的保安处分的性质，性质的双重性增加了资格刑的刑罚价值

“保安处分的本质乃是矫正性、治疗性、教育性。”① 与死刑、自由刑等刑罚强烈的报应性不同，资格刑主要服务于功利目标，旨在对罪犯未来行为的特殊预防。虽然我们也可以说，从理想追求来看，其他刑罚措施也追求对罪犯未来犯罪的预防，但这种预防仅仅停留在“应然”“理想”“可预期”的认识层面上，并不具备现实性。而资格刑则与之明显不同，其不但对罪犯的当下行为，更对罪犯的未来行为走向产生强烈影响，而且，这些对未来行为的不利影响往往是既定、现实、强烈的。这也是资格刑经济性的特殊表现。所以，从现实的角度看，既然我国短时间内无法全面引入保安处分制度，那么，从充分发挥保安处分性质和功能的立场出发，也有必要扩大资格刑制度的适用。

（二）制度审视及完善

1. 刑罚内容单一，应当扩充

应当在剥夺政治权利、驱逐出境之外，独立设置其他资格刑种类。参酌国外立法，笔者认为，按照被剥夺、限制的内容不同，有必要将资格刑分为剥夺政治权利型、剥夺经济权利型、剥夺亲权型、剥夺荣誉权利型；按照被剥夺对象不同，可以将其分为对中国公民的剥夺和对外国公民的剥夺两种。这样，经过制度整合，笔者认为，我国的资格刑体系有下列几个部分组成：剥夺政治权利、禁止从事特定职业、剥夺亲权、剥夺荣誉称号、驱逐出境。扩充制度内容的好处在于：可深入贯彻罪刑相适应原则，使刑罚应对能力得以大幅度提升。比如，对虐待家庭成员成癖难以矫治的罪犯就有必要适用剥夺亲权的资格刑，这样在一定程

① 赵秉志：《外国刑法原理（大陆法系）》，中国人民大学出版社 2004 年版，第 346 页。

度上就可避免罪犯对父母、子女或配偶的伤害。又如，在死刑已经废除的背景下，对从事信用证诈骗罪、信用卡诈骗罪等经济犯罪的职业性罪犯而言，自由刑并没有太多的威慑效力，但通过禁止其从事金融活动可现实地遏抑其再犯罪能力。

2. 高度重视与其他刑罚措施的并合适用

如上所述，资格刑与死刑和自由刑不同，前者重在对未来行为的特殊预防，其报应色彩不太浓厚，一般预防效果较差；而后者作为主刑恰恰具有鲜明的报应色彩，尤其是死刑，其一般预防效果极为显著。所以，如若仅仅对罪犯处以资格刑，不但罪犯因感受不到自身的罪过而缺乏负罪感，即使是社会公众，他们作为旁观者也无法见证刑法的威力。如此一来，社会伦理不但对资格刑的威慑力缺乏印象，而且对犯罪的谴责都缺失了社会相当性。其直接的效果即是使资格刑丧失了功能性。而一旦辅以主刑和其他从刑制度，相关主体在切实感知犯罪所带来的现实痛苦的同时也深刻体味到其行为对未来生活的实质影响。如此，罪犯所承受的后果将会是双重性的，这就在无形之中使其认识到犯罪的极大成本和压力，时刻督促其要权衡行为的利弊以做出合法的选择。

3. 要更具针对性地适用资格刑

应当说明的是，在资格刑“质量”上，刑罚过剩和不足都是有问题的。刑罚过剩的后果是浪费了国家的经济资源，造成了资源配置的低效。刑罚不足的后果是由于资源供不应求，造成犯罪增多，市场难以出清和平衡。在资格刑针对性问题上需要强调的是，现行刑法规定的剥夺政治权利的内容需要反思，《刑法》第54条第2项将言论、出版、集会、结社、游行、示威自由纳入剥夺的范围并不恰当。首先，上述六项权利仅是形式上的界分，其表现的内容是否具有政治含义难以界定。从实际状况来看，公民既可借助上述形式表达政治主张，也可表达社会诉求，展示正义的呼声。由于这些权利有别于该条其他各项实体性的政治权利，所以，将其共同归类从逻辑上可能存在着解读障碍，在适用上也缺乏针对性。其次，将这些权利视为政治权利予以剥夺并不经济。因为，一来，是否有必要对行为主体的权利再行限制，相关的行政法律、法规均有明确的规定，在通过著作权法、集会游行示威法等足可实现对此类行为进行规范的情况下，动用刑罚就是不经济的。二来，对政治权利其他内容的剥夺如剥夺公务员资格等都具有现实性和可操作性，但对行为人发表言论、行使相关权利进行管制缺乏足够的操作空间。特别是，如何辨别、由谁辨别、证据如何固定都是极难解决的问题，而且即使这些问题都能解决，其成本支出能否换取合理的收益都是值得怀疑的问题。所以，笔者主张，有必要将《刑法》第 54 条第 2 款删去，这样，既彰显了人权观念又维护了刑法的权威和经济性。

在资格刑上，刑法仅仅规定了剥夺政治权利一种刑罚。但剥夺政治权利涉及的主要是公权剥夺，并不涉及经济交往资格和能力的禁止。所以，其对经济犯罪几乎没有现实的规制效力。所以，要有效规制此类犯罪，就有必要扩充经济资格剥夺的制度内容。民间融资犯罪多为涉众型、图利型、投机型犯罪，不妨在刑法中规定如下资格刑种类：第一，禁止从事特定职业。可规定，罪犯有“利用自身职业身份或地位从事与其身份地位或职业道德不符之犯罪行为”时，可在一定期限内或永久剥夺其从事特定职业之资格。第二，针对非公有单位，可规定，对于单位利用自身条件从事犯罪行为情节或后果严重者，可责令该单位解散。

第六章　民间融资犯罪综合治理体系的建构

第一节　防控民间融资中的风险

一、民间融资的风险及成因

民间融资与正规金融的不同之处在于其突出的隐蔽性、缺乏有效监管性、投机性，这些特征决定了民间融资具有很强的风险。因为其隐蔽性，国家无力、无法对其最初的风险进行评估和预防；因为其缺乏有效监管性，国家无法对其合法性进行定位，致使其很容易被认定成违法犯罪；因为其投机性，其倾向于采取机会主义行动来获取发展的机会。这些都进一步强化了民间融资的风险性。也就是说，“民间融资有其双重性，一方面在解决中小企业融资困境方面发挥着不可替代的作用，另一方面大规模的民间融资活动不仅具有相当的社会性、公共性和连锁效应，而且容易引发欺诈和各种犯罪，甚至影响经济秩序和社会稳定，从而增加整个金融体系的风险”。① 事实上，民间融资的上述特征也仅仅是表象，在民间融资的内部，也潜藏着危机发生的深层次原因。首先，民间融资主体间联系纽带变得愈加脆弱，这使得民间融资很容易产生道德风险。过去的民间融资依托于血缘、地缘关系，传统的道德伦理、行业规范对融资双方具有很强的规范力。如果一方违背了这些规范，其很容易被排斥在群体之外，这意味着其很可能失去生存发展的基础。所以，过去的民间融资具有较强的规范性和履行的强制性。而现在则不同，在网络融资极为盛行的当下，民间融资的出资人基本上对受资人和其

---

① 李有星：《把脉浙江民间融资，引导现代法治金融——“民间融资引导与规范”研讨会综述》，载《浙江社会科学》2011 年第 2 期，第 151 页。

活动缺乏基本的认识，也无法对其风险进行评估和监控，这种脆弱的关系导致受资人缺乏基本的约束，其很容易从逐利的动机出发从事违法犯罪活动。其次，规范民间融资活动的法律体系尚未建立，政策性、选择性执法司法非常明显，这使民间融资活动缺乏积极的行为预期，不仅影响民间融资的正常发展，也使其法律风险变得非常普遍、非常巨大。毕竟，同样一种行为，可能因认识和制度的不同被差异化评价。再次，民间融资很容易对国家的整体金融秩序、经济秩序产生冲击和破坏。这种破坏既体现为对不特定多数人的财产的损害，更体现为个体性的损害叠加为群体性损失，从而冲击国家对金融的整体掌控。在民间融资经济风险的评价上，不能简单地将民间融资对正规金融的冲击计算在内。因为，在国家法律认可的情况下，民间融资富有活力地参与金融市场的竞争并不违背市场规则。在此领域内，民间融资与正规金融具有平等的地位，不能在金融市场上做歧视性对待。最后，道德风险、经济风险一旦失控，就会酿成社会风险和政治风险，所以，必须依靠制度化的形式将民间融资的风险控制在初始层面上。民间融资一旦失去了依托的伦理基础和道德法则，就会对整体社会造成全方位的破坏。千里之堤毁于蚁穴，一旦严重的民间融资越轨无法通过法律制度得到规范，血本无归的出资人就会将不满向社会和政府宣泄，如果社会和政府无法有效化解此类危机，就会造成更大危机的出现，这些危机表现为民众对伦理道德产生强烈的不信任，表现为对政府产生强烈的不信任，表现为对社会充满危机感。

二、民间融资风险防控上的问题

（一）金融二元主义的立场没有根本性变化

民间融资之所以充满危机、充满风险，根本性的原因还是国家在金融问题上的二元主义的立场。这种金融二元主义既催化了民间融资，也使得民间融资治理策略出现偏差。金融二元主义表现为对国有金融机构的偏爱和倾斜性支持，对非国有金融主体则缺乏足够关注。在金融二元主义影响下，国有银行对国有单位的贷款需求非常重视，对非国有的小微企业则提高门槛。在金融二元主义看来，正规金融是促进金融发展的主要方式，民间融资的存在意义不大。这不但导致其对民间融资的定位产生误判，也对民间融资风险缺乏忧患意识。事实上，民间融资风险防控之所以出现问题，很大程度上就是金融二元主义的影响仍然非常强烈，其影响到国家对民间融资的全面认知。要深刻认识到，我国实行的是以公有制为主体、多种所有制经济共同发展的社会主义市场经济制度，非公有制经济是我国社会主义市场经济的重要组成部分。这种基本情况是由我国经济发展不充分、不平衡的现实决定的。在此局面下，就要求在正规金融之外必须发展民间融资。只有民间融资充分发展，才能全面支援私人小微企业，从而提升非公有制经济的发展水平。所以说，要全面衡量中国的国情，借助于多样化的金融形式来促进各个经济主体的共同发展。

金融二元主义的思维必须扭转的另外一个原因是民间融资同样有益于国家金融水平的整体提高。我国实行的是社会主义市场经济体制，这种模式决定了国家要在宏观调控的基础上充分尊重市场经济的运行规律。在金融市场上，各个金融主体都要地位平等。只有如此，金融市场才能充满生机和活力。所以，从金融市场理论的角度看，民间融资的存续也有其合理性，民间融资的风险也应当依靠市场进行治理，而这些都需要破除金融二元主义。因为，金融二元主义违背市场的规律，人为打压民间融资，其必然不利于社会主义金融市场的健康发展。

（二）对金融供需平衡缺乏深刻认识

金融市场上的供需不平衡进一步增加了民间融资风险爆发的可能性。从理论上讲，金融供需均衡的确保金融健康发展的必要条件，但当下我国的金融市场仍然有很多问题存在。首先，我国非公有经济对资金的需要旺盛，但却无法通过正规金融得到满足，这迫使它们必须以超常规的手段和方法来寻求资金。正不断增加了它们的融资成本，也使得其在无法获利的情况下更倾向于通过违法犯罪来逃避责任。其次，正规金融的长期低利率使得民间积累的大量资金无法正常进入金融市场，为此，社会资金更倾向于与非正规金融主体进行对接，这种对接其实已经暗含了风险。其一，由于信息不对称，出资人无法对资金去向、资金用途、资金的风险充分评估，所以出资人要求的利率非常高，甚至高到受资人难以承担的程度，这就使彼此的关系变得非常脆弱。其二，即便利率正常，金融借贷主体的关系仍然缺乏持久性。因为，国家没有制度性措施确保当事人的关系，这显然增加了双方的机会主义冲动，使得民间融资行为变得缺乏预期。

（三）制度供给严重不足

当前民间融资中的许多问题都可归因于制度配置的不足。这种不足主要体现为：首先，具有强制力的法律体系缺乏。一方面，国家并未建立起体系性的民间融资法律框架，这就意味着在法律层面上无法实现对民间融资的系统调整。另一方面，其他法律也缺乏对民间融资活动的成熟性规范。既然现有的法律体系无法对民间融资进行嵌入，就意味着民间融资总是在灰色地带生存。虽然国家在政策层面对民间融资持肯定的态度，但在政策落实方面仍然有很长的路要走。其次，由于行政管控上缺乏授权，造成多头监管、无序监管成为常态。这就使得选择性执法、差异性执法时常出现。甚至可能出现同一民间融资在不同地区、不同部门受到不同评价、不同对待的问题。再次，民间融资适应了社会经济发展的需要，所以对其不能简单抹杀。民间融资的民间性也表明国家在加大行政治理的同时要强化社会资本的作用。笔者认为，行政机关在监管时既要充分尊重市场的力量，也要加大培育社会资本进行辅助性治理。特别是国家要强化行业自治的力量，通过对行业协会的宏观指导，充分发挥其对民间融资积极引导的作用。

三、民间融资风险治理机制设计

（一）建立符合社会主义市场经济的金融制度

民间融资的制度设计要符合效率原则。也就是说，要根据民间融资与正规金融的差异性进行制度设计。由于民间融资在金融市场中占的比例相对较小，其也无须像正规金融那样承载宏观调整的使命，所以，民间融资的制度配置更应遵循市场的法则，以效率原则为主来进行制度建设。由于效率实现以金融自由为前提，市场主体只有享有充分的行动自由才能做出最有利的市场选择，所以，必须要考虑如何扩大民间融资主体的行动自由权。当然，任何自由都是相对的，都必须在法律范围内根据正常的市场法则来行使，因为，“自由发挥作用的一个必要条件是，在赋予个体自由的同时赋予其承担自由后果的责任。制度捆绑自由与责任，从而对某一个体超过限度的极端自由起到限制和约束作用”。①

要使民间融资更有效率、更加自由，就必须在下列方面有所作为：首先，要突破民间融资双方的信息不对称问题，以增加行为的真实性和风险可控性。第一，官方要积极搭建民间融资交易平台，既为了增加融资行为的透明度，也为了有利于对民间融资行为的监管。第二，要减少民间融资的层次，尽可能确保出资人和受资人进行直接交易，以减少法律风险和道德风险。第三，对民间融资资金来源进行规范，尽可能确保交易的是出资人的自有合法资金，杜绝高利转贷行为。第四，要对借款形式进行规范，在交易中原则上要签订规范的书面协议，且要求提供担保、抵押、质押，依法依规办理相关手续，降低违约风险。

其次，打破利率双轨制，为金融公平的实现奠定基础。“政府的父爱主义使政府以信贷成本优惠的方式对国有企业进行补贴，这使二元的产权结构必然内生出利率双重双轨制的制度安排。”② 实际上，长远来看，利率双轨制对民间融资和正规金融都不利。因为，一方面，这种模式实际扭曲了金融市场的价格机制，造成不必要的主体歧视。它对民间融资是一种打压，对出资人的利益是一种损害，它剥夺了出资人可期的市场利息。它也使受资人只能通过民间融资来实现融资，加大了融资成本的支出。另一方面，利率双轨制也使得国有银行丧失了市场竞争能力，因为他们不参与必要的竞争就可以通过存贷利差获取高额利润。这种垄断局面对国有银行的消极影响是一旦这种巨大的存贷利差不存在，国有银行的市场竞争力势必会大幅削弱，这会影响其未来的发展走向和进取精神。

最后，在强调对民间融资资金出借方保护的同时，也要重视对民间融资资金使用方的金融消费者地位的强化。当下，比较突出的问题是民间融资呈金字塔形状，各级中介层层加码，进一步推高了民间融资资金最终使用方的成本，使得他们不得不“脱实向虚”，将资金不用于实体性的生产经营，转而进行套利性拆借。很明显，此种局面极大地加剧了民间融资的风险。民间融资资金使用方消费者地

① 史小坤：《自由与制度关系角度反思全球性金融危机》，载《经济研究导刊》2009年第35期，第147页。

② 黄少安、李睿：《二元产权结构、父爱主义和利率双重双轨制》，载《社会科学战线》2016年第1期，第169页。

位的弱化某种意义上折射了出资人对民间融资的担忧和对使用方的不信任。这种担忧更多地源于出资人在权利救济方面的茫然。“根据管制经济学中的规制理论，（在正规金融市场中）作为规制者的政府（或者代表政府的具体监管机构）通过平衡生产者与消费者的利益来寻求社会福利最大化。金融消费者保护的实质正是对金融交易的双方——金融机构与消费者的短期利益进行一个平衡，防止金融机构为了短期利益侵害金融消费者，影响整个金融体系的长期稳定发展。这种平衡无法由交易双方通过市场来完成，只能依靠拥有强制力的第三方——政府来完成，因此，政府有必要承担起金融消费者保护的义务。”①

（二）建立防止规制俘获的机制

规制俘获理论认为，“一个行业主要寻求政府提供的四种政策：现金补贴、进入控制、对替代品和互补品的影响和价格固定。其中，控制进入是一个产业寻求政治保护的最主要的政策，也是最为有效的措施，因为这样会放慢新企业进入和行业发展的速度，把有效率的企业排除在市场进入之外。特别是行业执照的法律强制性，给了行业寻找政治保护的机会。为了获得这些利己的稀缺资源，利益集团不仅向政府官员投其所好，并且在这个规模有限的政治市场上与不同利益的集团展开竞争”。② 在金融市场中也存在规制俘获现象，它可进一步强化国有银行的垄断地位，使民间融资的发展愈加困难。

首先，国有银行与政府形成的历史联系使国有银行在行业准入方面存在很强的优势，国有银行甚至不必通过寻租就可依靠规制部门来排斥民间融资机构参与市场竞争。其次，政府的主动猎获会进一步强化其与国有银行的联盟，从而进一步强化国有银行的竞争优势地位。“主动猎获是指，根据公共选择理论，政治市场如同经济市场，规制者基于个人利益最大化动机，在社会性和经济性规制过程中，即使在信息充分和利益集团未曾施行贿赂或收买的情况下，规制者也会以主动态势在规制过程中以牺牲公共福利为代价，直接掠夺公共资源，或者出卖规制权，牺牲效率和公平，通过敲诈、胁迫或共谋等方式，向利益集团猎获个人所需

① 赵煊、魏建：《金融消费者保护理论述评》，载《东岳论丛》2012年第3期，第113页。

② 倪子靖、史晋川：《规制俘获理论述评》，载《浙江社会科学》2009年第5期，第100页。

要的利益。”① 再次，在民间融资关系成立以后，行为越轨者也倾向于通过规制俘获来规避自身的法律责任。特别是，以非法集资为目的的行为人往往通过寻租提供经济或非经济利益来阻止民间融资的出资人获取自己的本金和利息。很明显，与前两种方式比较隐蔽、比较间接不同，第三种模式对经济秩序、社会秩序、政治秩序形成的冲击最为严重。它堵塞了民间融资出资人进行权利救济的通道，不但直接侵害了个体的经济利益，也伤害了公秩良俗，降低了政府形象，降低了制度规范的约束力。

要防范、控制民间融资中的俘获规制，就必须重点做好下列工作：首先，在坚持国有金融主体主导地位的同时，客观评估民间融资的现状和发展前景，进一步规范民间融资行为，通过制度化形式降低民间融资的行业门槛。其次，增加国家法律政策、交易制度的公开性和透明度，将民间融资业与正规金融行业同等监管、平等监管；正视规制者的正常利益和合理需求，保障其应得的合法权益；加大违规、违法、犯罪的追责力度，使规制者对其职务行为保持应有的敬畏。再次，尽可能赋予民间融资银行形式，从而借助于《商业银行法》等银行业法律法规对其业务全面监管、规范监管。确保民间融资能够以银行的形式依法开展业务。在我国，除民生银行等少数银行以民营银行的形式存在外，其他银行基本上都是国家控股。这种状况的弊端是，不利于民间资本的健康运作，不利于非公有制经济的合法发展，在整体上也不利于国民经济的整体提高。所以，国家要有意识地降低民营资本进入银行业的壁垒，确保民间融资的规范化、正规化。

（三）构建科学的监管体系

1. 建立中央与地方分级监管体系

在不完全竞争理论看来，发展中国家与发达国家的不同之处是，发展中国家的金融市场竞争不完全、市场信息不对称。所以，在发展中国家，有必要更加强调政府对金融市场的调控和干预，从而纠正市场的失灵之处。民间融资市场也存在同样情况，而且我国的民间融资涉及的地域辽阔、数量极大、区域特色明显，所以，更有必要在中央统一监管的同时强调地方监管的重大意义，这也是建立中

① 宋君卿、王鉴忠：《自由与制度关系角度反思全球性金融危机》，载《中国流通经济》2007年第12期，第29~30页。

央政府与地方政府联合监管、分级监管体制的目的所在。

就具体监管机构而言，笔者建议要以银保监会监管为主，其他部门为辅。从过去实践看，民间融资监管的弊病在于监管主体过于多元化且分工不明确，导致实质监督主体模糊，日常监管真空、缺位。如，2010 年 3 月 8 日发布施行的《融资性担保公司管理暂行办法》是由中国银行业监督管理委员会、国家发展和改革委员会、工业和信息化部、财政部、商务部、中国人民银行、国家工商行政管理总局七部门联合制定的。虽然该文件对融资性担保公司的设立、业务、被监管事项、法律责任都有规定，但却并未规定以哪家为主体进行监管。所以，有必要以银保监会为主体建立监测系统，对民间融资活动进行全面监管，其他部门各司其职、各尽其责，以提升行政效率，增加行为管控的针对性。同时，有必要参照《温州市民间融资管理条例》《温州市民间融资管理条例实施细则》的规定，赋予民间资金管理企业、民间融资信息服务企业、民间融资公共服务机构、合会、协会相应的权利和义务。通过各主体权利行使和义务履行来确保运作的科学性和规范化。

2. 明确监督的对象和所要监管的民间融资具体行为

首先，要把民间融资资金最终使用方和中介列为重点监督对象，确保行为合规合法，确保资金正常流转，确保资金使用方将资金用于正常的生产经营活动而非通过“拆东墙补西墙”的方式吃利差。同时，将融资行为清单化，以明确、具体的形式纳入监管平台，确保出资人能够随时查看、随时监督资金的去向、用途和使用效率。其次，要引入社会资本，以保证融资的真实性和债权的可执行性。一方面，要利用好社会资本的担保作用以强化出资人的债权保障，另一方面，要在强化外在制度约束的同时培育好适应时代要求的人际信任、伦理道德、社会认同、区域文化等内在规范。再次，对出资人的借款行为依法规制。法律法规要合理界定出资人借款的利息幅度，不能让借款利率过高。因为，许多民间融资之所以断链，很大程度上是高额利息超越了资金使用方的理性预期，使资金使用方从事实体经济不能获利，促使其产生投机行为，从而引发还款危机。所以，要将借贷利率控制在合理的范围内。毕竟，民间融资本身就监管松懈，将利率控制在资金使用方能力所及的范围内可以切实避免其冒道德风险进行投机从而使资金出借方利益得到保障。

3. 建立民间融资越轨信息库，强化受害人的权利保护

社会中的民间融资违法犯罪多是违法犯罪者基于信息优势对受害人欺诈所致。之所以出现如此被动局面，某种意义上是因为受害人和监管部门都无法掌握充分、有效的信息。所以，监管部门有必要建立、公开民间融资违法犯罪信息库，对已发生和可能发生的越轨模式、越轨行为、违法犯罪人等统计、总结、展示。通过对这些数据资料的公开分享，为民间融资的正常进行奠定基础。民间融资越轨信息库的建立至少可以收到下列 效果：其一，可强化监管部门的监管能力；其二，可限制、剥夺行为人违法犯罪的能力，减少再次越轨的可能性；其三，可弥补公众信息不对称的劣势，增加社会公众自我保护的意识和能力。

（四）避免过度法律干预，减少法律风险

法律对民间融资越轨行为的过度干预主要体现为过度犯罪化。虽然由于“社会转型时期的特殊背景、经济刑法发展的特点、经济变革给经济变量施加了影响、刑法法益保护路径发生了显著变化”① 等诸多因素使得经济刑法犯罪化趋势日益明显，但仍然要客观评估行为的社会危害，避免过度犯罪化。要充分考虑民间融资犯罪的法定犯属性，要始终秉承刑法谦抑的基本立场，坚持将法益遭受实质侵害作为犯罪化的实质根据，客观、动态评价行为的社会危害性，将民间融资中的绝大部分越轨行为排除在刑法评价之外。“民间融资领域可能涉及的罪名主要包括非法吸收公众存款罪，集资诈骗罪，非法经营罪，擅自发行股票、公司、企业债券罪，擅自设立金融机构罪，欺诈发行股票、债券罪，组织、领导传销活动罪。”②，多年以来，我国民间资金进入金融业特别是银行业面临着非常森严的壁垒，这与国家对国有经济的倾斜性保护有着很大关系。这种情况反映在刑法中，就是除集资诈骗罪外，民间融资可能触犯的上述罪名的犯罪客体均是金融管理秩序。但，“金融活动的核心是以信用为基础的金融交易，因而金融刑事政策应以金融交易本位为导向，而并非金融管理本位。在金融秩序的结构中，金融交易秩序是目的，金融管理秩序是手段，金融秩序的实质则是运用公权力保障金融

① 孙国祥：《20 年来经济刑法犯罪化趋势回眸及思考》，载《华南师范大学学报（社会科学版）》2018 年第 1 期，第 51~52 页。

② 王利宾：《民间融资犯罪化的价值、问题及理念转换》，载《山东警察学院学报》2017 年第 4 期，第 95 页。

交易主体间的平等自由。金融管理本位带有计划经济的印记，与国有保护主义和刑事打击政策相对应，而金融交易本位则与综合治理主义相对应”。[①] 所以，在民间融资已获国家高度认可，民间融资犯罪认定标准已经发生急剧变化的情况下，不能再将单纯的金融管理秩序确定为犯罪客体。有学者主张，“‘伪造、编造、转让金融机构经营许可证、批准文件罪’‘伪造、变造股票、公司、企业债券罪’‘擅自发行股票、公司、企业债券罪’‘伪造、变造国库券罪’‘国库券诈骗罪’属于单纯秩序不法，缺乏法益侵害，因而应当予以‘去罪化’。”[②] 笔者认为，此种见解颇有道理。必要限缩民间融资犯罪所涉罪名的成立范围，在犯罪构成中删除“情节严重、数额巨大”等规定，将犯罪类型限定为结果犯，将犯罪危害具体化为物质损失。如，可将《刑法》第160条的欺诈发行股票、债券罪的犯罪构成进行限缩，将其罪状表述为：在招股说明书、认股书、公司、企业债券募集办法中隐瞒重要事实或者编造重大虚假内容，发行股票或者公司、企业债券，后果严重的行为。

第二节 严打套路贷

最高人民法院、最高人民检察院、公安部、司法部在2019年4月9日联合印发《关于办理“套路贷”刑事案件若干问题的意见》。该文件第1条规定，套路贷，是对以非法占有为目的，假借民间借贷之名，诱使或迫使被害人签订“借贷”或变相“借贷”“抵押”“担保”等相关协议，通过虚增借贷金额、恶意制造违约、肆意认定违约、毁匿还款证据等方式形成虚假债权债务，并借助诉讼、仲裁、公证或者采用暴力、威胁以及其他手段非法占有被害人财物的相关违法犯罪活动的概括性称谓。可以看出，从本质上讲，套路贷不同于民间融资。但从形式上看，两者又有一定的相似性。所以，有必要明辨套路贷与民间融资的区别，在对两者区分的基础上再从中打击套路贷。这样做的意义在于：在打击套路贷这一违法犯罪的同时，使大家真正认识民间融资的特征，从而规范民间融资，避免

① 张东平：《民间融资罪刑边界的扩展与反思》，载《华中科技大学学报（社会科学版）》2014年第2期，第97页。

② 魏昌东：《中国经济刑法法益追问与立法选择》，载《政法论坛》2016年第6期，第164页。

民间融资中的严重越轨行为出现。

套路贷与民间融资的一项重要不同在于套路贷本身就是违法犯罪行为，虽然既可能是违法，也可能是犯罪，但从发案情况看，套路贷主要是犯罪而非违法。这是因为，首先，进入司法机关视野的套路贷基本上已经经历了一个相当长的发展过程，其经过时间的发展已经从违法累计到了犯罪，实现了量变到质变的转换。其次，套路贷往往涉及多种行为，这些行为既有方法行为也有目的行为，目的行为是非法敛财，方式行为往往包括寻衅滋事、非法拘禁、敲诈勒索、人身伤害。在这些行为中，只要一个行为是犯罪行为，行为人就不可避免地被犯罪化，行为的多样性和层次性决定了套路贷往往就是犯罪行为。

在分析套路贷的诸种学科方法中，经济学是一种有力的解读方法。这是因为：首先，虽然套路贷中的寻衅滋事、非法拘禁、敲诈勒索、人身伤害等方式行为具有很强的刑法学意义，但其目的行为却是服务于行为人的经济利益。所以，从整体的角度看，经济学对行为人逐利行为的解读具有特别的视角、特别的意义。其次，套路贷属于纳入法律评价的行为，这是法律经济学可以解释的现象，这就决定了我们能够运用经济学理论对其分析研究。再次，事实上，无论是经济学还是法律经济学，都能够深度考察人的行为选择。从此意义上讲，运用经济学知识对套路贷展开分析研究也显得颇有必要。“从经济学的角度，人人都是‘理性经济人’，在套路贷犯罪活动中，受害者和犯罪行为人都能理性地做出让自己利益最大化的选择。因此，要从供求理论、成本和收益理论、信息不对称理论这三个方面入手分析套路贷犯罪的成因，从而提出针对性的打击与防范对策。”①

一、套路贷的发生原因

（一）金融市场中的供需不平衡

套路贷之所以具有很大的市场，很大程度上是因为我国的金融市场并不均衡、并不稳定，这种失衡主要是供需双方存在着矛盾。首先，在正规金融市场中，国有商业银行居于垄断地位，其设定了非常苛刻的条件来拣选客户。在此状

① 洪双敏：《经济学原理视阈下“套路贷”犯罪的打击与防范探析》，载《河北公安警察职业学院学报》2018 年第 4 期，第 38 页。

态下，连具有还款能力的小微企业都难以获取足额的资金支持，更别说不具备还款能力的大学生和缺乏创业条件的自然人。正是由于正规金融无法满足正常的金融需求，所以，民间融资和套路贷应运而生。套路贷正是利用了大学生等弱势群体的迫切金融需求，才能够通过貌似合法的形式来榨取非法钱财。

其次，不仅弱势群体无法从正规金融获取支持，其从非正规金融途径获取支持也存在不小的难度。第一，所有金融形式都需要获取利润，民间融资等非正规金融甚至需要获取更高的利润来补偿其行为成本，所以，大学生等群体通过一般的金融市场很难获得较大的支持，这就进一步增加了套路贷的存在空间。第二，套路贷通常先采用民间融资的方式来发放贷款，而后在设置圈套来使借款人就范。由于其前期的行为方式具有很强的隐蔽性，所以，其对大学生等群体的吸引力迫强，因为其提供了更为宽松的放款条件和放款方式。

（二）成本收益对比

套路贷的发生还受制于成本收益的对比。从借款人的角度看，借款时不需要支付过大的成本就可获取贷款，这是套路贷的迷惑性所在。因为，借款人的高额成本只有在放贷人后续的强制中才能看得见。所以，借款人是乐于与放贷人达成协议的。从放贷人的角度看，成本收益的对比关系也增强了其行为的积极性。首先，套路贷有相对固定的行动套路，这些行动逻辑增加了成功的可能性，放贷人仅需在固定的行为模式中行动，这减少了其行为的不确定性。其次，放贷人的行为属于典型的违法犯罪行为，所以，其不必支付正常经营所需的经营成本和交易成本，也不必通过贿赂等方式获取正常生产经营所需的证照、场地，这极大地减少了其行为成本。再次，从事套路贷没有知识技能上的要求，放贷人不必支付大量的教育培训成本，所以，放贷人的能力相对低下，其从事套路贷的机会成本并不大，这也是助长套路贷发生的重要原因。最后，对套路贷形成共识只是晚近的事，在此之前，对套路贷的认识存在争议，对其运用何种法律法规进行处理都无法形成统一性认识。由于并未得到有力打击，从事套路贷成了一项暴利性活动，在套路贷长期存在却并未得到有效打击的情况下，违法犯罪分子对自己遭受严厉刑罚打击的前景缺乏预期，这进一步增加了行为人违法犯罪的冲动。

（三）信息不对称

在经济学看来，信息不对称是引发道德风险、机会主义等消极后果的重要原因，也是助长腐败、引发违法犯罪的重要原因。套路贷的发生，也与信息不对称有着很大关系。首先，由于套路贷当事人缺乏信息均衡，故，借款人无法与放贷人平等交易、公平交易。“博弈论研究当人们知道其行动相互影响而且每个人都考虑这种影响时，理性个体如何进行决策的问题。”① 由于放贷人对借款人的信息和行为有着全面认识、掌握，而借款人则不具备这方面的优势，所以，双方注定无法平等博弈。从开始起，套路贷就是按照放贷人设计的套路来运行的。信息不对称的一项消极后果就是使借款人无法通过私力救济、公力救济来维护自身的权益，因为放贷人已经锁死了对方可能的救济途径。在执法机关、司法机关对套路贷缺乏正确认识的前提下，套路贷中的借款人会逐步滑向深渊。其次，套路贷方面的信息不对称还表现在执法机关、司法机关对其认识也存在信息上的劣势，这种劣势使得他们必须经历相当长的时间才能了解套路贷的运作情况。而且，由于套路贷具备民间借贷的形式表现，执法机关、司法机关不敢贸然对其进行治理，只有党中央国务院对此高度重视，并形成统一的、规范的处理意见之后他们才会对这种行为进行惩治，这就进一步加大了套路贷治理的难度。

（四）机会主义

“目前来看，套路贷案件的调查仍只能在非法索债过程中严重侵犯被害人人身、财产权益，公安机关才刑事立案处理。套路贷是典型的每个部分看上去都合法，但合在一起就是不法的行为事实。”② 表现上的似是而非、制度的漏洞、内心的贪婪、防控的不足都会助长违法犯罪行为，都会强化行为人冒险的冲动。只要抱有侥幸心态，行为人都会飞蛾扑火，为达目的不择手段。

机会主义往往和行为偏好、路径依赖紧密联系在一起。套路贷往往与其他违法犯罪结合在一起，放贷人往往都是职业化犯罪、有组织犯罪，套路贷可能仅仅

---

① 冯玉军：《法经济学范式》，清华大学出版社2009年版，第226页。

② 王枫梧：《“套路贷”犯罪的打防对策——以杭州市为例》，载《中国刑事警察》2018年第5期，第43页。

是其违法犯罪的一部分，甚至是最为轻微的违法犯罪。所以，一旦尝到套路贷的甜头，以犯罪为业的罪犯从事此类违法犯罪的偏好会更加明显，也更易于陷入路径依赖的恶性循环。也正是行为偏好和路径依赖使得套路贷持续强化，所以，我们更有理由对套路贷持续、严厉打击，毕竟，无论是其主观可谴责性，还是其客观危害性，套路贷与普通违法犯罪都明显不同。

二、套路贷防控上的问题

（一）消费信贷供给不足，消费畸形

首先是，尚未建立起破解金融供求不均衡的有效机制，造成消费信贷供给仍然不足。在投资、消费、出口这三驾拉动经济发展的马车中，国有银行仍然更重视投资和出口，对消费需求仍然重视不够。而且，在消费需求方面，国有银行对消费资格的审查、审批十分严格，其重视高消费群体的高额消费，忽视乃至无视普通群体的基本消费需求。由于此种情况的存在，一旦普通群体的消费贷无法满足其需求，其更倾向于通过非正规金融形式来解决，这其中，套路贷往往成为他们的备选项，因为其审批条件宽松且效率更高，能够很快地满足消费者的需求。所以，要规避套路贷，就必须从本源上对金融供给制度的不足问题进行重点审视，通过消费贷款制度的改革来增加国有银行的资金投放，以平等、务实的作风来切实满足金融消费者的消费需求。

其次，国家无法排除非理性消费行为，也使得套路贷防控面临的压力变得越来越大。非理性消费在大学生中非常常见，这也是套路贷在大学生中很有市场的重要原因。尤其是，在大学生中普遍存在盲目攀比、盲目消费的情况，这种不良情况使得大学生的消费明显超出了个人和家庭能够承担的范围。面临这种困境时，大学生就会互相模仿，借助“裸贷”“套路贷”等方式来维持巨额支出。一旦收支无法平衡，其就会陷入行为惯性和路径依赖，成为违法犯罪的牺牲品。非理性消费行为之所以难以根治，是因为其发生原因复杂，许多问题靠国家的强制性措施也未必能够得到很好的解决。促发非理性消费的，既有个体性原因、也有社会性原因，既有价值观偏差、行为规范缺失方面的原因，更有国家对非正规金融监控不力的原因。解决这些问题是一项系统性工程，不能头痛医头脚痛医脚。

（二）行政违法防控上的滞后

套路贷有时属于历程性行为，其从违法演变成犯罪需要一个过程，所以，在其违法阶段进行阻隔就显得非常必要。强化行政违法的治理不但可减轻行为的社会危害性，而且也可以减轻其对社会的冲击和震荡。但从实际情况看，套路贷行政违法上的治理并不理想，这主要是因为：首先，套路贷行为进行的初期，受害人对其危害尚未充分认识，而且，即便其认识到了套路贷的危害，其也会考虑到各种因素不会贸然报警，这直接助长了套路贷的发展。

其次，“套路贷具有很强的隐蔽性，常将自己伪装成高利贷逃避打击。在套路贷案件中，行为人看似在满足他人的经济需求，实施合法的借贷行为；在借款和还款过程中借助了合同这种表面上看似合法的形式，且有一系列的民事证据可以证明债权、债务关系。”① 这就使得，即便被害人将其诉求向有关机关进行表达，希望通过法律救济来维护其权利，最后的效果也未必理想。因为，在缺乏明确的法律授权和官方要求的情况下，有关机关对这些诉求的保护往往并不主动，其倾向于利用各种托词进行推脱。因为，从自利性的角度考虑，他们害怕自己支付相当的成本不但无法获得必要的收益，反而会招致各种责难。

再次，政策性执法、司法明显减低了法律治理的效果。在《关于办理“套路贷”刑事案件若干问题的意见》通过前，套路贷并未引起足够重视。在这个文件通过后，尤其是在“扫黑除恶”成为社会治理的大背景情况下，党委政府对社会上的黑恶现象高度重视，对套路贷的打击才开始全面提上日程。

最后，套路贷防控的不力也源于行政机关的治理具有相当的难度。第一，套路贷中的违法行为人对套路贷操作和法律风险规避都有很深的认识，其对行政机关介入的情况也全面了解。但行政机关对套路贷和查缉依据却并不一定充分了解。信息上的不对称极大地制约了行政机关打击职能的发挥。第二，行政机关也试图突破信息获取上的瓶颈来对套路贷形成有效制约。但信息搜集、处理需要的成本巨大，需要多个机关综合发力。在缺乏任务分解和协调机制的情况下，各个行政机关的责权利非常模糊，各个行政机关会从自身利益出发主动放弃对共同责

① 董邦俊、侯晓翔：《“套路贷”的刑事规制及其防控研究》，载《湖北社会科学》2018年第10期，第144页。

任的承担，机会主义的立场会导致集体的不作为。这种状况进一步降低了行政效率，弱化了对套路贷的打击。

（三）综合治理的难度

套路贷的发生原因表明，治理套路贷需要多个共同参与、群策群力。但从实际情况看，多个治理主体都有努力提高的空间。首先，套路贷中的被害人对行为的社会危害性认识不够，对自己的权利保护重视不够，倾向于忍气吞声或者通过不合适的私力途径进行救济。其无法识别、无法分辨套路贷与民间融资的区别仅仅是问题的一个方面，更为严重的问题是，其在遭遇侵害后也会顾忌多多，从而错失制止犯罪、维护合法权益的良机。从经济学的角度看，也往往是被害人先有不当的、非理性的消费需求，后有套路贷之“恶”。在套路贷成立的过程中，被害人过错是一种很重要的影响条件，正是套路贷被害人缺乏自律意识和自我保护意识，导致套路贷有了市场，也使国家机关面临防控上问题。所以，从源头上控制被害人的消费需求并引导其理性消费、正当消费是一项亟待解决的、具有根本意义的任务。

其次，许多校园贷都是套路贷，学校应反思该如何采取有力措施以减少非正规的校园贷，从而为治理套路贷作出自己应有的贡献。国家为了制止校园贷，进行了不少努力。如，早在 2018 年 5 月，银保监会等四部门就联合印发《关于规范民间借贷行为维护经济金融秩序有关事项的通知》，禁止民间信贷机构面向在校学生非法发放贷款。为了替代校园贷，2017 年 6 月，银保监会等部门联合印发《关于进一步加强校园贷规范管理工作的通知》，鼓励商业银行发展正规金融“正门打开”。虽然国家一再为此努力，但校园贷、套路贷仍屡禁不止。很明显，学校管控的缺位是不容忽视的问题。所以，如何贯彻好国家的有关规定，如何有效杜绝校园贷、套路贷等这些问题，学校要进行重点关注、全面贯彻。

最后，金融监管部门和教育部门在套路贷监管防控上也有开掘的空间。第一，金融监管部门应当对非正规金融的监管进行重点调研，找到工作抓手，努力将非正规金融中的违法犯罪排除在外。第二，教育部门应当与金融监管部门密切合作，完善在校大学生消费信贷制度，引导大学生理性消费、正常消费、合理消费。

三、制度的完善

（一）强化借款人的行为自律和防范意识

首先，要确立借款人合理消费、理性消费的观念。天上不会掉馅饼，世间也没有免费的午餐。所以，借款人要确立行为的成本收益观念，切忌图一时之快，不计后果地超前消费、盲目消费。只要充分自律，量入为出，就能切实避免陷入套路贷。其次，要明辨是非，准确把握高利贷和套路贷的不同特征。要明确，民间融资中的高利贷具有强烈的生产经营属性和服务正常生活的消费属性，其主要通过放贷来谋取超过法定利率的利润，其一般没有暴力或暴力威胁的行为表现，也不借助虚假诉讼来进行欺诈。而套路贷本质上就不是资金借贷，其利用借贷的虚假形式来掩盖非法的诈欺目的。借款人只有明确了高利贷和套路贷的本质区别，才不容易陷入套路贷的泥沼。最后，一旦被套路贷套住，借款人要牢固树立法律意识、证据意识，积极主动地向公安机关等部门报案、检举、揭发，在危害自身权益，避免损失扩大化的同时，也为社会治理作出应有贡献。从实际情况看，套路贷越早进入司法机关的视野，借款人的利益保护越有效。所以，借款人既要有行为自控意识，也要有事后的救济意识。即便借款人因失察被“套路”，也不意味着没有事后救济的机会。只要借款人及时向公安机关报案，采取相应挽救措施，事情就有挽回的余地。

（二）强化系统治理

套路贷像严重的民间融资越轨一样，会对社会造成冲击和震荡，也会引发政治压力。所以，必须不懈努力，进一步强化对套路贷的预防和打击。首先，要进一步强化各级党委政府对套路贷治理工作的领导，发动各级机关参与违法犯罪的治理，坚决杜绝从部门利益出发将自己置身事外的做法。党委政府要以扫黑除恶为契机，狠挖黑恶势力从事套路贷的违法犯罪线索，将套路贷治理和扫黑除恶专项斗争结合起来扩大战果。其次，党委政法委要承担起指导、协调、统管的职能，将各个职能部门很好地组织起来，确保案件管辖明确，处置更具效率。要在全国范围内集中开展套路贷专项整治活动，通过专项斗争，将套路贷的嚣张气焰彻底打下去。最后，要积极培育社会资本，发动各个社会主体积极主动地配合专门机关的斗争工作，对套路贷露头就打，将其消灭在萌芽状态。

（三）建立面向大学生等特定群体的消费信贷制度

商业银行的发展需要靠利润支撑，但商业银行也必须肩负社会责任，维护社会的伦理道德。特别是，我国是社会主义国家，我国的商业银行更应在此方面有所作为，这是由我国的社会主义性质决定的。我国商业银行开展面向大学生等特定群体的消费信贷虽然可能不会像开展纯粹的商业贷款那样有利可图，面向大学生发放校园贷款时也可能存在这样那样的问题，导致不少银行坏账产生。但仍然必须承认，这些信贷业务仍然是必要且可行的，其不但能够引导大学生健康成长，而且会为国家人力资本的提供做出重大贡献。

另外，持续强化商业银行的校园贷业务，使校园消费贷成为套路贷的替代品，对社会稳定的贡献同样巨大。如果商业银行有充裕的资金、宽松的条件不断给大学生提供资金支持；如果他们能够通过合法途径获取生活救济和工作提升，他们断然不会用套路贷来摆脱困境。因为，在社会信息交流迅速的情况下，具备社会通识的大学生足以明辨是非并对自己的行为进行选择。在实际生活中，大学生之所以选择套路贷，不是因为其根本没有认识到其危害性，而是足以信赖的合法信贷行为给他们提供支持，在被迫的情况下他们只能通过套路贷来豪赌自己的人生。

笔者认为，未来商业银行的校园贷制度改革要重点关注下列方面：首先，要重视对借款人借款能力、借款用途、借款理由的实质审查。要通过大学生互相提供担保和所在学校提供保证的双重形式来强化借款真实性、合理性、正当性、可偿还性的审查，确保将国家的资金真正用在大学生的合理成长上。其次，要对借款人的还款期限适度延展，并对还款责任全面细化。可以将学生家长确定为连带责任，将学校确定为补充责任，只有在学生及其家长确实无法正常履行还款责任的情况下，才将剩余的还款金额的一定比例交由学校承担。之所以要减轻学校的责任，是因为学校是公益性质而非商业经营，其对大学生的校园贷承担法律责任也是从公益出发，没有自己的商业利益存在。最后，学校要为商业银行开展校园贷提供各方面便利。其一，学校要在政府教育主管部门拣选的基础上主动对接合适的商业银行，拣选对学生最为有利的商业银行和校园贷种类进行推介，确保学生利益最大化。其二，学校要积极堵塞套路贷进入校园的漏洞，确保套路贷在校园中没有生存空间。在已经存在套路贷的情况下，要积极配合执法机关、司法机关对其严厉打击，减少存量，控制增量。

（四）做好违法犯罪的预防惩治

首先，要做好套路贷的预防工作。“防治的手段应当侧重于预防而非打击，治本的方法也不在于堵截而在于引流。”① 在套路贷问题上，要防止养虎为患，力争早预防、早发现、早处理，在其处于违法的萌芽状态时就要尽力遏制。要充分认识套路贷与黑社会性质组织犯罪的千丝万缕的联系，在扫黑除恶专项斗争中对套路贷一并打击。有关机关在扫黑除恶时要深挖套路贷的问题线索，将两类犯罪结合起来进行处理，争取收到打击一面、成效一片的良好效果。这其中，非常关键的是：第一，“公安机关在对套路贷犯罪甄别上，首先要跳出‘只要一看到借条，就认为是经济纠纷，不属于公安管辖范围’之思维惯性，在接到借贷纠纷警情后，应详细询问情况，加大核查力度，正确判明性质”。② 第二，金融监管部门要对面向大学生等弱势群体的贷款行为实现强制登记备案制度，对没有登记备案的原则上要认定成行政违法行为，尽最大可能压缩套路贷的生存空间。

其次，实现套路贷犯罪的科学打击、坚决打击。虽然预防重于打击，但也要认识到，套路贷一经发现，往往都已经是犯罪行为而非违法行为，所以，要强化刑法制度建设，对套路贷犯罪严厉打击。第一，对套路贷犯罪要从重打击、超前打击。之所以要从重打击，是因为其在构成诈骗罪这一目的犯罪行为的时候还触犯了虚假诉讼罪、敲诈勒索罪、非法拘禁罪、寻衅滋事罪、故意伤害罪、强奸罪等一系列手段性犯罪行为，社会危害性更大，社会影响更恶劣，给被害人造成的侵害也更深。之所以要超前打击，是因为套路贷系列犯罪往往有一个渐进、发展的过程，其危害呈递增趋势。为避免恶劣影响的出现，司法机关就要提早介入，及时将犯罪的链条斩断。第二，对套路贷中的犯罪尽可能进行数罪并罚而非择一

① 李永升、张楚：《“套路贷”的新型套路与防治方略》，载《人民法治》2018 年第 13 期，第 16 页。

② 谢波、蒋和平：《“套路贷”犯罪的特点及其法律规制》，载《山东警察学院学报》2018 年第 2 期，第 86 页。

重罪处理。这是因为套路贷犯罪是体系性犯罪，其危害巨大。需要指出的是，对套路贷的体系犯罪进行从重处理属于刑事政策层面的内容，不必通过修改刑法来实现，只需在政策文件和司法解释中申明即可。第三，要重视保安处分的适用。众所周知，保安处分是对将要从事犯罪或者有二次犯罪之虞的行为人给予预防性处遇的措施。之所以要对套路贷犯罪适用保安处分，是因为从事套路贷违法犯罪的行为人具有很强的再犯冲动，依靠刑罚惩罚很难收到效果。为弥补刑罚的短板，就必须通过保安处分来强化其规范能力。在国外，保安处分常常与刑罚统一规定在刑法中。与国外不同，我国刑法中规定的保安处分制度非常少。只是在近些年的刑法修订过程中，才在《刑法》第 37 条之一增加了“禁业规定”，在管制、缓刑适用中增加了“禁止从事特定活动，进入特定区域、场所，接触特定的人”的规定。笔者认为，有必要扩展这些制度的适用，在对从事套路贷犯罪的罪犯进行宣判时，禁止其在服刑期满的一定期限内从事相关的行业、接触特定的人、进入学校等特定的场所。

第三节　借鉴“枫桥经验”，强化民间融资的越轨治理

1963 年，浙江诸暨枫桥的干部群众在社会主义教育运动中创造了“依靠和发动群众，坚持矛盾不上交，就地解决，实现捕人少，治安好”的经验，毛泽东同志亲笔批示“要各地仿效，经过试点，推广去做”。“枫桥经验”由此诞生。此后，“枫桥经验”随着社会的发展不断创新。如，在改革开放后的新时期，“枫桥镇又提出了‘靠富裕群众减少矛盾，靠组织群众预防矛盾，靠服务群众化解矛盾’的工作思路；提出了事前预防和事后调解的‘四前’工作法和‘四先四早’工作机制。”① “枫桥经验”诞生至今已有五十多年的历史，虽历经岁月洗礼却历久弥新。之所以要在民间融资违法犯罪治理中强调“枫桥经验”的作用，是因为与其他越轨现象不同，民间融资违法犯罪属于民间融资越轨，其根基在基层，努力培育基层社会资本并运用它们参与治理民间融资及其越轨意义重大。

① 钟其：《成就与经验：浙江社会安全建设三十年回顾》，载《公安学刊》2008 年第 6 期，第 31 页。

一、“枫桥经验”的成功经验

（一）实现对违法犯罪的最大预防

刑事处罚的目的是预防犯罪而非报应犯罪，这一直是刑事法学研究者和司法实践工作者的共识。从经济学的视角审视，“枫桥经验”的主要成功之处即在于其能够以较低成本实现对违法犯罪的最大预防。首先，“枫桥经验”极大地节约了司法成本。因为它重视司法介入前的行政调解和社会调解，而且调解效果良好，这就使基层的大量违法犯罪最终没有进入司法程序，杜绝了司法资源的过度开支。

其次，“枫桥经验”坚持“矛盾不上交”，强调充分发挥社会资本的作用，这也极大地压缩了行政机关进行行政执法的行政成本。例如，“诸暨市和枫桥镇积极探索，通过民间自治力量有效降低了政府治理成本。枫桥镇超过总人口10%的群众参与到社会管理中，这为政府减少了一笔庞大的财政开支。另外，枫桥镇派出所设立的“老杨调解中心”，聘用退休的全国优秀人民警察杨光照和两名年龄较大的司法助理员从事调解工作，政府只花费少量财政开支（三位调解员每人每月2500元工资），却获得每年调处近百起案件的效果。① 社会资本对财政资源的替代和补充仅仅是问题的一个方面，事实上，社会资本参与社会治理的优点是其极大地提高了社会治理的效率，能够以平和、平等的姿态切实解决存在的社会问题。因为，轻缓的治理方式更容易使当事人心理信服，有利于协议的履行，也更有利于产生持久的社会影响。而且，社会资本依托于彼此信任和文化认同，社会资本能够长期地、持续不断地影响着人际交往和人际关系，这使得建立在区域性、历史性基础上的群体更容易被形塑。

最后，之所以要特别重视运用“枫桥经验”来解决民间融资中存在的问题，是因为民间融资越轨的初级形态主要是行政违法和轻微犯罪，而“枫桥经验”基本上针对治安违法和轻微犯罪，这就使其预防作用更为明显。第一，民间融资越轨缺乏对国家利益的危害，越轨行为人也没有偏离基本的社会价值，这意味着依

① 卢芳霞：《“枫桥经验”：成效、困惑与转型——基于社会管理现代化的分析视角》，载《浙江社会科学》2013年第11期，第87页。

靠“枫桥经验”能够使其向良性复归。第二，事实上，“枫桥经验”对严重的犯罪也能发挥作用。九层之台，起于垒土；合抱之木，生于毫末。“枫桥经验”提供了规制社会越轨的双保险：它通过对违法和轻微犯罪的治理使得大量越轨行为正常化；它通过对违法和轻微犯罪的治理堵塞了向严重犯罪转化的空间和漏洞，使国家的司法资源更有效率地发挥作用。

（二）强调治理主体的多元性

“枫桥经验”之所以如此成功，很大程度上是因为其高度重视发挥各个治理主体的共同参与。首先，其科学界定了各职能部门的工作范围。“枫桥经验”强调党委政府领导、社会各主体共同参与，形成齐抓共管的基层治理新格局。这种工作格局有助于各方面力量共同行动起来，朝着最优的社会效果努力。“从社会分工理论的视角来看，现代化的国家治理体系和治理能力是能够适应和促进社会分工不断深化的一整套制度安排和技术手段。中国国家治理体系和治理能力现代化，实质上是要顺应社会分工不断深化的需要，从碎片化的一元治理模式逐渐转变为网络型多元治理模式。”① 分工是促进社会进步的重要制度配置，这已经被历史证明。现代的社会关系呈现出更为复杂的面相，更要求我们在治理分工上做出大的调整。时至今日，任何国家都不能再像过去那样由政府来包揽一切，国家必须适应社会的变化进行社会治理政策的调整和治理主体的培育，这既有必然也有可能。因为，治理主体在社会分工的基础上都形成了独立的工作结构和工作使命，其能够通过自己的行为来形成社会价值和个人价值。

其次，其有效解决了“管理型”社会治理的困境。社会管理和社会治理虽然仅一字之差，但其思想内容却大有不同。“当前，我们创新社会治理的实质就是要实现社会治理由‘管理型’模式向‘服务型’模式的转变。”② “枫桥经验”充满着人文关怀和伦理认同，其解决了“管理型”社会治理的伦理困境，不仅提高了治理效率，也提升了治理实效。从过于刚性的强制到基于自愿认同基础上的自我行动的转换一直是“枫桥经验”强调的重点，也是其优势所在。思想是行为

① 宣晓伟：《国家治理体系和治理能力现代化的制度安排：从社会分工理论观瞻》，载《改革》2014 年第 4 期，第 151 页。

② 王维国：《“管理型”社会治理的伦理困境及其救治》，载《理论导刊》2015 年第 6 期，第 18 页。

的先导，理论是实践的指南。所以，任何一项制度只有使人产生内心信服，才能真正进行行为引导。而使人产生内心信服的基础是伦理的一致性。事实上，“枫桥经验”的一大成功之处就在于其借助伦理力量“润物无声”地实现了思想教育和认知提升。“管理型社会治理模式在制度安排中，不仅不能考虑到伦理的因素，反而处处表现出对伦理的排斥。”① 这是“管理型”社会治理的缺憾，也是“服务型”社会治理的优势所在。第一，“枫桥经验”剔除了“管理型”社会治理的“价值中立”原则，其更加强调和突出“为人民服务”的思想。第二，“枫桥经验”使社会治理主体更加贴近群众，这就在很大程度上避免和减少了“官僚主义”的消极影响。“枫桥经验”强调制度公开、透明，强调各治理主体间的制约和配合，这就减少了权力侵蚀和权力寻租的可能性。第三，“枫桥经验”强调通过春风化雨式的柔和手段来实现对利益纠纷的调解，它一方面提高了工作效率，另一方面也充分实现了制度的终极目标。事实上，提高制度的效率仅仅是手段层面的东西，实现制度的最终目标才是需要深度关注的内容。“枫桥经验”正视和充分尊重人的多样化需求，在法治、道德、效率统一的基础上实现了对人的行为的有效规制。

最后，其注重培育社会资本，强化被治理主体的自治。现代的社会关系不但庞大，而且复杂，单靠党委政府进行社会治理的方式已经无法满足社会的需要。这主要表现为：第一，党委政府的时间成本和行政成本日益高昂，其无法将有限的资源配置到所有社会行为中。第二，党委政府具有行为的边界，这种边界既体现为法律政策的限制，也体现为行为的经济效率考量。法律不理会琐碎之事，行为调整必须进行利益比较，避免国家资源的不当浪费。第三，“枫桥经验”强调的社会自治能够强化人际信任，提升矛盾调解的效能。“枫桥经验”更关注社会主体的自我约束，使得社会团体间的自治变得更具现实性。

（三）能够实现多重社会目标

首先，“枫桥经验”的成功之处突出表现为其对制度价值的协整上，这是“枫桥经验”希望达到的直接目标。第一，它实现了公平与效率的统一。“社会

① 张康之：《公共管理学》，中国人民大学出版社 2009 年版，第 103 页。

公平价值是社会治理转型的基石"①，效率必然要服务于公平价值。"枫桥经验"富有效率的纠纷处理机制建构在公平之上，而且正是由于致力于对公正、公平的追求，"枫桥经验"才显得愈有效率。第二，"枫桥经验"关注社会秩序和制度民主。"枫桥经验"的落脚点即在于实现基层社会的有效治理，所以其必然建立在广泛的民意认同基础之上，正是这些民主气息缓和了基层政权和人民群众的紧张关系，提升了制度的影响力和执行力。而政策的贯彻落实又会提升制度效率，增加社会公平。

其次，"枫桥经验"实现了政治效果、社会效果、法律效果的统一。"犯罪控制的终极目标并不是控制犯罪本身，而在于通过控制犯罪，促进社会健康、有序、和谐地发展，促进最大多数人的最大的幸福。"② 事实上，"枫桥经验"一直致力于这种努力。第一，"枫桥经验"作为一种有效的基层社会治理形式，在法律执行中追求着社会目标。制度刚性有利于法律实施，但略少温情；"枫桥经验"增加了法律实行上的人情味，使得法律效果和社会效果较好地统一在一起。第二，在阶级社会中，法律制度、基层社会治理都具有政治性，并体现、归结为国家的阶级性。"枫桥经验"也具有这方面特征，无论是初创期发动群众，通过说理斗争制服敌人，把"一个不杀，大部不捉"的内部肃反方针用来处理有破坏活动的地、富、反、坏分子；还是发展期帮扶刑满释放人员，将其改造成为社会主义有用人才，都透视出了其对政治性的高度重视。

二、"枫桥经验"面临的问题

（一）资源过度集中的问题

"枫桥经验"已经成为我国基层治理的有益经验，但目前存在资源过度集中的问题，这主要表现为党和政府为推广"枫桥经验"支付的成本越来越大，"枫桥经验"负载的任务越来越多，这种局面却未必能够收获最大的边际效益。"政

① 陈亮：《从效率优先到多元价值的整合：社会治理转型的价值诉求》，载《辽宁行政学院学报》2012 年第 6 期，第 9 页。

② 冯卫国：《转型期中国基层社会的犯罪治理——以"枫桥经验"为视角》，载《山东警察学院学报》2011 年第 4 期，第 91 页。

府对治理资源的垄断，由权力主导资源的配置，难免受制于政府理性的不足，资源的配置和使用往往背离社会的真实需求，事实上，传统社会管理的效率维度大多是被屏蔽的，因为社会管理的目的是维稳，而维稳是不惜代价的。”① 首先，在“枫桥经验”单纯作为基层维稳的方式未必恰当，将大量的财政资源配置在此经验的推广上可能会产生浪费。因为，任何制度配置都应遵循边际成本等于边际收益的原则。任何治理形式有其优点，也有其短板，一旦制度的边际成本超出了边际收益，就意味着必须引入其他制度形式来解决制度的科学性问题。同时，基层治理的成效受制于系统性的政治结构和社会结构，在塑造新的社会关系方面，伦理认同和地缘文化的积极功能还远远没有发挥。

其次，一旦资源过度供给，不但会导致效率低下，也会产生权力寻租和机会主义。第一，资源过剩使得掌控资源的机关有机会谋求部门利益、个人利益，促使单位和个人路径依赖般地为扩大资源支配寻找更多理由，一旦出现这种情况，资源过度供给必然会常态化，结果将是制度愈加没有效率，权力寻租变得日益猖獗。第二，资源的过度增加也会使得机构膨胀、冗员增加、人浮于事。显然，这违背了国家机构精简效率的目标。第三，过度强化“枫桥经验”会使当事人对民间调解解决争议形成依赖。这不但会使公民自我纠错的能力变得低下，也意味着一旦民间调解无法解决问题，社会压力便会增大，官方治理会面临巨大压力和挑战。

（二）目标单一问题

制度配置要体现均衡性和效率性。要在成本约束的条件下，尽可能将制度效率发挥到极致。从此意义上讲，“枫桥经验”有许多需要检讨和改进的方面。

1.“枫桥经验”对维稳的偏重

“枫桥经验”的初衷是为了维护社会稳定，这是“枫桥经验”的精髓，也是我们需要坚持的方面。但“枫桥经验”对维稳的过分偏重乃至对政治效果的过度关注也带来不少问题。首先，维稳成本高昂给财政带来很大压力。在财力存量一定的情况下，维稳成本过大必然会挤兑其他的财政支出。其次，维稳中心化容易

① 庄士成、刘平平：《政社合作的路径依赖困局与路径创造——基于新制度经济学的分析视角》，载《经济问题探索》2016 年第 1 期，第 56 页。

使社会主体的心理预期偏离正常标准。其一，群众对“枫桥经验”给予过大希望，其容易将本应由司法解决的问题交由政府和社会资本来解决，这不仅给基层治理带来巨大压力，而且，民众诉求如果不能得到满足，他们就会对基层治理产生不信任，影响到党和政府的权威。其二，政府将太多的时间成本和经济成本投入到维稳上很容易产生行为依赖和制度惯性。政府可能会不计绩效，逐年增加投入，这既会增加权力寻租的可能性，也会使资源配置产生错位。

2. 对目标多元化和制度协调性的忽视

“枫桥经验”本质上追求的是一种民间治理的境界，其将工作重点锁定在民间调解等方面，这容易导致过分重视纠纷处理而不关注与其他制度的衔接、配合。“枫桥经验”追求息诉和和谐，但其结果却往往不如人意。“枫桥经验”导致人民群众将诉讼导入民间调解中，忽视、模糊了民间调解和司法诉讼的界限，造成民间调解过度膨胀，耗散了司法价值造成资源浪费。制度设置应当遵循比例原则。“枫桥经验”造成的定纷止争无处不在的氛围使得人际关系颇多压抑。

3. 需要努力解决违法犯罪的本源性问题

我们需要进一步解剖“枫桥经验”在解决深层矛盾方面的不足，在问题解剖的基础上找到更具根本意义的解决方法。社会稳定和社会矛盾源于制度和社会生活的不协调。所以，要努力发现社会运转的规律，并在此基础上对制度进行检讨。第一，“枫桥经验”容易陷入对社会矛盾的表象化处理，缺乏对社会问题进行更深入把握的冲动。有时候，其无法从根本上认识问题的症结，其处理方式很可能会流于形式化、模式化。第二，社会矛盾是经济、政治、社会、文化等诸多因素共同作用的结果，“枫桥经验”对这些社会因素鞭长莫及，无法进行综合处理。第三，经济基础决定上层建筑。要真正解决群众的社会矛盾就必然从经济基础上着手。如何将经济发展和社会调解结合起来开展工作是未来需要着力的重点。

（三）结构失衡问题

强政府、弱社会的治理格局不利于政府治理能力的现代化。要改变这种状况，就必须将市场的、社会的问题交由市场和社会来解决，改变一味依靠政府来全面进行社会治理的行为惯性。治理结构的失衡缘起于政府没有科学认知自己在基层社会治理中的地位和作用，在此背景下，政府或直接或授权下属部门进行社会治理。这种状况难以适应社会治理的现实需要，政府的治理能力可能会不尽人意。

政府全能化意味着对政府权能的过度迷信和依赖，它会进一步助长治理结构的失衡。事实表明，在一定的社会领域中，市场调节和社会自治能够更有效地解决问题，所以，政府没有必要介入市场和社会力量可以解决的问题中。毕竟，在一个社会关系庞大、复杂的社会中，政府无法对全部社会关系实行全程、全面覆盖，具体性的、事务主义的治理模式并不符合社会发展的需要。

结构失衡也源于社会资本培育面临着困难境地。“社会资本与政府和公民的良好合作关系的建立存在着结构性制约与依赖关系，目前我国社会资本还相当缺失，因而制约了我国政府与公民的良好合作关系的建立。”① 当下的社会资本大多源于政府的被动扶持而非自觉产生，由于先天不足，其产生的使命感和担当意识必然会大打折扣。

三、“枫桥经验”的质量提升

（一）在治理目标上，追求价值多元化

“作为治理的公共行政除了效率价值之外，还包括公平、责任和秩序等多元价值。单纯强调效率价值容易造成新的社会治理危机，未来的社会治理转型应该实现多元价值的整合。”② 而要实现多元价值，就必须突破“枫桥经验”的维稳定式，实现基层社会治理目标的多元化。首先，努力实现源头治理、系统治理、综合治理，将各种治理方式协调一致地运用。其次，不能仅仅关注政治性治理的目标，要考虑到基层治理的经济意义、社会意义。最后，要下决心提升基层社会治理的品位，通过基层社会治理治理的提升来促进地方的经济发展。因为，在基层社会，蛋糕不大极大地激发了人们对利益的争夺。只有树立“化解社会矛盾有利于经济发展”的思想，才能增加工作效率。

---

① 梁莹：《重塑政府与公民的良好合作关系——社会资本理论的视域》，载《中国行政管理》2004年第11期，第85页。

② 陈亮：《从效率优先到多元价值的整合：社会治理转型的价值诉求》，载《辽宁行政学院学报》2012年第6期，第7页。

（二）在主导思想上，明确与其他制度的兼容

“‘枫桥经验’并非单单是某一领域的经验，而是全面的治理经验、预防经验、调解经验、改造经验、教育经验的集束。它既是一种行动式经验，又是一种组织式经验，是从组织到行动的各种经验的合成。”① 要充分发挥“枫桥经验”的重要作用，首先要实现治理的制度化。有必要在总结“枫桥经验”的基础上，形成具有中国特色的社会主义基层社会治理思想和治理制度并在全国推广。这些做法能够提高基层社会治理的效率和质量，压缩社会治理的成本。无论是对国家，还是对社会或个人都具有重大意义。

其次，要推进行政管理、市场管理、社会治理的职能划分工作。一方面，要将行政管理、市场管理和社会治理职能明确化，避免职权边界不明晰、不合理、不准确。另一方面，要通过行政管理、市场管理体制改革来提高社会治理水平。要加快基层社会治理体系建设的顶层设计，突破行政壁垒，建立健全多元化的利益协调机制。

（三）在治理主体上，强调社会资本的培育和壮大

“在新型社会体制建立的过程中，社会治理创新是重心和突破口，需要适应社会治理主体多元化的现实要求，从政府垄断社会管理转变为与其他社会治理力量合作治理。”② 要尝试建立以党组织为核心、自治组织为主体、社区（村）服务中心为平台、经济组织为基础、群众组织和社会组织为协同、公众参与为路径的基层社会治理新格局。

（四）在治理方式上，进行制度创新

“（改革开放）30 年弹指一挥间，中国社会正是在这场伟大的改革中取得了令整个世界为之瞩目的成就。无论是社会结构的转型，还是社会机制的调整，都

① 段文芳：《ADR 的价值与我国法治建设》，载《陕西省政法管理干部学院学报》2009 年第 1 期，第 30~32 页。

② 张康之：《论主体多元化条件下的社会治理》，载《中国人民大学学报》2014 年第 2 期，第 2 页。

充分表明我们必须通过动态的逻辑来理解我们所经历的时代变迁。”①

首先，深入推进社会治理信息化建设和互融互通信息平台建设，强化大数据应用。其次，加快社会治理智库建设，依托高校科研资源和相关公共服务资源，尽快成立各级、各类社会治理创新研究机构，为党委政府的科学决策提供智力支持。再次，继续做好“第一书记”的扶贫工作，全力推动扶贫攻坚和基层依法治理。最后，建立科学完善的社会治理绩效评估和社会评价体系，充分挖掘治理能力优势，找准进一步提升治理能力的科学途径。

第四节　综合体系建设

一、确立部门法并合适用的建设思路

（一）重视刑法的威慑效应

对民间融资犯罪，仍然要以刑法调整为主。这主要是因为，刑法就是专门针对犯罪的法律规范，运用刑法对犯罪进行调整更具针对性、强制性、惩戒性。“在加强行政执法与刑事司法有效衔接的基础上，应当重点进行刑事法控制，包括政策导向上的措施，实体立法与程序法上的完善，以及刑事一体化和我国轻罪体系的控制与建构等措施。”②

（二）各部门法共同发力

在民间融资犯罪治理上，既要发挥刑法的惩戒作用，也要重视其他部门法的存在意义。因为，民间融资犯罪的防控具有系统性，它要求综合发挥各个部门法的功能，并形成合力。既要规制已经存在的犯罪，也要将可能出现的犯罪消灭在萌芽状态。边沁指出：“没有包治百病的灵药。必须根据患者的性质及情况同时

① 渠敬东、周飞舟、应星：《从总体支配到技术治理——基于中国30年改革经验的社会学分析》，载《中国社会科学》2009年第6期，第127页。

② 李晓明：《P2P网络借贷刑事法律风险防控再研究——以刑事一体化为视角》，载《中国政法大学学报》2015年第4期，第79页。

适用不同的措施。医药的秘诀就是研究所有的治疗措施，将它们结合使用，并且根据具体情况决定让它们何时生效。”① 上述见解给我们很大启示。它教导我们，既要重视刑法的基本价值，不能撇开刑法谈民间融资犯罪治理。同时，我们也要深刻认识刑法规制的局限性，其作为规制犯罪的最后一道防线，并不是唯一的，也不是根本的治理经济越轨的手段。另外，也必须高度重视对犯罪原因的研究，重视民间融资犯罪的源头治理。在此基础上，我们要全面检视民间融资犯罪规制方面的制度漏洞，强化体系性设计，在制度综合发力方面下一番大功夫。同样也要指出的是，“国家为节省公共惩罚资源的支出，法律必须在某些场合容忍甚至利用私人之间的监控与惩罚，公共惩罚资源的有限性迫使国家把私人之间的监控和惩罚视为一项重要的社会控制资源”。② 所以，为有效规制民间融资犯罪，有必要在公共惩罚和私人惩罚间建立互动。

二、强化法律体系建设

（一）制定《民间融资法》

出台的《民间融资法》可以规定总则、民间融资服务主体、民间融资的具体内容、民间融资种类、风险防范和处置、法律责任、附则等章节，努力对民间融资全领域覆盖、全过程调整。要明确民间融资的合法地位，界定其与非法集资的区别；确立民间融资主体间的权利、义务关系，并对其融资方式、期限、利率、用途做出明确规定，鼓励和引导民间融资健康发展；引入非法集资风险评估、防范制度，全面规定民间融资主体及相关主体的法律责任。

（二）尽快出台配套法律法规

在缺乏明确的制度规范的情况下，既无法承认合法，也无法承认非法，没事的时候自然无事，一旦出事，就很容易导致司法、行政随意认定。通过建立健全《放贷人条例》等民间融资方面的配套法律法规，就能明确受国家法律保护的民

① ［英］边沁：《立法理论——刑法典原理》，孙力等译，中国人民公安大学出版社1993年版，第69页。

② 桑本谦：《公共惩罚与私人惩罚的互动——一个解读法律制度的新视角》，载《法制与社会发展》2005年第5期，第104页。

间借贷主体、民间借贷活动范围、民间借贷活动方式，从而将民间借贷活动纳入法律规范。另外，还要实现民间融资法律体系与其他法律制度的衔接、整合。特别是，要使其与《民法通则》《合同法》《中国人民银行法》《商业银行法》等法律法规实现制度衔接，“（从而）形成以私法为基础性调整机制，以行政法为预警性调整机制，以刑法为最后调整机制的梯度型法律规制体系”。①

在民间融资法律体系建设中，要进一步明确法律责任，防范、打击民间融资中的违规、违法、犯罪行为。对以欺骗手段或者以高利率为诱惑，吸收单位和他人资金从事放贷的行为坚决予以取缔。对民间融资利率或变相利率超过中国人民银行规定的同期同类贷款基准利率 4 倍的，其超出部分利息不受法律保护。民间融资一旦发生不能按期偿还借款的问题，当事各方应协商或通过诉讼途径妥善解决，严厉打击高利放贷和暴力讨债行为，严厉打击套取银行信贷资金进行高利转贷的行为。要强化对投资类机构、担保公司、典当行等企业的监管，防止其借用各种名义非法从事吸收公众存款和套取银行信贷资金、高利放贷等行为。对民间融资活动中有关行为构成犯罪的，由司法机关依法追究刑事责任。

三、创新管理体制机制

（一）畅通资金通道，降低融资成本

首先，国家政策要向民间融资资金需求方倾斜，畅通其融资途径。特别是，各级金融服务机构要在国有商业银行和中小企业间架设桥梁，对国有商业银行向中小企业贷款提供担保，打开资金需求方的资金流动瓶颈。其次，要积极引导民间融资资金供给方的经济行为，盘活、分解民间资金的存量和增量。第一，扩大公民生活消费，适度引导奢侈消费，改变高储蓄、低消费的倾向。第二，强化制度指引，畅通直接投资途径，增加公民投资需求和投资机会，实现资金向投资领域的高效流动。第三，“美国银行体系中超过 80%的银行是中小银行，特定地为一座城市甚至一个社区服务。我国商业银行绝大部分为国有背景，民营资本进入

① 王学忠：《公私法划分视野下的民间融资法律体系构建》，载《周口师范学院学报》2018 年第 6 期，第 119 页。

金融领域仍受到严格管制，客观上限制了民营资本服务广大中小企业的可能性”。①我们要借鉴西方的中小银行制度，通过制度化形式将民间资金集合，鼓励其以特定形式进入金融领域。

（二）强化政府服务，完善保障体系

第一，政府要建立透明工作平台，并强化融资平台的行政介入，通过官方化或半官方化的形式体现出融资平台的正规性、权威性。借助权威的融资平台进行民间融资能有效解决资金供需双方的信息不对称问题，降低金融交易的道德风险和诚信缺失。特别是在融资平台负有担保责任的状况下，民间融资的市场化运作水平会有显著的提高。另外，从信息经济学的角度看，规范的民间融资平台明显降低了民间融资成本，确保了民间经济经营的健康性、持续性。因为，一方面，开放透明的信息披露制度会引致民间融资利率趋同，这就降低了高利贷的风险。另一方面，全面完整的融资主体登记制度、规范的市场准入市场退出制度、黑名单制度确保了经济活动的真实性，这就降低了资金需求方金融诈骗的风险。所以，建议要以省一级为基本单位建立融资平台，整合民间融资信息，首先实现省级范围内的民间融资规范化运作，然后实现各省间乃至全国范围内的民间融资良性互动。

第二，要优化民间金融信用评价体系，通过加强征信信息采集、完善企业和个人征信评价等方式，营造更有助于民间投融资交易的信用环境。

第三，建立民间资本管理和项目投资咨询服务机构，实现资本与项目、资源与信息的对接，引导和鼓励民间资本投向市场前景好、投资回报率较高的项目，减少民间融资的盲目性和投机性。

第四，逐步实现民间地下金融市场的合法化、规范化。同时，深入推进利率市场化改革，促使民间资金向正规金融机构流动，通过从源头上减少民间融资的现金流来降低非法集资的发生概率和风险。

第五，强化金融业从事人员经济伦理和自律制度建设，阻断金融机构及其工作人员介入非法集资的动力和途径。民间融资主体也要创新信誉提升机制，扩大

① 丁建臣、刘亚娴：《非法集资与金融制度刍议》，载《社会科学辑刊》2012 年第 6 期，第 108 页。

信息传递效应。一方面，在民间融资领域，有相当数量的民间融资受资人从事着正常的商业经营。其吸纳的资金也基本上用于企业经营。另一方面，在存在融资中介的场合，中介也主要是靠收取利差或中介费维持生计，真正伙同受资人欺诈出资人的也不占多数。所以，为了维持正常的民间融资状况，民间融资的受资人和中介人都有相当的动力去主动创新信誉提升机制，通过信息的迅速扩散来传达有效融资的意思。笔者认为，创新信誉提升机制还有另外一项理由，即，可以有效挤压民间融资中恶意欺诈的空间。毕竟，当信息变得逐渐透明和公开的情况下，民间融资主体的行为优劣立现，理性的出资人会选择最为优秀的中介人和受资人进行金融交易。要创新上述机制，需要从以下几个方面重点做起：其一，强化商业交易的长远预期。要让受资人和中介人都明白，时间带来的信誉效益加正常交易利润要大于短期欺诈获利；信誉损伤引起的效益损失要远远大于欺诈者短期欺诈的获利。其二，政府监管部门要主动与自身利益切割，主动帮助民间融资当事人创设强化预期的平台，以有助于信誉机制更加高效地发挥作用。其三，通过制度化的形式进一步规范融资中介人和委托人的关系。从制度经济学角度讲，有效的法律制度上的正规约束可以部分地克服公司内部人与外部投资者之间的委托代理关系中信息不对称的道德风险和逆向选择问题，并约束内部人的行为，从而尽可能地使公司内部人的利益与外部投资者的利益协调起来。

第六，强化警示教育。其一，通过教育宣传，明确非法集资资金供给方可能承担的风险和损失。通过其理性预期，阻断资金供给面。其二，利用媒介提高易感人群辨识非法集资的能力。其三，严查官商勾结、为官不为，杜绝权力寻租和金融腐败。工作的重点是：强化各类媒体的审查义务，对媒体违反广告法不作为的行为进行严厉打击；健全廉政和业务监管法律法规、明确政府部门权力清单制度等措施，进一步规范官员的职务行为，尽最大可能堵塞权力寻租的路径；加大懒政庸政的治理力度，对监管工作人员消极怠工的行为进行党纪国法方面的严肃处理。

第七，防范社会次生问题。“受近年国内宏观经济不景气的影响，因非法集资引发的社会稳定问题急剧增多，给社会治安带来新的威胁。与传统的社会稳定问题相比，非法集资引发的社会稳定问题参与人员成分更复杂、延续周期更长、处置难度更大、社会影响更深，必须通过抓源头、弹压犯罪空间，抓预警、注重情报收集，抓联动、坚持综合施策，抓效果、强化追赃追偿等多种途径进行预防化解。”① 这其中，特别重要的措施是：“努力做到六个防止：一是防止涉案老板和企业骨干人员跑路，二是防止资产匿藏、转移，三是防止集资群众对涉案公司固定资产哄抢，四是防止多米诺骨牌效应，五是防止酿成大规模群体性事件，六是防止非法集资危机波及实体经济。”②

① 易秋莲：《非法集资引发的社会稳定问题探讨》，载《江西警察学院学报》2015 年第 1 期，第 27 页。

② 黄道功：《非法集资危机管理初探》，载《决策探索》2015 年第 4 期，第 24 页。

参考文献

一、著作

1. 理查德·波斯纳：《法律的经济分析》（第七版），法律出版社 2012 年版。

2. 加里·贝克尔：《人类行为的经济分析》，王业宇、陈琪译，上海三联书店、上海人民出版社 2015 年版。

3. 尼古拉斯·麦考罗、斯蒂文·曼德姆：《经济学与法律——从波斯纳到后现代主义》，法律出版社 2005 年版。

4. 大卫·弗里德曼：《经济学语境下的法律规则》，杨欣欣译，法律出版社 2004 年版。

5. 唐纳德·A. 威特曼：《法律经济学文献精选》，苏力等译，法律出版社 2006 年版。

6. 杰弗里·L. 哈里森：《法与经济学》，法律出版社 2004 年版。

7. 埃弗里·卡茨：《法律的经济分析基础》，法律出版社 2005 年版。

8. 罗伯特·D. 考特、托马斯·S. 尤伦：《法和经济学》，上海财经大学出版社 2002 年版。

9. 吉米·边沁：《立法理论》，中国人民公安大学出版社 2004 年版。

10. 于立、吴绪亮、唐要家、冯博：《法律经济学的学科定位与理论应用》，法律出版社 2013 年版。

11. 贝卡利亚：《论犯罪与刑罚》，黄风译，中国法制出版社 2002 年版。

12. A. 爱伦·斯密德：《财产、权力和公共选择——对法和经济学的进一步思考》，上海三联书店、上海人民出版社 2006 年版。

13. 陈正云：《刑法的经济分析》，中国法制出版社 1997 年版。

14. 刘仁文：《刑事一体化下的经济分析》，中国人民公安大学出版社 2007 年版。

15. 斯蒂文·萨维尔：《法律的经济分析》，柯华庆译，中国政法大学出版社 2009 年版。

16. 郑利平：《腐败的经济学分析》，中共中央党校出版社 2000 年版。

17. 张维迎：《博弈论与信息经济学》，上海三联书店、上海人民出版社 2004 年版。

18. 冯玉军：《法经济学范式》，清华大学出版社 2009 年版。

19. 保罗·萨缪尔森、威廉·诺德豪斯：《微观经济学》，萧琛主译，人民邮电出版社 2006 年版。

20. 薛求知等：《行为经济学——理论与应用》，复旦大学出版社 2003 年版。

21. 柯武刚、史漫飞：《制度经济学》，韩朝华译，商务印书馆 2000 年版。

22. E. 博登海默：《法理学——法律哲学与法律方法》，邓正来译，中国政法大学出版社 1999 年版。

23. 杨光斌：《政治变迁中的国家与制度》，中央编译出版社 2011 年版。

24. 杰克·奈特：《制度与社会冲突》，周伟林译，上海人民出版社 2009 年版。

25. 高德步：《经济发展与制度变迁：历史的视角》，经济科学出版社 2006 年版。

26. 汪洪涛：《制度经济学：制度及制度变迁性质解释》（第二版），复旦大学出版社 2009 年版。

27. 张建伟：《法律、经济学与国家治理》，法律出版社 2008 年版。

28. 乌戈·马太：《比较法律经济学》，沈宗灵译，北京大学出版社 2005 年版。

29. 史晋川等：《法律经济学：理论与应用》，经济科学出版社 2011 年版。

30. 道格拉斯·G. 拜尔等：《法律的博弈分析》，严旭明译，法律出版社 1999 年版。

31. 高铭暄：《中华人民共和国刑法的孕育诞生与发展完善》，北京大学出版社 2012 年版。

32. 赵秉志：《英美刑法学》，科学出版社 2010 年版。

33. 马克昌：《刑罚通论》，武汉大学出版社 1995 年版。

34. 张明楷：《外国刑法纲要》，清华大学出版社 2007 年版。

35. 陈兴良：《刑种通论》，人民法院出版社 1993 年版。

36. 沈海平：《寻求有效率的惩罚——对犯罪刑罚问题的经济分析》，中国人民公安大学 2009 年版。

37. 曲新久：《刑法的精神与范畴》，中国政法大学出版社 2003 年版。

38. 张远煌：《宽严相济刑事政策与刑法改革研究》，中国人民公安大学出版社 2010 年版。

39. 张文显：《法哲学范畴研究》，中国政法大学出版社 2001 年版。

40. 储槐植：《美国刑法》（第三版），北京大学出版社 2005 年版。

41. 张勇：《民生刑法——刑法修正案中的民生权益保障解读》，上海人民出版社 2012 年版。

42. 刘媛媛、王立争：《民间融资的刑事法网研究》，南开大学出版社 2017 年版。

43. 袁林：《民间融资刑法规制完善研究》，法律出版社 2016 年版。

44. 甘培忠、吴韬：《民间融资法律规制问题研究》，北京大学出版社 2016 年版。

45. 岳彩申、张晓东：《民间高利贷规制的困境与出路》，法律出版社 2014 年版。

46. 魏东、白宗钊：《非法集资犯罪司法审判与刑法解释》，法律出版社 2013 年版。

47. ［德］乌尔里希·齐白：《全球风险社会与信息社会中的刑法——二十一世纪刑法模式的转换》，周遵友、江溯等译，中国法制出版社 2012 年版。

48. 刘宪权、李振林：《集资类案件中的刑民交错现象及其归宿》，法律出版社 2017 年版。

49. 李可：《可计算的刑法经济学方法论视野中的刑法效益》，吉林人民出版社 2004 年版。

50. 卢现祥：《新制度经济学》（第二版），武汉大学出版社 2011 年版。

51. 戈登·图洛克:《特权和寻租的经济学》，王永钦、丁菊红译，上海人民出版社 2008 年版。

52. Michael J. Allen: Text Book on Criminal Law. New York : Blackstone Press Limited, 1993.

53. John Kaplan. Robert Weisberg: Criminal Law . little Brown and company, 1996.

54. Elias & C. L. Lim: The Paradox of Commensalisms in Cambridge in Criminal Law, 1998.

55. C. Tomuschat: Ensuring the Survival of the Mankind on the Eve of a New Century, 281 Recueil Des Cours, 1999.

56. Anthon August: Modern Criminal Law and Practice, Cambridge University Press, 2001.

57. Arnold H. Loewy: Criminal Law (the Fourth Edition), 法律出版社 2004 年版。

二、论文

1. 肖中华:《民间融资的法律风险及防范路径探析》，载《企业经济》2017 年第 7 期。

2. [美] 道格拉斯·G. 贝尔德:《法经济学的展望与未来》，吴晓露译，《经济社会体制比较》2003 年第 4 期。

3. 顾肖荣、涂龙科:《经济犯罪的合理边界与理性治理——顾肖荣研究员访谈》，载《上海政法学院学报》2017 年第 6 期。

4. 范淼:《涉民间融资犯罪的刑事政策定位研究》，载《东北大学学报(社会科学版)》2015 年第 1 期。

5. 汪丽丽:《民间融资演变为犯罪的法律界限、制度动因及防范策略》，载《南昌大学学报(人文社会科学版)》2012 年第 4 期。

6. 谈萧、胡心建:《民间金融的法律评判及规制路径》，载《法治研究》2010 年第 6 期。

7. 李世财:《"金融二元主义"框架下民间金融的风险解构》，载《江西社会科学》2013 年第 11 期。

8. 王学信、刘超：《羊群效应对金融人格的影响——来自天津的调查》，载《金融理论与实践》2011 年第 9 期。

9. 江春、李安安：《法治、金融发展与企业家精神》，载《武汉大学学报（哲学社会科学版）》2016 年第 2 期。

10. 王裕根：《选择性执法研究述评及其展望》，载《河北法学》2019 年第 10 期。

11. 梅传强、张永强：《金融刑法的范式转换与立法实现——从“压制型法”到“回应型法”》，载《华东政法大学学报》2017 年第 5 期。

12. 高铭暄、王红：《互联网+ 人工智能全新时代的刑事风险与犯罪类型化分析》，载《暨南学报（哲学社会科学版）》2018 年第 9 期。

13. 游小华、杨晓培：《经济犯罪的经济根源及相应预防》，载《企业经济》2013 第 10 期。

14. 张远煌、操宏均：《治理语境下刑法对市场经济秩序的非理性规制及其克服：以企业家犯罪实证考察为视角》，载《山东大学学报（哲学社会科学版）》2015 年第 5 期。

15. 闭明雄、杨春学：《自由裁量权的经济学分析》，载《经济学动态》2017 年第 12 期。

16. 刘遇、尹振国：《非法集资刑法规制应理顺的八大关系》，载《云南大学学报（法学版）》2016 年第 4 期。

17. 王良顺：《保护法益视角下经济刑法的规制范围》，载《政治与法律》2017 年第 6 期。

18. 刘宪权：《我国金融犯罪刑事立法的逻辑与规律》，载《政治与法律》2017 年第 4 期。

19. 夏勇：《民生风险的刑法应对》，载《法商研究》2011 年第 4 期。

20. 张训：《论民生刑法的出场——受达顿〈中国的规制与惩罚：从父权社会到民权社会〉的启迪》，载《安徽大学法律评论》2011 年第 2 期。

21. 姜涛：《德国劳动刑法的当代发展述评》，载《德国研究》2011 年第 4 期。

22. 张明楷：《日本刑法的发展及其启示》，载《当代法学》2006年第1期。

23. 储槐植：《英美法系国家刑法变革对中国的启示》，载《当代法学》2006年第2期。

24. 卢建平：《加强对民生的刑法保护——民生刑法之提倡》，载《法学杂志》2010年第12期。

25. 曹达全：《民生保障：一种权利话语分析》，载《南京农业大学学报》（社会科学版）2009年第4期。

26. 苗连营：《民生问题的宪法学思考》，载《国家检察官学院学报》2010年第3期。

27. 王官成：《论民生法治的法律救济》，载《山东社会科学》2010年第6期。

28. 郑磊：《民生问题的宪法权利之维》，载《浙江大学学报》（人文社会科学版）2008年第6期。

29. 赵秉志、杜邈：《论弱势群体的刑法保护》，载《中州学刊》2005年第5期。

30. 许发民：《论犯罪的社会文化分析》，载《河南师范大学学报》（哲学社会科学版）2004年第1期。

31. 耿明斋：《文化纳入经济分析的必要性及其方法》，载《经济学动态》2007年第3期。

32. 陈国文：《法律降低交易成本的机制分析》，载《甘肃政法学院学报》2003年第6期。

33. 龙兴盛：《论刑法干预市场经济之市民刑法观》，载《长沙大学学报》2013年第3期。

34. 朱莉：《构建正义的法经济学体系》，载《北方论丛》2011年第1期。

35. 张东平：《民间融资罪刑边界的扩张与反思》，载《华中科技大学学报（社会科学版）》2014年第2期。

36. “涉众型经济犯罪问题研究”课题组：《非法吸收公众存款罪构成要件的解释与认定》，载《政治与法律》2012年第11期。

37. 刘远：《我国治理金融犯罪的政策抉择与模式转换》，载《中国刑事法杂志》2010 年第 7 期。

38. 李怀胜：《民间融资的刑法制裁体系及其完善》，载《法学论坛》2011 年第 3 期。

39. 钟瑞庆：《集资诈骗案件刑事管制的逻辑与现实——浙江东阳吴某集资诈骗案一审判决的法律分析》，载《法治研究》2011 年第 9 期。

40. 肖月：《我国民间融资利率法律规制的反思与重构》，载《江淮论坛》2019 年第 1 期。

41. 沈伟：《地下借贷市场去影子化：法与金融的视角》，载《政法论丛》2020 年第 4 期。

42. 李晓明：《非法吸收公众存款罪存与废的法教义学分析》，载《法治研究》2020 年第 6 期。

43. 王新：《民间融资的刑事法律风险界限》，载《当代法学》2021 年第 1 期。